Visuelles Wörterbuch
BRASILIANISCH – DEUTSCH

Visuelles Wörterbuch

BRASILIANISCH – DEUTSCH

coventgarden

coventgarden

Lektorat Angela Wilkes
Bildredaktion Lee Griffiths, Katie Ekes
Cheflektorat Stephanie Farrow
Programmleitung Liz Wheeler, Jonathan Metcalf

Design für Dorling Kindersley
WaltonCreative.com
Bildredaktion Colin Walton, Tracy Musson
Gestaltung Peter Radcliffe, Earl Neish, Ann Cannings
Bildrecherche Marissa Keating

Für diese Ausgabe:
Programmleitung Monika Schlitzer
Projektbetreuung Florian Bucher
Herstellungsleitung Dorothee Whittaker
Herstellung und Covergestaltung Anna Ponton
Herstellungskoordination Claudia Rode

Bibliografische Information Der Deutschen Bibliothek
Die Deutsche Bibliothek verzeichnet diese Publikation
in der Deutschen Nationalbibliografie;
detaillierte bibliografische Daten sind im Internet
über http://dnb.ddb.de abrufbar.

© Dorling Kindersley Limited, London
Ein Unternehmen der Penguin-Gruppe

© dieser Ausgabe by Dorling Kindersley Verlag GmbH,
München, 2014
Alle deutschsprachigen Rechte vorbehalten

Sprachenteil Brasilianisches Portugiesisch
Übersetzung 4U, Tübingen

ISBN 978-3-8310-9118-8

Colour reproduction by Colourscan, Singapore
Printed and bound at TBB, Slovakia

Besuchen Sie uns im Internet
www.dorlingkindersley.de

sumário
Inhalt

42
a saúde
die Gesundheit

146
comer fora
auswärts essen

252
o tempo livre
die Freizeit

sobre o dicionário
über das Wörterbuch

como usar este livro
die Benutzung des Buchs

os seres humanos
die Menschen

a aparência
die äußere Erscheinung

a casa
das Haus

os serviços
die Dienstleistungen

a compra
der Einkauf

os alimentos
die Nahrungsmittel

o aprendizado
das Lernen

o trabalho
die Arbeit

o trânsito
der Verkehr

o esporte
der Sport

o meio ambiente
die Umwelt

a informação
die Information

índioc
Register

agradecimentos
Dank

SUMÁRIO • INHALT

os seres humanos
• die Menschen

o corpo | der Körper	12
o rosto | das Gesicht	14
a mão | die Hand	15
o pé | der Fuß	15
os músculos | die Muskeln	16
o esqueleto | das Skelett	17
os órgãos internos die inneren Organe	18
os órgãos reprodutores die Fortpflanzungsorgane	20
a família | die Familie	22
os relacionamentos die Beziehungen	24
as emoções | die Gefühle	25
os acontecimentos da vida die Ereignisse des Lebens	26

a aparência • die äußere Erscheinung

a roupa de criança die Kinderkleidung	30
a roupa de homem die Herrenkleidung	32
a roupa de mulher die Damenkleidung	34
os acessórios | die Accessoires	36
o cabelo | das Haar	38
a beleza | die Schönheit	40

a saúde
• die Gesundheit

a doença | die Krankheit	44
o médico | der Arzt	45
a lesão | die Verletzung	46
os primeiros socorros die Erste Hilfe	47
o hospital | das Krankenhaus	48
o dentista | der Zahnarzt	50

o oftalmologista der Augenoptiker	51
a gravidez die Schwangerschaft	52
o parto | die Geburt	53
as terapias alternativas die Alternativtherapien	54

a casa • das Haus

a casa | das Haus	58
os sistemas internos da casa die Hausanschlüsse	60
a sala de estar | das Wohnzimmer	62
a sala de jantar | das Esszimmer	64
a cozinha | die Küche	66
os utensílios de cozinha die Küchengeräte	68
o quarto de dormir das Schlafzimmer	70
o banheiro | das Badezimmer	72
o quarto de crianças das Kinderzimmer	74
a área de serviço der Haushaltsraum	76
a oficina | die Heimwerkstatt	78
a caixa de ferramentas der Werkzeugkasten	80
renovar | renovieren	82
o jardim | der Garten	84
as plantas de jardim die Gartenpflanzen	86
as ferramentas de jardinagem die Gartengeräte	88
a jardinagem | die Gartenarbeit	90

os serviços • die Dienstleistungen

os serviços de emergência die Notdienste	94
o banco | die Bank	96
a comunicação die Kommunikation	98
o hotel | das Hotel	100

a compra
• der Einkauf

o shopping center das Einkaufszentrum	104
a loja de departamento das Kaufhaus	105
o supermercado der Supermarkt	106
a farmácia | die Apotheke	108
o florista | das Blumengeschäft	110
a banca de jornal der Zeitungshändler	112
o confeiteiro | der Konditor	113
as outras lojas andere Geschäfte	114

os alimentos
• die Nahrungsmittel

a carne | das Fleisch	118
o peixe | der Fisch	120
os legumes | das Gemüse	122
as frutas | das Obst	126
os tipos de cereais e as leguminosas die Getreidearten und die Hülsenfrüchte	130
as ervas e as especiarias die Kräuter und Gewürze	132
os alimentos engarrafados die Nahrungsmittel in Flaschen	134
os lacticínios die Milchprodukte	136
o pão e a farinha das Brot und das Mehl	138
os bolos e as sobremesas die Kuchen und die Nachspeisen	140
os produtos gourmet die Feinkost	142
as bebidas | die Getränke	144

SUMÁRIO • INHALT

comer fora
• auswärts essen

o café | das Café	148
o bar | die Bar	150
o restaurante | das Restaurant	152
o fast-food | der Schnellimbiss	154
o café da manhã das Frühstück	156
o almoço | die Hauptmahlzeit	158

o aprendizado
• das Lernen

a escola | die Schule	162
a matemática | die Mathematik	164
as ciências naturais die Naturwissenschaften	166
a faculdade | die Hochschule	168

o trabalho • die Arbeit

o escritório | das Büro	172
o computador | der Computer	176
a mídia | die Medien	178
o direito | das Recht	180
a fazenda | der Bauernhof	182
a construção | der Bau	186
as profissões | die Berufe	188

o trânsito
• der Verkehr

as ruas | die Straßen	194
o ônibus | der Bus	196
o automóvel | das Auto	198
a motocicleta | das Motorrad	204
a bicicleta | das Fahrrad	206
o trem | der Zug	208
o avião | das Flugzeug	210
o aeroporto | der Flughafen	212
o navio | das Schiff	214
o porto | der Hafen	216

o esporte • der Sport

o futebol americano der Football	220
o rugby | das Rugby	221
o futebol | der Fußball	222
o hóquei | das Hockey	224
o críquete | das Kricket	225
o basquetebol | der Basketball	226
o basebol | der Baseball	228
o tênis | das Tennis	230
o golfe | das Golf	232
o atletismo | die Leichtathletik	234
os esportes de combate der Kampfsport	236
a natação | der Schwimmsport	238
o iatismo | der Segelsport	240
o hipismo | der Reitsport	242
a pesca | der Angelsport	244
o esqui | der Skisport	246
os outros tipos de esportes die anderen Sportarten	248
o condicionamento físico die Fitness	250

• o tempo livre
die Freizeit

o teatro | das Theater	254
a orquestra | das Orchester	256
o concerto | das Konzert	258
a viagem turística die Besichtigungstour	260
as atividades ao ar livre die Aktivitäten im Freien	262
a praia | der Strand	264
o acampamento | das Camping	266
o entretenimento em casa die Unterhaltungselektronik	268
a fotografia | die Fotografie	270
os jogos | die Spiele	272
os trabalhos manuais das Kunsthandwerk	274

o meio ambiente
• die Umwelt

o espaço | der Weltraum	280
a Terra | die Erde	282
a paisagem | die Landschaft	284
o clima | das Wetter	286
as rochas | das Gestein	288
os minerais | die Mineralien	289
os animais | die Tiere	290
as plantas | die Pflanzen	296
a cidade | die Stadt	298
a arquitetura | die Architektur	300

a informação
• die Information

o horário | die Uhrzeit	304
o calendário | der Kalender	306
os números | die Zahlen	308
os pesos e medidas die Maße und Gewichte	310
o mapa-múndi | die Weltkarte	312
partículas e antônimos Partikeln und Antonyme	320
frases úteis praktische Redewendungen	322

português • deutsch

sobre o dicionário

Está provado que o uso de imagens ajuda na compreensão e retenção de informações. Baseado neste princípio, este dicionário bilingue altamente ilustrado apresenta uma ampla coleção de vocabulário útil e atual em duas línguas.

O dicionário está dividido tematicamente e foca em cada detalhe da maioria dos aspectos da vida diária, do restaurante ao ginásio, da casa ao local de trabalho, do espaço ao reino animal. Você também encontrará palavras e frases adicionais para usar em uma conversação e para ampliar o seu vocabulário.

Este dicionário é um instrumento de referência essencial para quem está interessado em línguas – é prático, estimulante e fácil de usar.

Alguns pontos a observar

As duas línguas surgem sempre pela mesma ordem: português e alemão.

Os substantivos surgem com os seus artigos definidos que refletem o gênero (masculino, feminino ou neutro) e o número (singular ou plural):

a semente
der Samen

as amêndoas
die Mandeln

Os verbos são indicados por um (v) depois do português, por exemplo:

colher (v)
ernten

Cada língua tem também o seu próprio índice no fim do livro. Aqui você pode procurar uma palavra em cada uma das línguas e ser remetido para a página onde ela aparece. O gênero é indicado pelas seguintes abreviaturas:

m = masculino
f = feminino
n = neutro

über das Wörterbuch

Bilder helfen erwiesenermaßen, Informationen zu verstehen und zu behalten. Dieses zweisprachige Wörterbuch enthält eine Fülle von Illustrationen und präsentiert gleichzeitig ein umfangreiches aktuelles Vokabular in zwei Sprachen.

Das Wörterbuch ist thematisch gegliedert und behandelt eingehend die meisten Bereiche des heutigen Alltags, vom Restaurant und Fitnesscenter, Heim und Arbeitsplatz bis zum Tierreich und Weltraum. Es enthält außerdem Wörter und Redewendungen, die für die Unterhaltung nützlich sind und das Vokabular erweitern.

Dies ist ein wichtiges Nachschlagewerk für jeden, der sich für Sprachen interessiert – es ist praktisch, anregend und leicht zu benutzen.

Einige Anmerkungen

Die zwei Sprachen werden immer in der gleichen Reihenfolge aufgeführt – Portugiesisch und Deutsch.

Substantive werden mit den bestimmten Artikeln, die das Geschlecht (Maskulinum, Femininum oder Neutrum) und den Numerus (Singular oder Plural) ausdrücken, angegeben, zum Beispiel:

a semente
der Samen

as amêndoas
die Mandeln

Die portugiesischen Verben sind durch ein (v) nach dem Wort gekennzeichnet:

colher (v)
ernten

Am Ende des Buchs befinden sich Register für jede Sprache. Sie können dort ein Wort in einer der zwei Sprachen und die jeweilige Seitenzahl nachsehen. Die Geschlechtsangabe erfolgt mit folgenden Abkürzungen:

m = Maskulinum
f = Femininum
n = Neutrum

como usar este livro

Seja para aprender uma língua nova por motivos de trabalho, prazer, para preparar as suas férias no exterior ou para ampliar o seu vocabulário em uma língua que você já conhece, este dicionário é um instrumento de aprendizagem útil que você pode usar de diferentes maneiras.

Quando estiver aprendendo uma língua nova, procure cognatos (palavras semelhantes em diferentes línguas) e falsos amigos (palavras que parecem semelhantes mas com significados diferentes).

Atividades práticas de aprendizagem

- Ao deslocar-se pela sua casa, local de trabalho ou escola, tente observar as páginas que focam esse lugar. Depois você poderá fechar o livro, olhar em volta e ver quantos objetos e características você consegue nomear.
- Desafie-se a escrever uma história, uma carta ou um diálogo utilizando ao máximo os termos de uma página em particular. Isto irá ajudá-lo a reter vocabulário e a lembrar-se da ortografia das palavras. Se quiser progredir para começar a escrever um texto mais longo, comece por frases que incorporem 2 ou 3 palavras.
- Se tem boa memória visual, tente desenhar os objetos do livro; depois feche o livro e escreva as palavras correspondentes debaixo do desenho.
- Quando se sentir mais confiante, escolha palavras no índice de uma das línguas e veja se sabe o que querem dizer antes de consultar a página correspondente para ver se acertou.

die Benutzung des Buchs

Ganz gleich, ob Sie eine Sprache aus Geschäftsgründen, zum Vergnügen oder als Vorbereitung für einen Auslandsurlaub lernen, oder Ihr Vokabular in einer Ihnen bereits vertrauten Sprache erweitern möchten, dieses Wörterbuch ist ein wertvolles Lernmittel, das Sie auf vielfältige Art und Weise benutzen können.

Wenn Sie eine neue Sprache lernen, achten Sie auf Wörter, die in verschiedenen Sprachen ähnlich sind sowie auf falsche Freunde (Wörter, die ähnlich aussehen, aber wesentlich andere Bedeutungen haben).

Praktische Übungen

- Versuchen Sie sich zu Hause, am Arbeits- oder Studienplatz den Inhalt der Seiten einzuprägen, die Ihre Umgebung behandeln. Schließen Sie dann das Buch und prüfen Sie, wie viele Gegenstände sie in den anderen Sprachen sagen können.
- Schreiben Sie eine Geschichte, einen Brief oder Dialog und benutzen Sie dabei möglichst viele Ausdrücke von einer bestimmten Seite des Wörterbuchs. Dies ist eine gute Methode, sich das Vokabular und die Schreibweise einzuprägen. Sie können mit kurzen Sätzen von zwei bis drei Worten anfangen und dann nach und nach längere Texte schreiben.
- Wenn Sie ein visuelles Gedächtnis haben, können Sie Gegenstände aus dem Buch abzeichnen oder abpausen. Schließen Sie dann das Buch und schreiben Sie die passenden Wörter unter die Bilder.
- Wenn Sie mehr Sicherheit haben, können Sie Wörter aus einem der Fremdsprachenregister aussuchen und deren Bedeutung aufschreiben, bevor Sie auf der entsprechenden Seite nachsehen.

Aussprache des brasilianischen Portugiesisch*

Buchstabe	Aussprache
ã, am, an	nasaliertes a
al, el, il, ol, ul	aw, ew, iw, ow, uw
ce, ci, ça, ço, çu	s (stimmlos) wie in *fassen*
ch	sch (stimmlos) wie in *Schuh*
-de (am unbetonten Wortende), di	dsch (stimmhaft) wie in *Dschungel*
-e (am unbetonten Wortende)	-i
em, en	nasaliertes e
eu, ei, iu, oi, ou, ão	Vokale werden getrennt gesprochen: e-u, e-i …
ge, gi	sch (stimmhaft) wie in *Girokonto*
gü	gu wie in *gut*
h	(stumm)
im, in	nasaliertes i
j	sch (stimmhaft) wie in *Jalousie*
lh	j (wie spanisch *Paella*)
nh	nj (wie spanisch *señor*)
-o (am Wortende)	-u
õ, om, on	nasaliertes o
qua, quo, qüe, qüi	kwa, kwo, kwe, kwi
que, qui	ke, ki
r	gerolltes r
sce, sci	s (stimmlos) wie in *fassen*
-te (am unbetonten Wortende), ti	tschi, -tschi wie in *Hatschi*
um, un	nasaliertes u
x	sch / s / z (variiert regional und mit der Position im Wort)
z	s (stimmhaft) wie in *Wiese*
-z (am Wortende)	s (stimmlos) wie in *Biss*

Alle anderen Laute werden wie im Deutschen ausgesprochen.

* Die Aussprache variiert in Brasilien von Region zu Region. Daher können hier nur ganz allgemeine Ausspracheregeln angegeben werden.

os seres humanos
die Menschen

OS SERES HUMANOS • DIE MENSCHEN

o corpo • der Körper

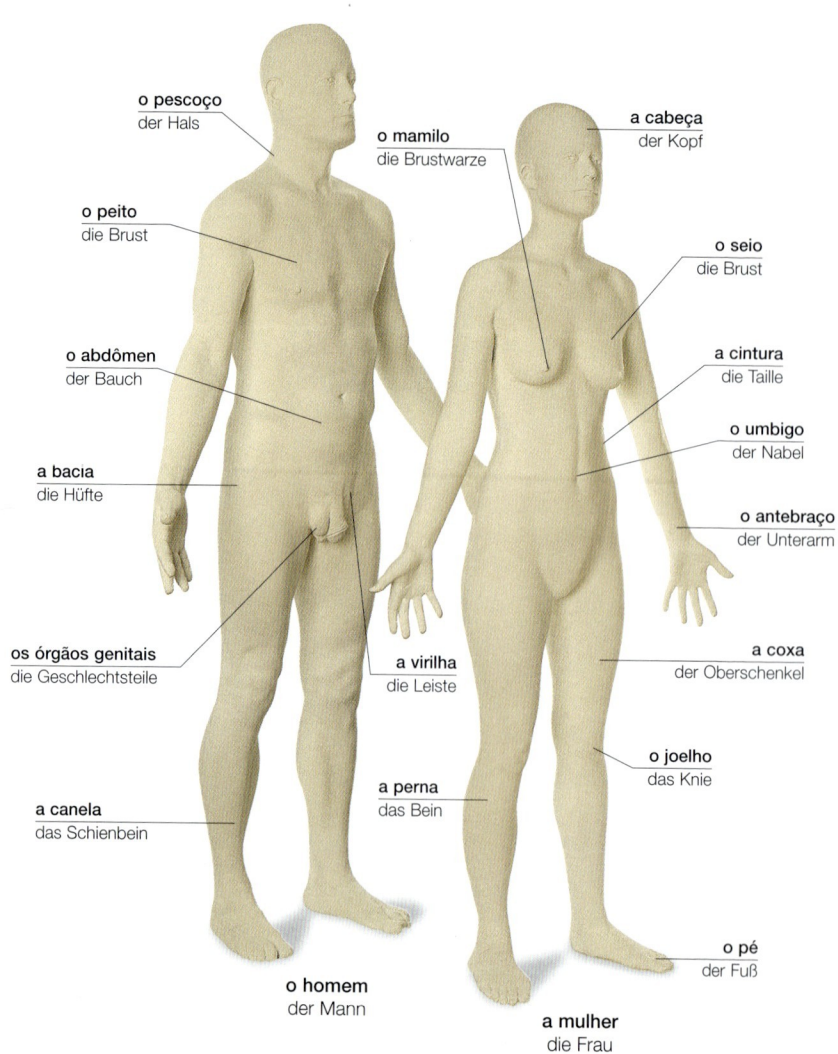

português	deutsch
o pescoço	der Hals
o peito	die Brust
o abdômen	der Bauch
a bacia	die Hüfte
os órgãos genitais	die Geschlechtsteile
a canela	das Schienbein
o mamilo	die Brustwarze
a virilha	die Leiste
a perna	das Bein
o homem	der Mann
a cabeça	der Kopf
o seio	die Brust
a cintura	die Taille
o umbigo	der Nabel
o antebraço	der Unterarm
a coxa	der Oberschenkel
o joelho	das Knie
o pé	der Fuß
a mulher	die Frau

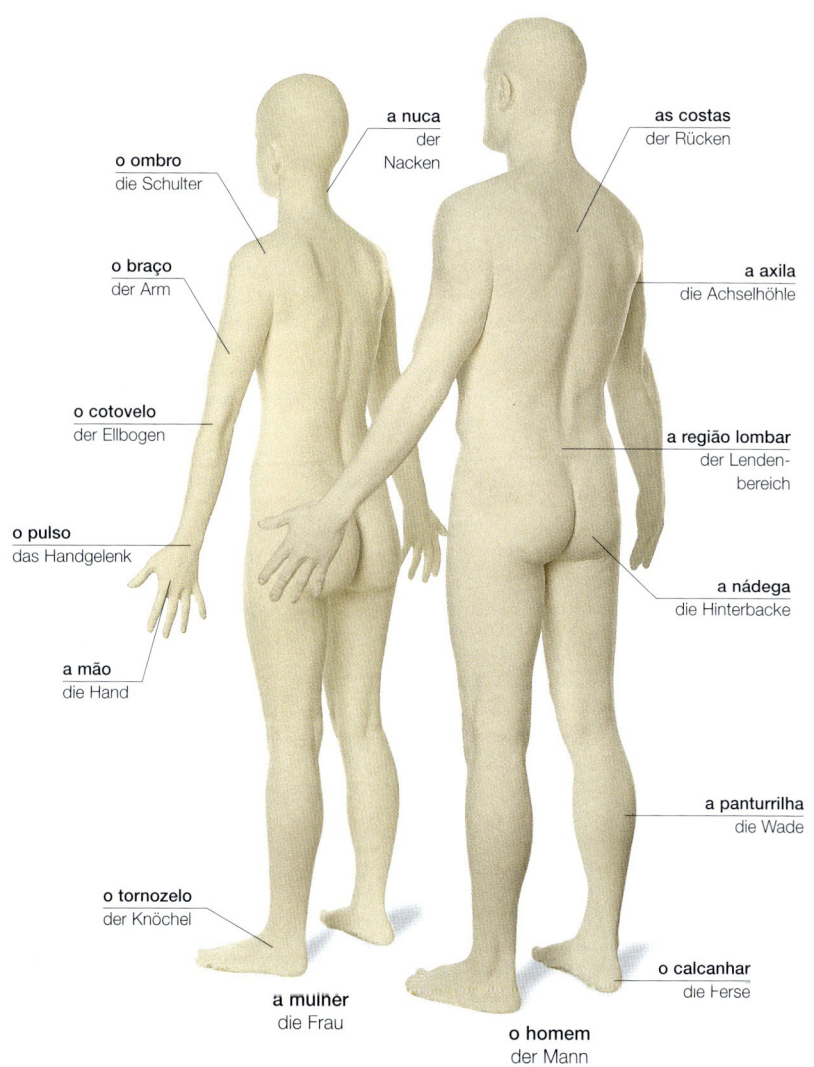

OS SERES HUMANOS • DIE MENSCHEN

o rosto • das Gesicht

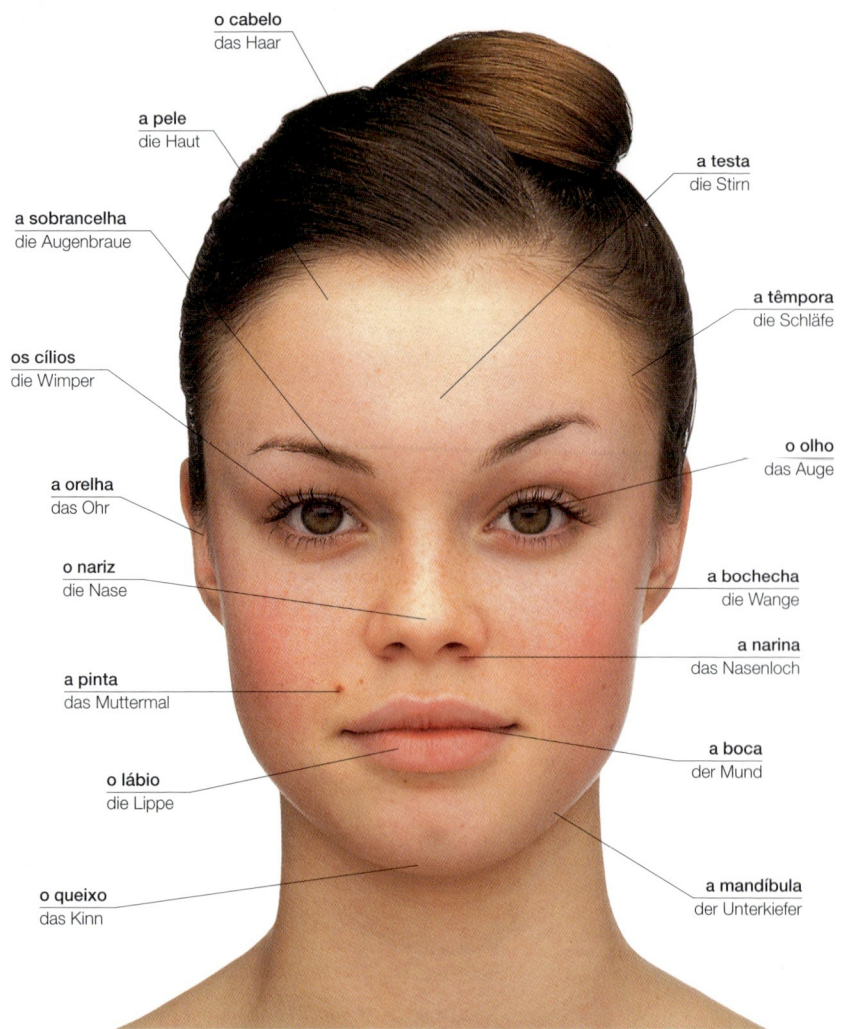

OS SERES HUMANOS • DIE MENSCHEN

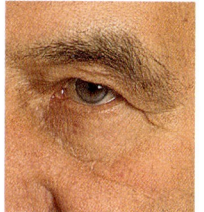
a ruga
die Falte

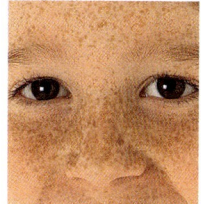
a sarda
die Sommersprosse

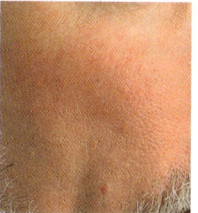
o poro
die Pore

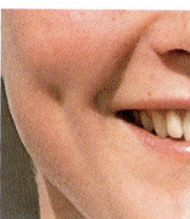
a covinha
das Grübchen

a mão • die Hand

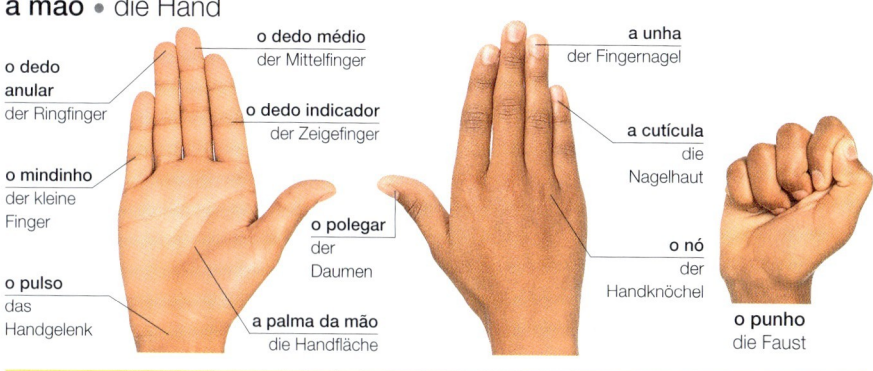

o dedo anular
der Ringfinger

o dedo médio
der Mittelfinger

o dedo indicador
der Zeigefinger

a unha
der Fingernagel

a cutícula
die Nagelhaut

o mindinho
der kleine Finger

o polegar
der Daumen

o nó
der Handknöchel

o pulso
das Handgelenk

a palma da mão
die Handfläche

o punho
die Faust

o pé • der Fuß

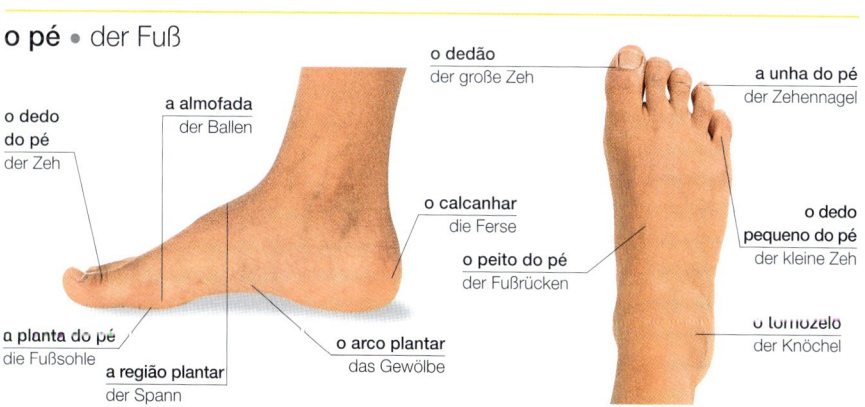

o dedo do pé
der Zeh

a almofada
der Ballen

o dedão
der große Zeh

a unha do pé
der Zehennagel

o calcanhar
die Ferse

o peito do pé
der Fußrücken

o dedo pequeno do pé
der kleine Zeh

a planta do pé
die Fußsohle

a região plantar
der Spann

o arco plantar
das Gewölbe

o tornozelo
der Knöchel

português • deutsch

OS SERES HUMANOS • DIE MENSCHEN

os músculos • die Muskeln

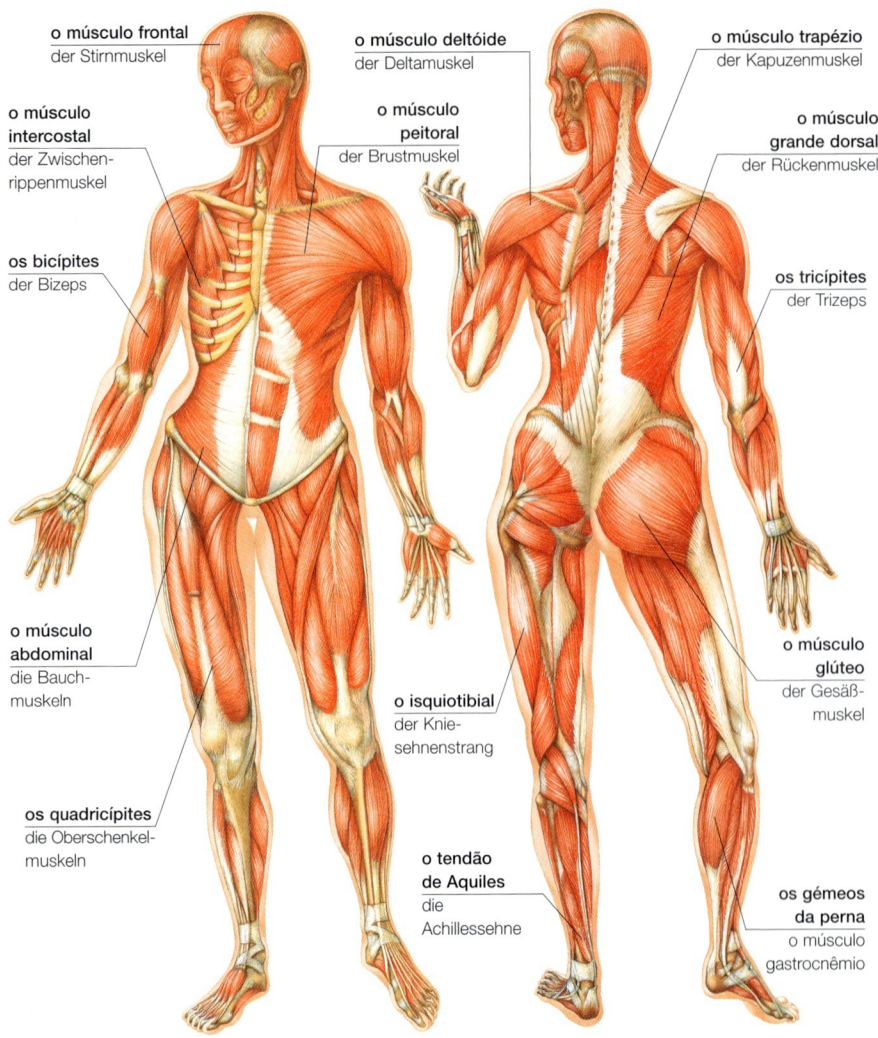

o músculo frontal / der Stirnmuskel

o músculo intercostal / der Zwischenrippenmuskel

os bicípites / der Bizeps

o músculo deltóide / der Deltamuskel

o músculo peitoral / der Brustmuskel

o músculo trapézio / der Kapuzenmuskel

o músculo grande dorsal / der Rückenmuskel

os tricípites / der Trizeps

o músculo abdominal / die Bauchmuskeln

o isquiotibial / der Kniesehnenstrang

os quadricípites / die Oberschenkelmuskeln

o tendão de Aquiles / die Achillessehne

o músculo glúteo / der Gesäßmuskel

os gémeos da perna / o músculo gastrocnêmio

português • deutsch

OS SERES HUMANOS • DIE MENSCHEN

o esqueleto • das Skelett

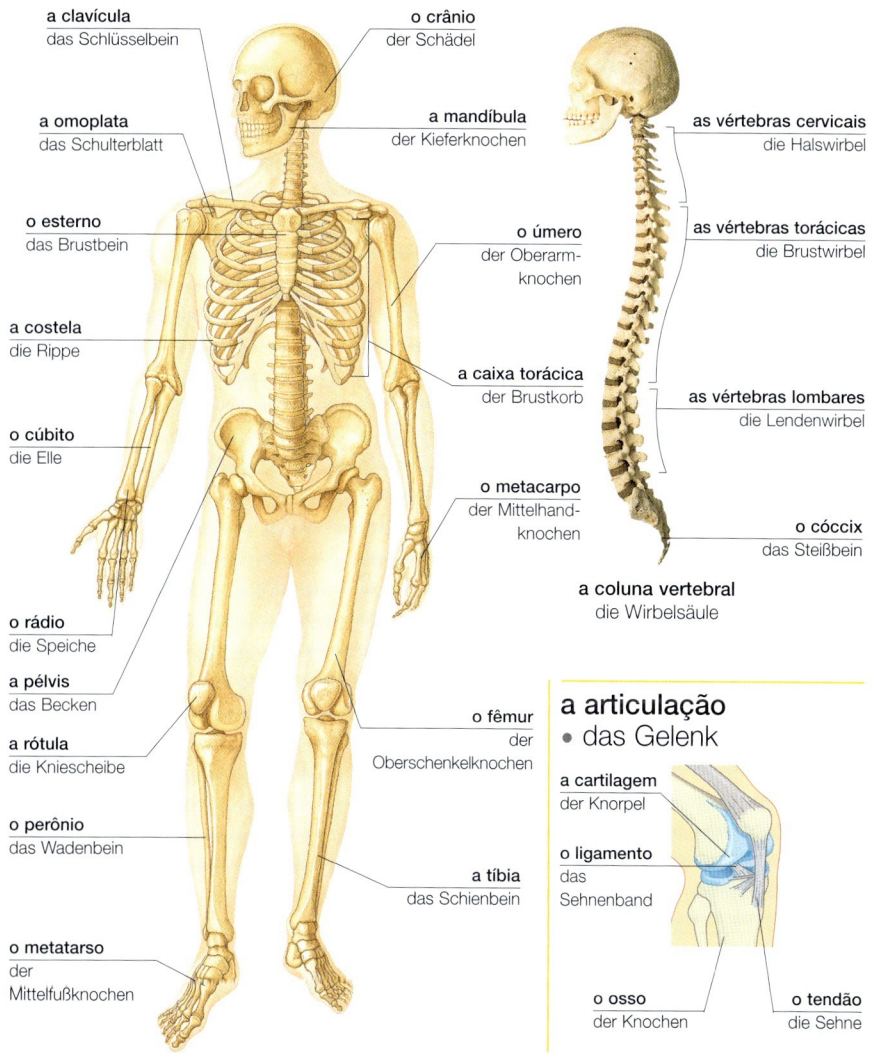

a clavícula
das Schlüsselbein

o crânio
der Schädel

a omoplata
das Schulterblatt

a mandíbula
der Kieferknochen

as vértebras cervicais
die Halswirbel

o esterno
das Brustbein

o úmero
der Oberarmknochen

as vértebras torácicas
die Brustwirbel

a costela
die Rippe

o cúbito
die Elle

a caixa torácica
der Brustkorb

as vértebras lombares
die Lendenwirbel

o metacarpo
der Mittelhandknochen

o cóccix
das Steißbein

a coluna vertebral
die Wirbelsäule

o rádio
die Speiche

a pélvis
das Becken

a rótula
die Kniescheibe

o fêmur
der Oberschenkelknochen

a articulação • das Gelenk

a cartilagem
der Knorpel

o perônio
das Wadenbein

o ligamento
das Sehnenband

a tíbia
das Schienbein

o metatarso
der Mittelfußknochen

o osso
der Knochen

o tendão
die Sehne

português • deutsch

OS SERES HUMANOS • DIE MENSCHEN

os orgãos internos • die inneren Organe

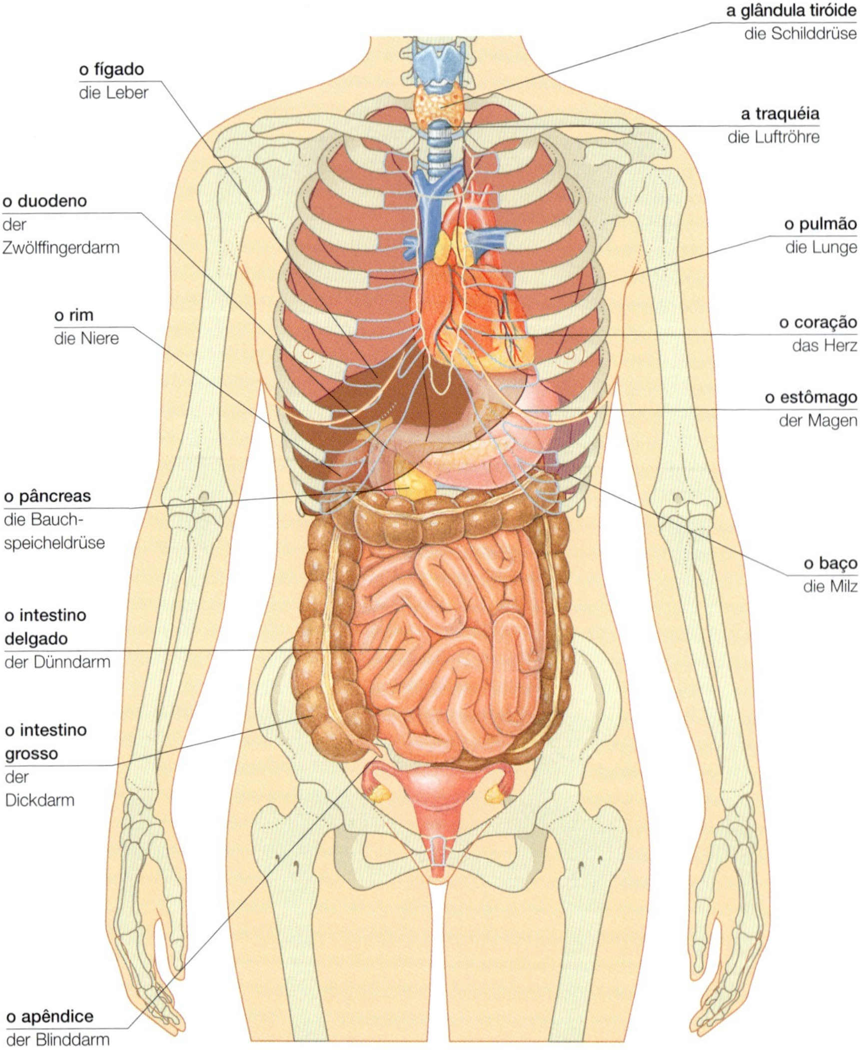

a glândula tiróide
die Schilddrüse

o fígado
die Leber

a traquéia
die Luftröhre

o duodeno
der Zwölffingerdarm

o pulmão
die Lunge

o rim
die Niere

o coração
das Herz

o estômago
der Magen

o pâncreas
die Bauchspeicheldrüse

o baço
die Milz

o intestino delgado
der Dünndarm

o intestino grosso
der Dickdarm

o apêndice
der Blinddarm

português • deutsch

OS SERES HUMANOS • DIE MENSCHEN

a cabeça • der Kopf

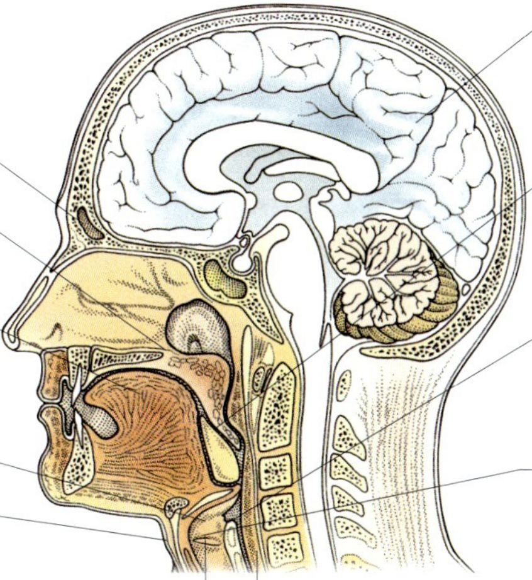

o cérebro
das Gehirn

o seio paranasal
die Nebenhöhle

o palato
der Gaumen

a língua
die Zunge

a faringe
der Rachen

a epiglote
der Kehldeckel

a laringe
der Kehlkopf

o esôfago
die Speiseröhre

a pomo de adão
der Adamsapfel

as cordas vocais
die Stimmbänder

a garganta
die Kehle

os sistemas do corpo • die Körpersysteme

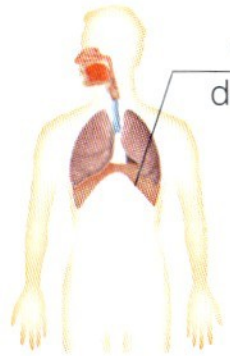

o diafragma
das Zwerchfell

a veia
die Vene

a artéria
die Arterie

o sistema respiratório
das Atmungssystem

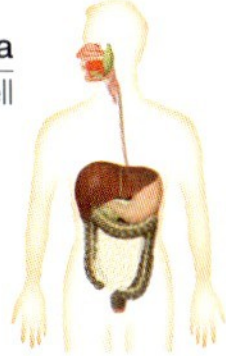

o sistema digestivo
das Verdauungssystem

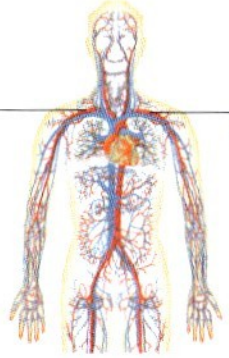

o sistema cardiovascular
das Herz- und Gefäßsystem

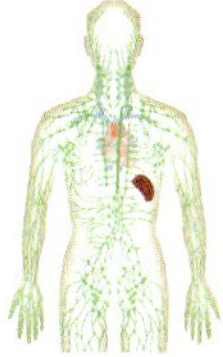

o sistema linfático
das lymphatische System

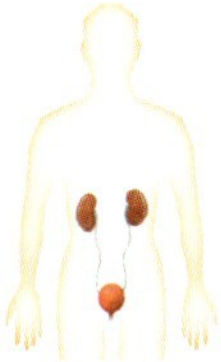

a glândula
die Drüse

o nervo
der Nerv

o sistema urinário
das Harnsystem

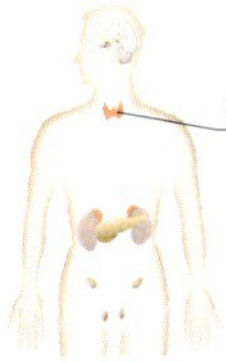

o sistema endócrino
das endokrine System

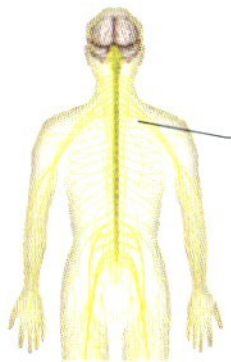

o sistema nervoso
das Nervensystem

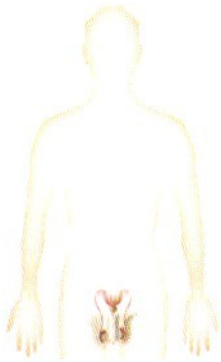

o sistema reprodutor
das Fortpflanzungssystem

português • deutsch

OS SERES HUMANOS • DIE MENSCHEN

os órgãos reprodutores • die Fortpflanzungsorgane

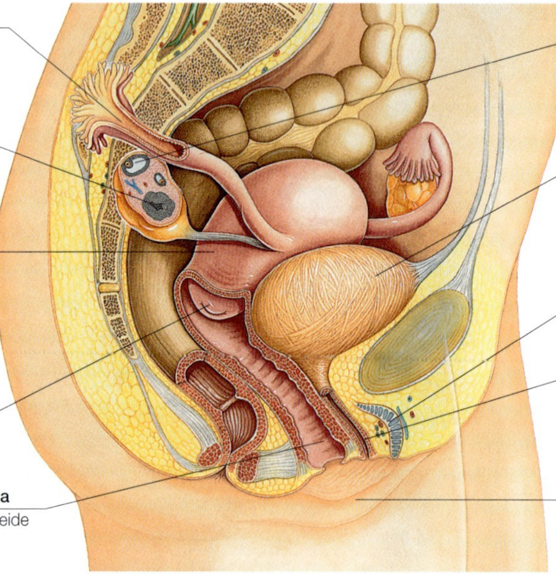

a trompa de Falópio / der Eileiter

o ovário / der Eierstock

o útero / die Gebärmutter

o cérvix / der Gebärmutterhals

a vagina / die Scheide

o folículo / der Follikel

a bexiga / die Blase

o clítoris / die Klitoris

a uretra / die Harnröhre

os lábios vaginais / die Schamlippen

feminino | weiblich

a reprodução
• die Fortpflanzung

o espermatozóide / das Spermium

o óvulo / das Ei

a fertilização | die Befruchtung

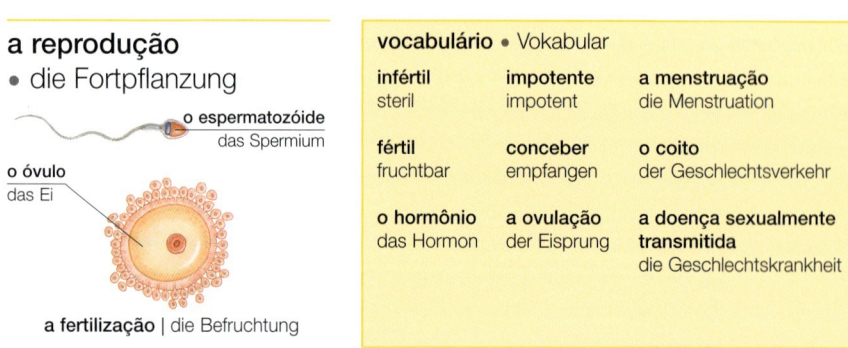

vocabulário • Vokabular

infértil / steril	impotente / impotent	a menstruação / die Menstruation
fértil / fruchtbar	conceber / empfangen	o coito / der Geschlechtsverkehr
o hormônio / das Hormon	a ovulação / der Eisprung	a doença sexualmente transmitida / die Geschlechtskrankheit

português • deutsch

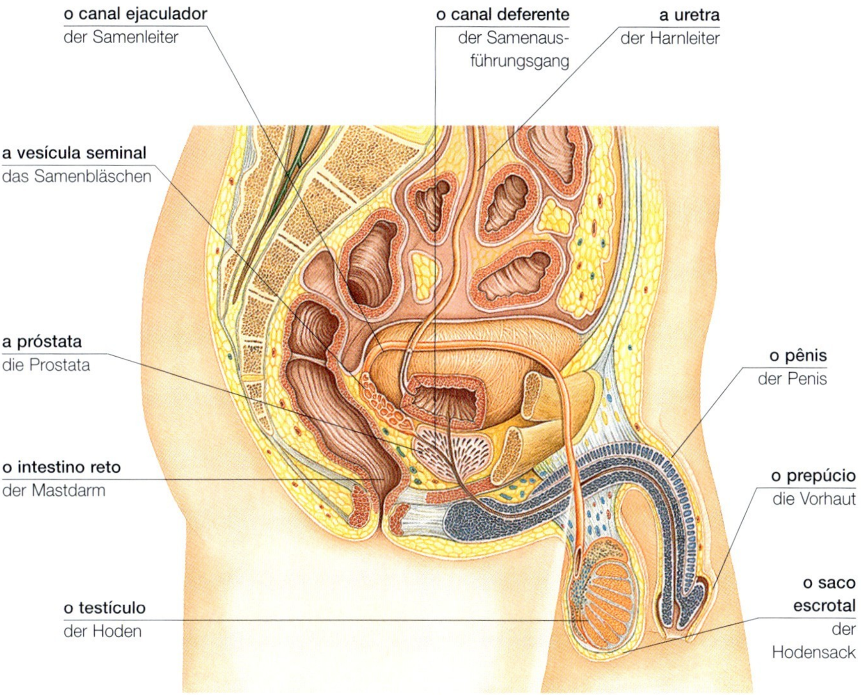

OS SERES HUMANOS • DIE MENSCHEN

português	deutsch
o canal ejaculador	der Samenleiter
o canal deferente	der Samenausführungsgang
a uretra	der Harnleiter
a vesícula seminal	das Samenbläschen
a próstata	die Prostata
o pênis	der Penis
o intestino reto	der Mastdarm
o prepúcio	die Vorhaut
o testículo	der Hoden
o saco escrotal	der Hodensack

masculino | männlich

a contracepção • die Empfängnisverhütung

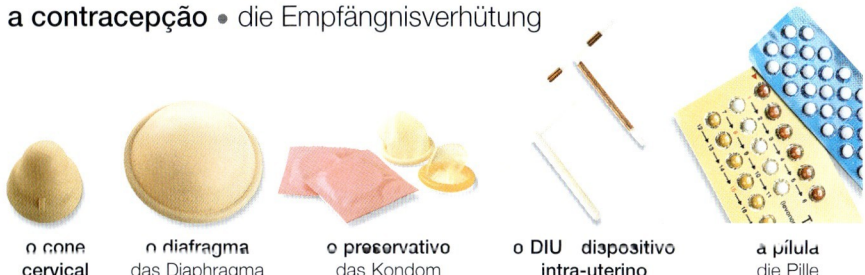

o cone cervical — das Pessar	**o diafragma** — das Diaphragma
o preservativo — das Kondom	**o DIU dispositivo intra-uterino** — die Spirale
a pílula — die Pille	

português • deutsch

OS SERES HUMANOS • DIE MENSCHEN

a família • die Familie

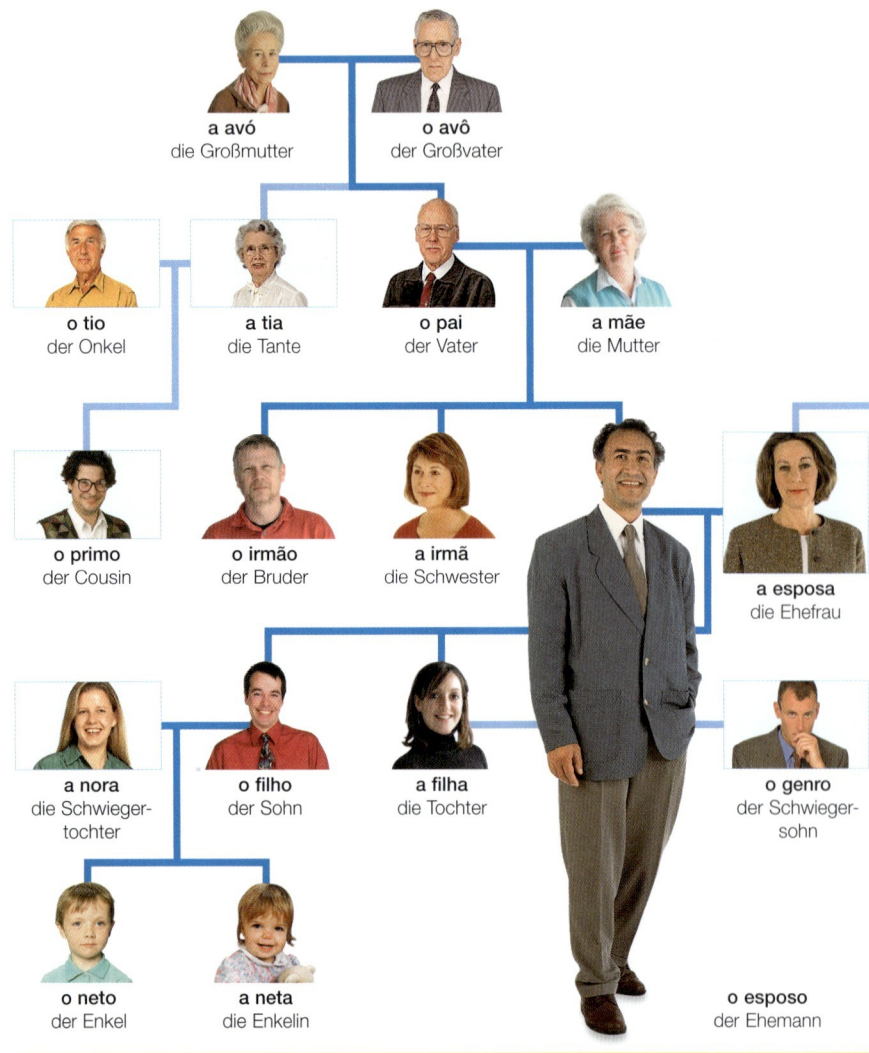

a avó / die Großmutter
o avô / der Großvater
o tio / der Onkel
a tia / die Tante
o pai / der Vater
a mãe / die Mutter
o primo / der Cousin
o irmão / der Bruder
a irmã / die Schwester
a esposa / die Ehefrau
a nora / die Schwiegertochter
o filho / der Sohn
a filha / die Tochter
o genro / der Schwiegersohn
o neto / der Enkel
a neta / die Enkelin
o esposo / der Ehemann

22 português • deutsch

OS SERES HUMANOS · DIE MENSCHEN

vocabulário · Vokabular

os avós die Großeltern	os parentes die Verwandten	os netos die Enkelkinder	a madrasta die Stiefmutter	a enteada die Stieftochter	a geração die Generation
os pais die Eltern	os filhos die Kinder	o padrasto der Stiefvater	o enteado der Stiefsohn	o/a companheiro(a) der Partner/die Partnerin	os gêmeos die Zwillinge

as fases · die Stadien

a sogra
die Schwiegermutter

o sogro
der Schwiegervater

o bebê
das Baby

a criança
das Kind

o cunhado
der Schwager

a cunhada
die Schwägerin

o menino
der Junge

a menina
das Mädchen

a sobrinha
die Nichte

o sobrinho
der Neffe

a adolescente
die Jugendliche

o adulto
der Erwachsene

as formas de tratamento · die Anreden

Senhora
Frau

Senhor
Herr

Menina
Fräulein

o homem
der Mann

a mulher
die Frau

português · deutsch

OS SERES HUMANOS • DIE MENSCHEN

os relacionamentos • die Beziehungen

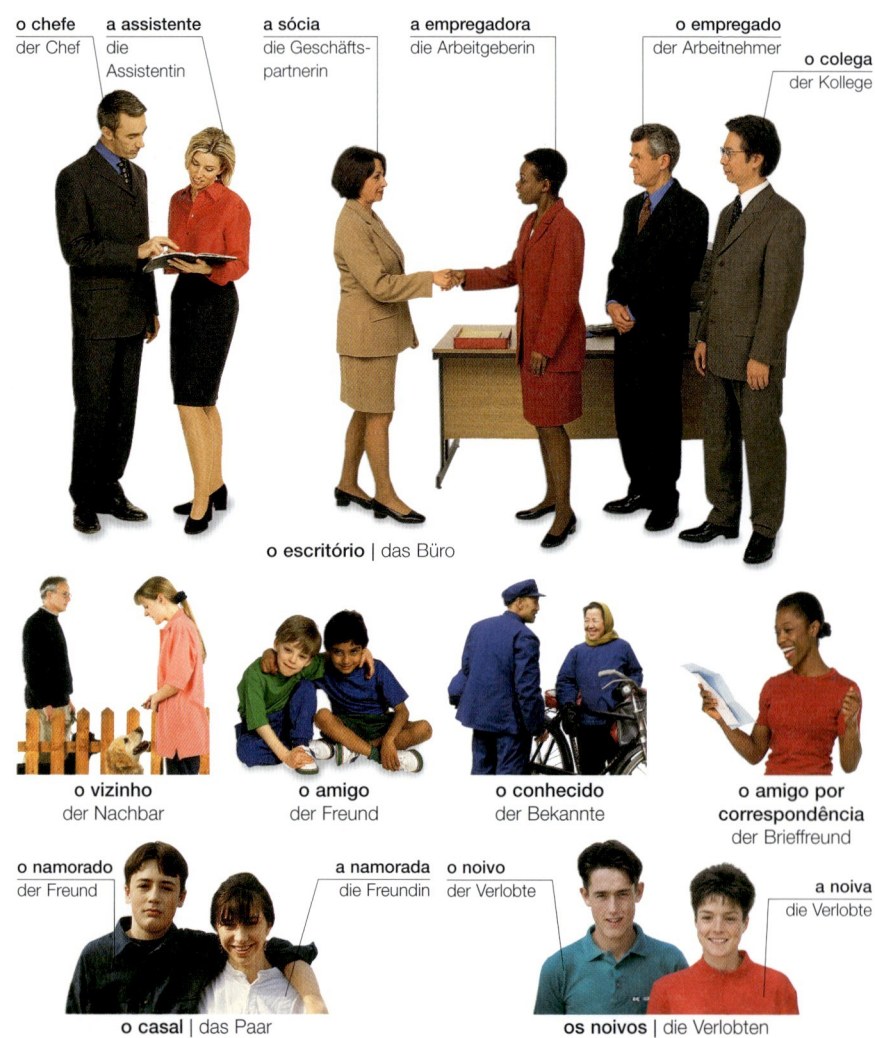

OS SERES HUMANOS • DIE MENSCHEN

as emoções • die Gefühle

o sorriso / das Lächeln

feliz
glücklich

triste
traurig

entusiasmado
begeistert

entediado
gelangweilt

surpreendido
überrascht

assustado
erschrocken

franzir (v) da testa
das Stirnrunzeln

zangado
verärgert

confuso
verwirrt

preocupado
besorgt

nervoso
nervös

orgulhoso
stolz

confiante
selbstsicher

envergonhado
verlegen

tímido
schüchtern

vocabulário • Vokabular			
perplexo bestürzt	**gritar (v)** schreien	**rir (v)** lachen	**suspirar (v)** seufzen
chocado schockiert	**bocejar (v)** gähnen	**chorar (v)** weinen	**desmaiar (v)** in Ohnmacht fallen

português • deutsch

OS SERES HUMANOS • DIE MENSCHEN

os acontecimentos da vida • die Ereignisse des Lebens

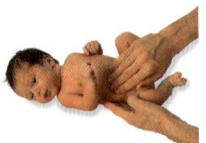
nascer (v)
geboren werden

ir para a escola (v)
zur Schule kommen

fazer amigos (v)
sich anfreunden

se formar (v)
graduieren

arrumar um emprego (v)
eine Stelle bekommen

se apaixonar (v)
sich verlieben

se casar (v)
heiraten

ter um filho (v)
ein Kind bekommen

o casamento | die Hochzeit

o divórcio
die Scheidung

o funeral
das Begräbnis

vocabulário • Vokabular

o batizado
die Taufe

o Bar Mitzvah
die Bar Mizwa

o aniversário de casamento
der Hochzeitstag

se aposentar (v)
in den Ruhestand treten

fazer um testamento (v)
sein Testament machen

emigrar (v)
emigrieren

morrer (v)
sterben

a festa de casamento
die Hochzeitsfeier

a lua-de-mel
die Hochzeitsreise

a certidão de nascimento
die Geburtsurkunde

português • deutsch

OS SERES HUMANOS • DIE MENSCHEN

as comemorações • die Feste

a festa de aniversário
die Geburtstagsfeier

o cartão
die Karte

o aniversário
der Geburtstag

o presente
das Geschenk

o Natal
das Weihnachten

a Páscoa judaica – Passah
das Passah

o Ano Novo
das Neujahr

o Carnaval
der Karneval

o desfile
der Umzug

o Ramadão
der Ramadan

a fita de presente
das Band

a festa de Ação de Graças
das Erntedankfest

a Páscoa
das Ostern

o Dia das Bruxas – Halloween
das Halloween

o Diwali
das Diwali

português • deutsch

a aparência
die äußere Erscheinung

A APARÊNCIA • DIE ÄUSSERE ERSCHEINUNG

a roupa de homem • die Herrenkleidung

o colarinho / der Kragen

a gravata / die Krawatte

o cinto / der Gürtel

a lapela / das Revers

o buraco do botão / das Knopfloch

a manga da camisa / die

o bolso / die Tasche

o paletó / die Jacke

a calça / die Hose

o botão / der Knopf

o terno / der Straßenanzug

o casaco / der Mantel

o forro / das Futter

os sapatos de couro / die Lederschuhe

vocabulário • Vokabular			
a camisa das Hemd	o roupão der Bademantel	o sobretudo para chuva der Regenmantel	comprido lang
o cardigan die Strickjacke	a roupa íntima die Unterwäsche	a roupa de treino der Trainingsanzug	curto kurz

Tem um tamanho maior/menor?
Haben Sie das eine Nummer größer/kleiner?

Posso experimentar?
Kann ich das anprobieren?

português • deutsch

A APARÊNCIA • DIE ÄUSSERE ERSCHEINUNG

A APARÊNCIA • DIE ÄUSSERE ERSCHEINUNG

a roupa de mulher • die Damenkleidung

A APARÊNCIA • DIE ÄUSSERE ERSCHEINUNG

a roupa íntima • die Unterwäsche

o casamento • die Hochzeit

o véu / der Schleier

a renda / die Spitze

o ramo de flores / das Bukett

a cauda / die Schleppe

o vestido de noiva / das Hochzeitskleid

o negligee / das Negligé

o saia interior / der Unterrock

a alça / der Träger

o espartilho / das Mieder

o espartilho com ligas / das Bustier

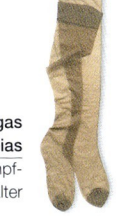

as ligas para meias / der Strumpfhalter

as meias de ligas / die Strümpfe

a meia calça / die Strumpfhose

o top / das Unterhemd

o sutiã / der Büstenhalter

a calcinha / der Slip

a camisola / das Nachthemd

vocabulário • Vokabular

o espartilho / das Korsett	bom corte / gut geschnitten
com as costas livres / rückenfrei	o cinto de ligas / das Strumpfband
a cintura da saia / der Rockbund	o sutiã esportivo / der Sport-BH
a almofada para ombros / das Schulterpolster	com aros / mit Formbügeln

português • deutsch

A APARÊNCIA • DIE ÄUSSERE ERSCHEINUNG

os acessórios • die Accessoires

o boné
die Mütze

o chapéu
der Hut

o lenço para o pescoço
das Halstuch

a fivela
die Gürtelschnalle

o cinto
der Gürtel

o cabo
der Griff

a ponteira
die Spitze

o lenço
das Taschentuch

a gravata borboleta
die Fliege

o alfinete de gravata
die Krawattennadel

as luvas
die Handschuhe

o guarda-chuva
der Regenschirm

as jóias • der Schmuck

o pingente
der Anhänger

o broche
die Brosche

o botão de manga
der Manschettenknopf

o colar de pérolas
die Perlenkette

o elo
das Glied

o fecho
der Verschluss

o brinco
der Ohrring

o anel
der Ring

a pedra preciosa
der Edelstein

o colar
die Halskette

o relógio de pulso
die Armbanduhr

a pulseira
das Armband

a corrente
die Kette

o porta-jóias | der Schmuckkasten

português • deutsch

A APARÊNCIA • DIE ÄUSSERE ERSCHEINUNG

as bolsas • die Taschen

o porta-documentos
die Brieftasche

a carteira
das Portemonee

a bolsa
die Umhängetasche

o fecho
der Verschluss

as alças
die Griffe

as alças para os ombros
die Schulterriemen

a bolsa para viagem
die Reisetasche

a pasta
die Aktentasche

a bolsa de mão
die Handtasche

a mochila
der Rucksack

os sapatos • die Schuhe

o cordão
der Schnürsenkel

a língua
die Zunge

o olhal
die Öse

a sola
die Sohle

o salto
der Absatz

o sapato de cadarço
der Schnürschuh

as botas de montanha
der Wanderschuh

o tênis
der Sportschuh

o sapato de couro
der Lederschuh

o chinelo de praia
die Strandsandale

o sapato do salto alto
der Pumps

a sandália de plataforma
der Plateauschuh

a sandália
die Sandale

o mocassim
der Slipper

o sapato de homem
der Herrenhalbschuh

português • deutsch

A APARÊNCIA • DIE ÄUSSERE ERSCHEINUNG

o cabelo • das Haar

o pente
der Kamm

pentear (v)
kämmen

a escova de cabelo
die Haarbürste

escovar (v) | bürsten

a cabeleireira
die Friseurin

a pia
das Waschbecken

a cliente
die Kundin

lavar (v) | waschen

enxaguar (v)
ausspülen

cortar (v)
schneiden

o avental de cabeleireiro
der Frisierumhang

secar com o secador (v)
föhnen

ajeitar os cabelos (v)
legen

os acessórios de cabeleireiro • die Frisierartikel

o secador
der Föhn

o shampoo
das Shampoo

o condicionador
die Haarspülung

o gel para cabelos
das Haargel

o spray para cabelos
das Haarspray

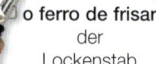

o ferro de frisar
der Lockenstab

a tesoura
die Schere

a tiara
der Haarreif

o bob para cabelo
der Lockenwickler

os ganchos para cabelos
die Haarklammer

português • deutsch

A APARÊNCIA • DIE ÄUSSERE ERSCHEINUNG

os estilos de cabelo • die Frisuren

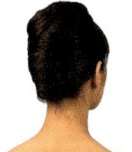

o rabo-de-cavalo
der Pferdeschwanz

a fita de presente
das Band

a trança
der Zopf

o coque banana
die Hochsteckfrisur

o coque
der Haarknoten

a maria chiquinha
die Rattenschwänze

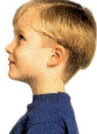

médio
halblang

curto
kurz

encaracolado
lockig

a permanente
die Dauerwelle

liso
glatt

as raízes
die Wurzeln

as madeixas
die Strähnchen

calvo
kahl

a peruca
die Perücke

vocabulário • Vokabular	
o elástico de cabelo das Haarband	**oleoso** fettig
aparar (v) nachschneiden	**seco** trocken
o barbeiro der Herrenfriseur	**normal** normal
a caspa die Schuppen	**alisar (v)** glätten
as pontas duplas der Haarspliss	**o couro cabeludo** die Kopfhaut

as cores • die Haarfarben

loiro
blond

castanho
brünett

acaju
rotbraun

ruivo
rot

preto
schwarz

grisalho
grau

branco
weiß

pintado
gefärbt

português • deutsch

A APARÊNCIA • DIE ÄUSSERE ERSCHEINUNG

a beleza • die Schönheit

a tinta de cabelo
das Haarfärbemittel

a sombra
der Lidschatten

a máscara
die Wimperntusche

o eyeliner
der Eyeliner

o blush
das Rouge

a base
die Grundierung

o batom
der Lippenstift

a maquiagem • das Make-up

o lápis para as sobrancelhas
der Augenbrauenstift

as escovas para as sobrancelhas
das Brauenbürstchen

a pinça
die Pinzette

o gloss
das Lipgloss

o pincel para lábios
der Lippenpinsel

o lápis para os lábios
der Lippenkonturenstift

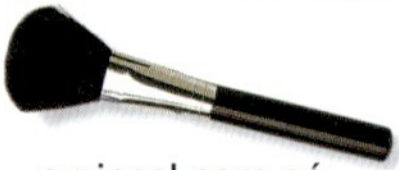

o pincel para pó
der Puderpinsel

o lápis corretor
der Korrekturstift

o espelho
der Spiegel

o pó facial
der Gesichtspuder

a esponja
die Puderquaste

o pó | die Puderdose

português • deutsch

A APARÊNCIA • DIE ÄUSSERE ERSCHEINUNG

os tratamentos de beleza
• die Schönheitsbehandlungen

a máscara facial
die Gesichtsmaske

a cama de bronzeamento artificial
die Sonnenbank

a limpeza facial
die Gesichtsbehandlung

esfoliar (v)
das Peeling

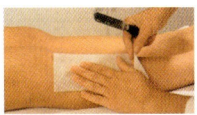

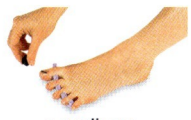

a depilação
die Enthaarung

a pedicure
die Pediküre

a manicure • die Maniküre

o removedor de esmalte
der Nagellackentferner

a lima de unha
die Nagelfeile

o esmalte
der Nagellack

a tesoura
die Nagelschere

o corta-unhas
der Nagelknipser

os produtos de beleza
• die Toilettenartikel

o líquido de limpeza facial
der Gesichtsreiniger

o tônico facial
das Gesichtswasser

o creme hidratante
die Feuchtigkeitscreme

o creme autobronzeador
die Selbstbräunungscreme

o perfume
das Parfum

a água de colônia
das Eau de Toilette

vocabulário • Vokabular

o bronzeado die Sonnenbräune	sensível empfindlich	claro hell
a tatuagem die Tätowierung	a tonalidade der Farbton	moreno dunkel
as bolas de algodão die Wattebällchen	anti-rugas Antifalten-	seco trocken
hipoalergênico hypoallergen	a cor da pele der Teint	oleoso fettig

português • deutsch

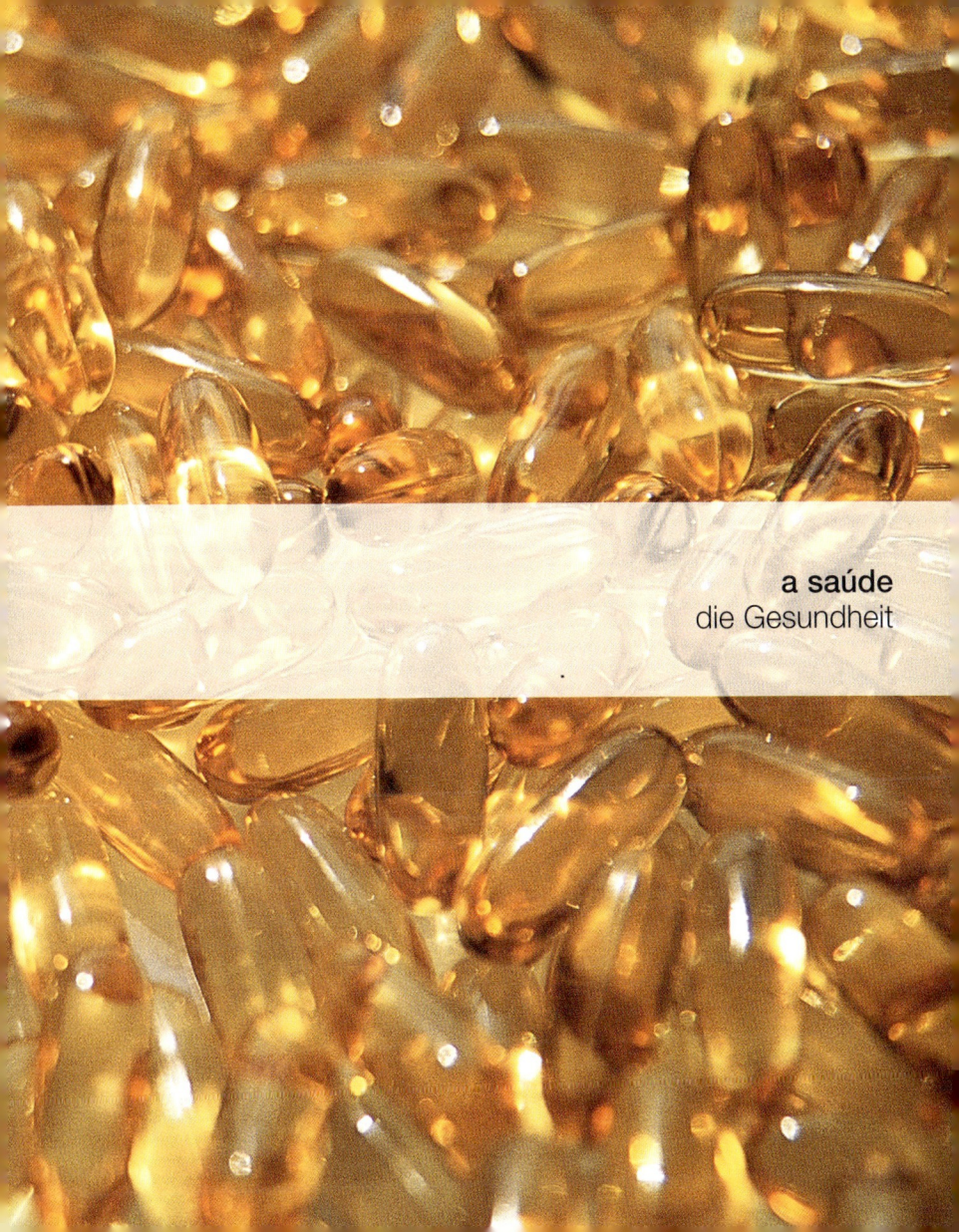

a saúde
die Gesundheit

A SAÚDE • DIE GESUNDHEIT

a doença • die Krankheit

a febre | das Fieber

a dor de cabeça
die Kopfschmerzen

o sangramento nasal
das Nasenbluten

a tosse
der Husten

o espirro
das Niesen

o resfriado
die Erkältung

a gripe
die Grippe

o inalador
der Inhalator

a asma
das Asthma

as câimbras
die Krämpfe

a náusea
die Übelkeit

a catapora
die Windpocken

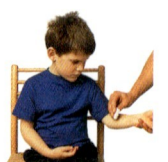
a erupção cutânea
der Hautausschlag

---

vocabulário • Vokabular

o infarte / der Herzinfarkt	a alergia / die Allergie	o eczema / das Ekzem
a pressão arterial / der Blutdruck	a caxumba / der Mumps	o vírus / der Virus
o derrame cerebral / der Schlaganfall	a diabetes / die Zuckerkrankheit	a infecção / die Infektion
a friagem / die Verkühlung	a epilepsia / die Epilepsie	a diarréia / der Durchfall
a enxaqueca / die Migräne	vomitar (v) / sich übergeben	o sarampo / die Masern
a dor de estômago / die Magenschmerzen	desmaiar (v) / in Ohnmacht fallen	a renite alérgica / der Heuschnupfen

A SAÚDE • DIE GESUNDHEIT

o médico • der Arzt
a consulta • die Konsultation

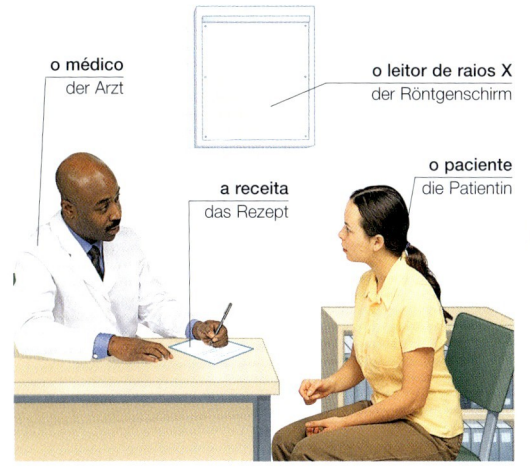

o médico
der Arzt

o leitor de raios X
der Röntgenschirm

a receita
das Rezept

o paciente
die Patientin

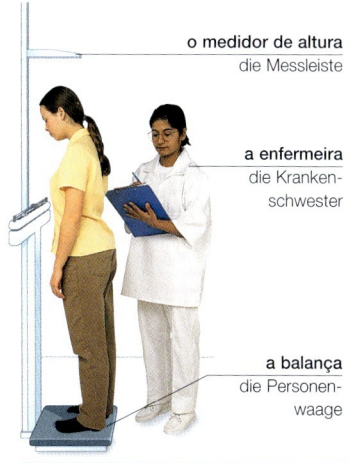

o medidor de altura
die Messleiste

a enfermeira
die Krankenschwester

a balança
die Personenwaage

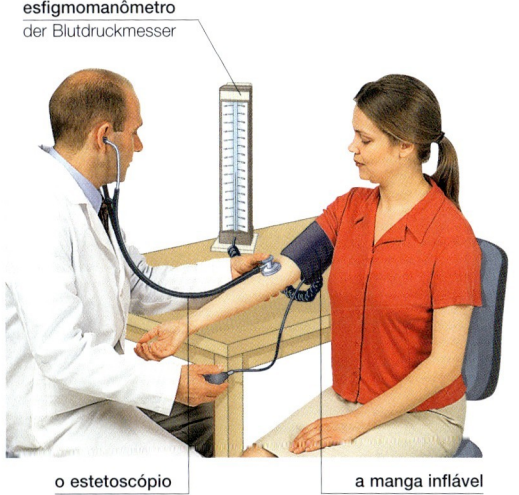

esfigmomanômetro
der Blutdruckmesser

o estetoscópio
das Stethoskop

a manga inflável
die Luftmanschette

vocabulário • Vokabular

a consulta médica der Termin	o exame médico die Untersuchung
a vacina die Impfung	o termómetro das Thermometer
a sala de espera das Wartezimmer	o consultório das Sprechzimmer

Preciso ir ao médico.
Ich muss mit einem Arzt sprechen.

Me doí aqui.
Es tut hier weh.

português • deutsch

A SAÚDE • DIE GESUNDHEIT

a lesão • die Verletzung

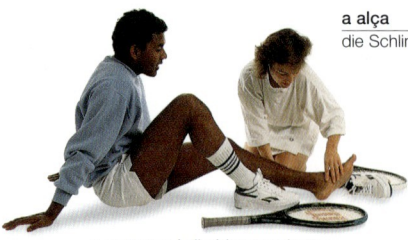

a entorse | die Verstauchung

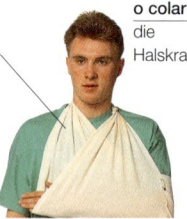

a alça
die Schlinge

a fratura
die Fraktur

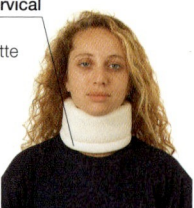

o colar cervical
die Halskrawatte

a lesão no pescoço
das Schleudertrauma

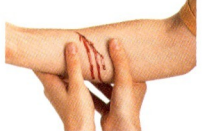

o corte
der Schnitt

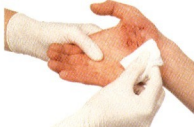

o arranhão
die Abschürfung

o hematoma
die Prellung

a farpa
der Splitter

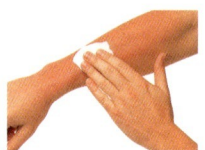

a queimadura solar
der Sonnenbrand

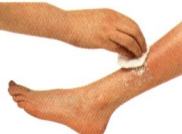

a queimadura
die Brandwunde

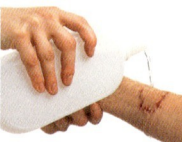

a mordida
der Biss

a picada
der Stich

---

vocabulário • Vokabular

o acidente der Unfall	a hemorragia die Blutung	a lesão na cabeça die Kopfverletzung	**Ele/ela vai ficar bem?** Wird er/sie es gut überstehen?
a emergência der Notfall	a bolha die Blase	o envenenamento die Vergiftung	**Por favor, chame uma ambulância.** Rufen Sie bitte einen Krankenwagen.
o ferimento die Wunde	o choque eléctrico der elektrische Schlag	a lesão cerebral die Gehirnerschütterung	**Onde lhe dói?** Wo haben Sie Schmerzen?

português • deutsch

A SAÚDE • DIE GESUNDHEIT

os primeiros socorros • die Erste Hilfe

a pomada / die Salbe

o band-aid / das Pflaster

o alfinete de segurança / die Sicherheitsnadel

a bandagem / die Bandage

os analgésicos / die Schmerztabletten

a toalha esterilizada / das Desinfektionstuch

a pinça / die Pinzette

a tesoura / die Schere

o anti-séptico / das Antiseptikum

a mala de primeiros socorros | der Erste-Hilfe-Kasten

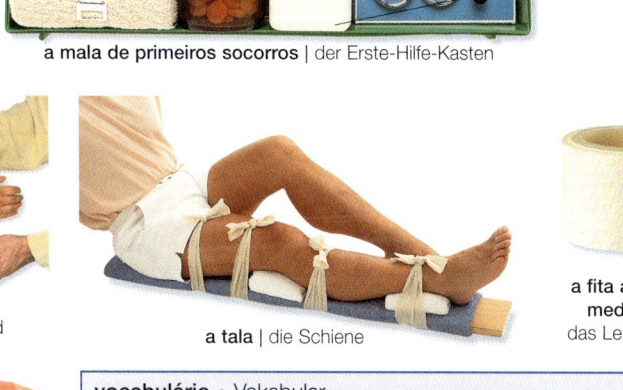

a gaze / die Gaze

o curativo / der Verband

a tala | die Schiene

a fita adesiva medicinal / das Leukoplast

a reanimação / die Wiederbelebung

vocabulário • Vokabular

o choque / der Schock	a pulsação / der Puls	sufocar (v) / ersticken	Você pode me ajudar? / Können Sie mir helfen?
inconsciente / bewusstlos	a respiração / die Atmung	esterilizado / steril	Você sabe prestar os primeiros socorros? / Beherrschen Sie die Erste Hilfe?

português • deutsch

A SAÚDE • DIE GESUNDHEIT

o hospital • das Krankenhaus

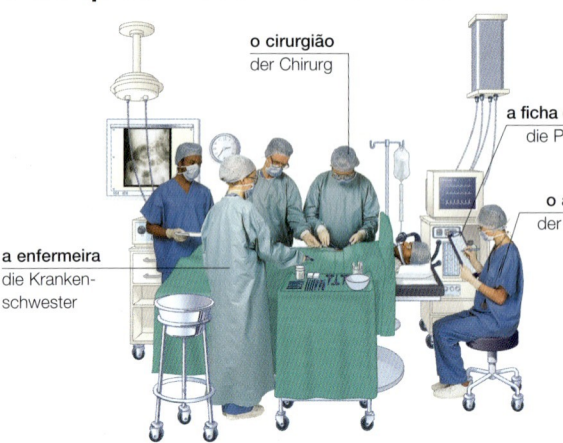

o cirurgião
der Chirurg

a ficha do paciente
die Patientenakte

o anestesista
der Anästhesist

a enfermeira
die Krankenschwester

a sala de operações
der Operationssaal

a análise do sangue
die Blutuntersuchung

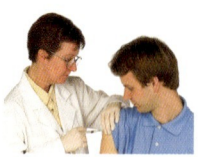

a injeção
die Spritze

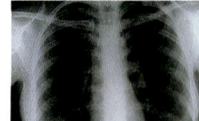

a radiografia
die Röntgenaufnahme

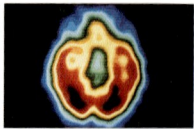

a tomografia computadorizada
der CT-Scan

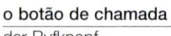

a maca
die fahrbare Liege

o botão de chamada
der Rufknopf

a sala de emergências
die Notaufnahme

o quarto do paciente
das Patientenzimmer

a cadeira de rodas
der Rollstuhl

---

vocabulário • Vokabular

a operação die Operation	receber alta entlassen	o horário de visita die Besuchszeiten	a maternidade die Entbindungsstation	o paciente ambulante der ambulante Patient
admitido aufgenommen	a clínica die Klinik	a pediatria die Kinderstation	o quarto privado das Privatzimmer	a unidade de cuidados intensivos die Intensivstation

português • deutsch

A SAÚDE • DIE GESUNDHEIT

os departamentos • die Abteilungen

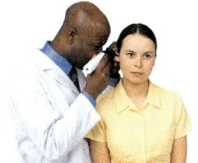
a otorrinolaringologia
die HNO-Abteilung

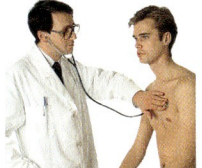
a cardiologia
die Kardiologie

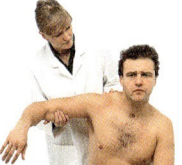
a ortopedia
die Orthopädie

a ginecologia
die Gynäkologie

a fisioterapia
die Physiotherapie

a dermatologia
die Dermatologie

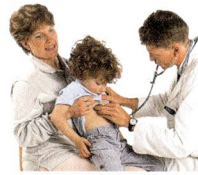
a pediatria
die Kinderheilkunde

a radiologia
die Radiologie

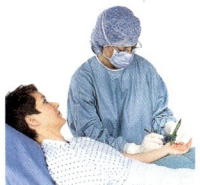
a cirurgia
die Chirurgie

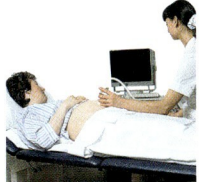
a maternidade
die Entbindungsstation

a psiquiatria
die Psychiatrie

a oftalmologia
die Augenheilkunde

---

vocabulário • Vokabular

a neurologia die Neurologie	a urologia die Urologie	a cirurgia plástica die plastische Chirurgie	a patologia die Pathologie	o resultado das Ergebnis
a oncologia die Onkologie	a endocrinologia die Endokrinologie	o transferimento de um paciente die Überweisung	a análise die Untersuchung	o especialista der Facharzt

português • deutsch

A SAÚDE • DIE GESUNDHEIT

o dentista • der Zahnarzt

o dente • der Zahn

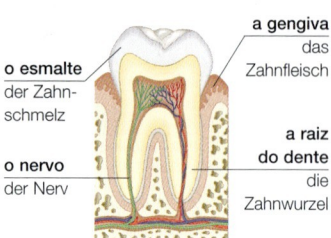

a gengiva
das Zahnfleisch

o esmalte
der Zahnschmelz

a raiz do dente
die Zahnwurzel

o nervo
der Nerv

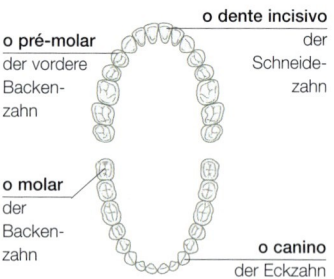

o dente incisivo
der Schneidezahn

o pré-molar
der vordere Backenzahn

o molar
der Backenzahn

o canino
der Eckzahn

o check-up • der Check-up

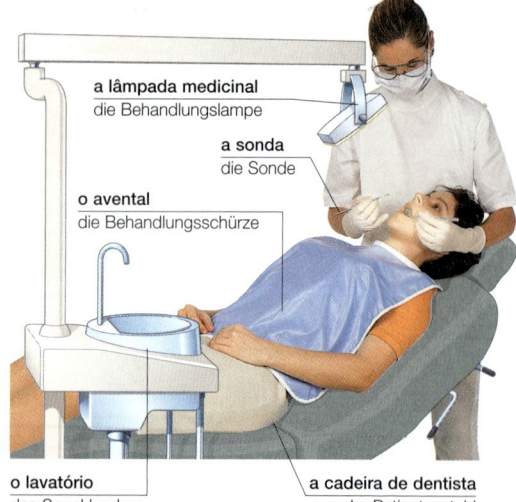

a lâmpada medicinal
die Behandlungslampe

a sonda
die Sonde

o avental
die Behandlungsschürze

o lavatório
das Spuckbecken

a cadeira de dentista
der Patientenstuhl

---

vocabulário • Vokabular

a placa bacteriana der Zahnbelag	a broca der Bohrer
as cáries die Karies	o fio dental die Zahnseide
a prótese dentária die Zahnfüllung	a extração die Extraktion
a dor de dentes die Zahnschmerzen	a coroa die Krone

usar o fio dental (v)
mit Zahnseide reinigen

escovar os dentes (v)
bürsten

o aparelho dentário
die Zahnspange

o raio X dentário
die Röntgenaufnahme

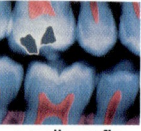
a radiografia
das Röntgenbild

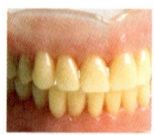
a dentadura postiça
die Zahnprothese

A SAÚDE • DIE GESUNDHEIT

o oftalmologista • der Augenoptiker

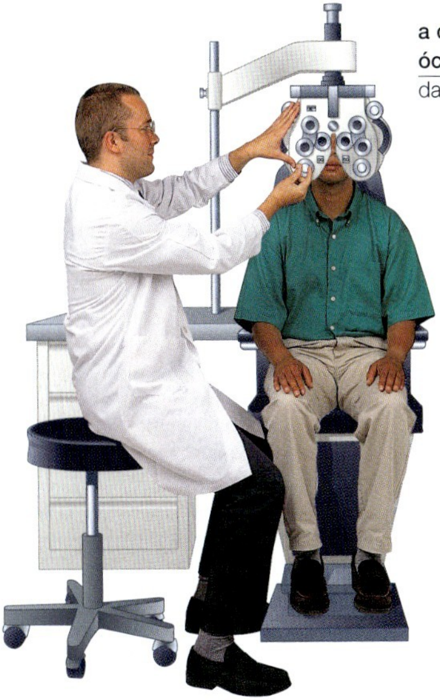

a caixa para óculos
das Futteral

a lente
das Glas

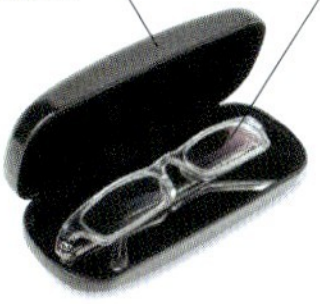

a armação
das Brillengestell

os óculos
die Brille

os óculos de sol
die Sonnenbrille

o líquido de limpeza
das Reinigungsmittel

a solução desinfetante
das Desinfektionsmittel

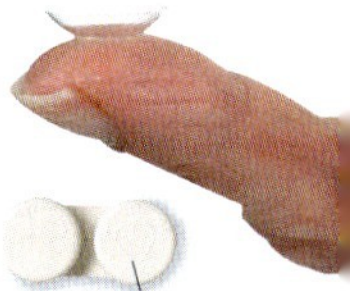

o estojo de lentes de contato
der Kontaktlinsenbehälter

o exame ocular | der Sehtest

as lentes de contato | die Kontaktlinsen

o olho • das Auge

a sobrancelha
die Augenbraue

a pálpebra
das Lid

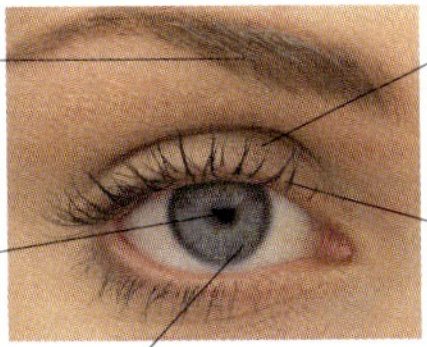

a pestana
die Wimper

a pupila
die Pupille

a íris
die Iris

a retina
die Netzhaut

o cristalino
die Linse

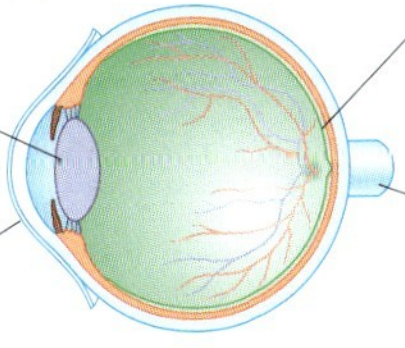

o nervo óptico
der Sehnerv

a córnea
die Hornhaut

vocabulário • Vokabular	
a visão die Sehkraft	o astigmatismo der Astigmatismus
a dioptria die Dioptrie	a hipermetropia die Weitsichtigkeit
a lágrima die Träne	a miopia die Kurzsichtigkeit
a catarata der graue Star	bifocal bifokal

português • deutsch

A SAÚDE • DIE GESUNDHEIT

a gravidez • die Schwangerschaft

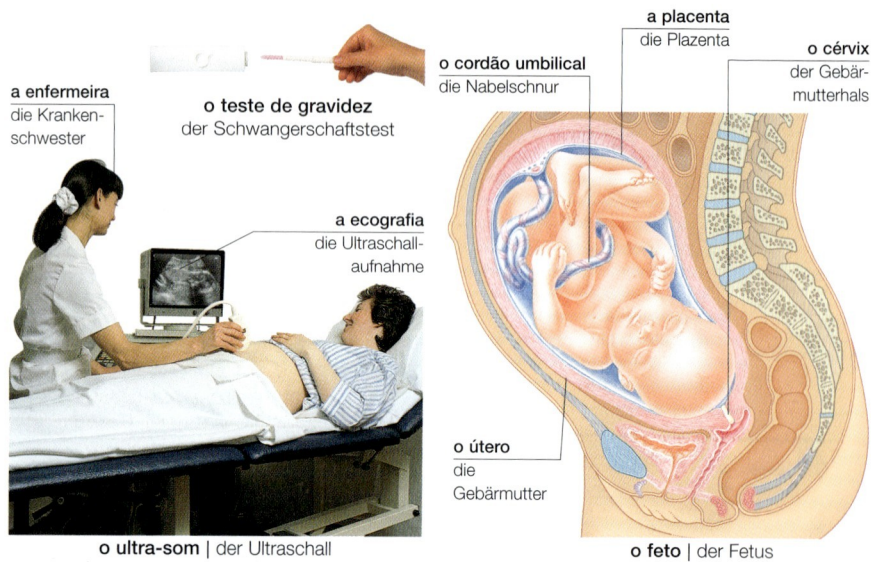

- a enfermeira / die Krankenschwester
- o teste de gravidez / der Schwangerschaftstest
- o cordão umbilical / die Nabelschnur
- a placenta / die Plazenta
- o cérvix / der Gebärmutterhals
- a ecografia / die Ultraschallaufnahme
- o útero / die Gebärmutter
- o ultra-som | der Ultraschall
- o feto | der Fetus

vocabulário • Vokabular					
a ovulação der Eisprung	pré-natal vorgeburtlich	o líquido amniótico das Fruchtwasser	a dilatação die Muttermundöffnung	os pontos die Naht	de nádegas Steiß-
grávida schwanger	o embrião der Embryo	a amniocentese die Amniozentese	a cesariana der Kaiserschnitt	o nascimento die Geburt	prematuro vorzeitig
a concepção die Empfängnis	o útero die Gebärmutter	perda do líquido amniótico (v) das Fruchtwasser geht ab	a anestesia epidural die Periduralanästhesie	o parto die Entbindung	o ginecologista der Gynäkologe
	o trimestre das Trimester	a contração die Wehe	a episiotomia der Dammschnitt	o aborto espontâneo die Fehlgeburt	o obstetra der Geburtshelfer

A SAÚDE • DIE GESUNDHEIT

o parto • die Geburt

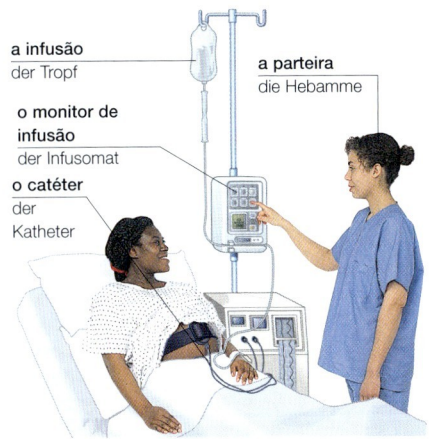

a infusão / der Tropf
a parteira / die Hebamme
o monitor de infusão / der Infusomat
o catéter / der Katheter

induzir o parto (v)
die Geburt einleiten

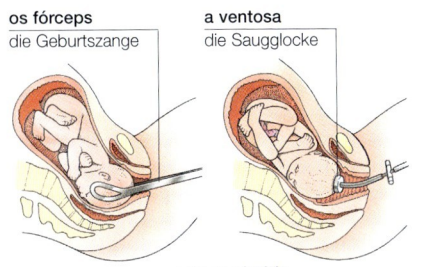

os fórceps / die Geburtszange

a ventosa / die Saugglocke

o parto assistido
die assistierte Entbindung

a pulseira de identificação / das Namensbändchen

o recém-nascido
das Neugeborene

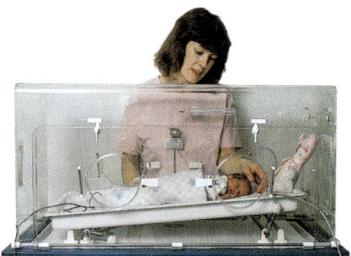

a incubadora | der Brutkasten

a balança / die Waage

o peso de nascença | das Geburtsgewicht

a amamentação • das Stillen

a bomba de extração de leite
die Milchpumpe

o sutiã de amamentação
der Stillbüstenhalter

amamentar (v)
stillen

os discos protetores
die Einlagen

português • deutsch

A SAÚDE • DIE GESUNDHEIT

as terapias alternativas • die Alternativtherapien

o instrutor
der Lehrer

a massagem
die Massage

o shiatsu
das Shiatsu

a ioga | das Yoga

o tapete
die Matte

a quiroprática
die Chiropraktik

a osteopatia
die Osteopathie

a reflexologia
die Reflexzonenmassage

a meditação
die Meditation

português • deutsch

A SAÚDE • DIE GESUNDHEIT

o terapeuta
der Therapeut

a terapia de grupo
die Gruppentherapie

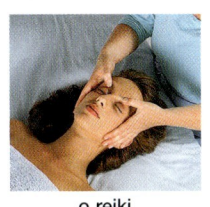

o reiki
das Reiki

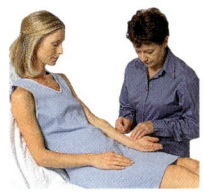

a acupuntura
die Akupunktur

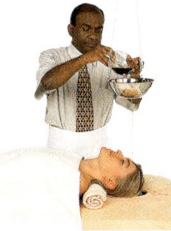

a ayurveda
das Ayurveda

a hipnoterapia
die Hypnotherapie

o herbalismo
die Kräuterheilkunde

os óleos essenciais
die ätherischen Öle

a aromaterapia
die Aromatherapie

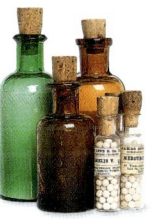

a homeopatia
die Homöopathie

a acupressão
die Akupressur

a terapeuta
die Therapeutin

a psicoterapia
die Psychotherapie

vocabulário • Vokabular

| a cristaloterapia | a naturopatia | o relaxamento | a erva medicinal |
| die Kristalltherapie | die Naturheilkunde | die Entspannung | das Heilkraut |

| a hidroterapia | o feng shui | o stress | |
| die Wasserbehandlung | das Feng Shui | der Stress | |

português • deutsch

a casa
das Haus

a casa • das Haus

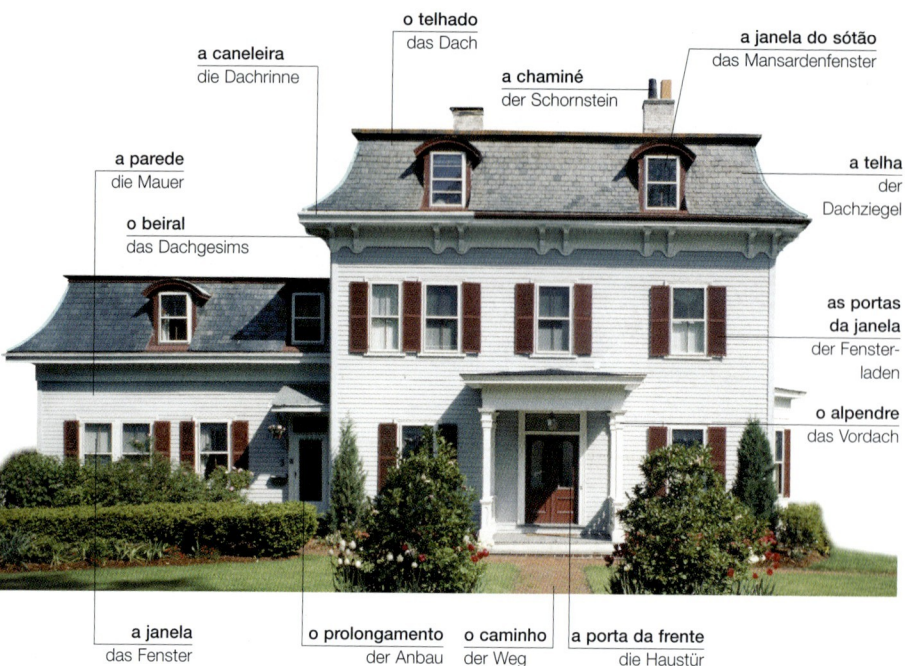

- **o telhado** / das Dach
- **a caneleira** / die Dachrinne
- **a janela do sótão** / das Mansardenfenster
- **a chaminé** / der Schornstein
- **a parede** / die Mauer
- **o beiral** / das Dachgesims
- **a telha** / der Dachziegel
- **as portas da janela** / der Fensterladen
- **o alpendre** / das Vordach
- **a janela** / das Fenster
- **o prolongamento** / der Anbau
- **o caminho** / der Weg
- **a porta da frente** / die Haustür

vocabulário • Vokabular

português	deutsch
o locatário	der Vermieter
a casa duplex	das Doppelhaus
o inquilino	der Mieter
o bungalow	der Bungalow
o porão	das Kellergeschoss
a garagem	die Garage
o quarto	das Zimmer
o sótão	der Dachboden
o andar	das Stockwerk
o pátio	der Hof
a lâmpada de porta	die Haustürlampe
o alarme anti-roubo	die Alarmanlage
a caixa do correio	der Briefkasten
a casa independente	das Einzelhaus
alugar (v)	mieten
o aluguél	die Miete
o complexo habitacional	das Reihenhaus

A CASA • DAS HAUS

a entrada • der Eingang

o corrimão
der Handlauf

o patamar
der Treppenabsatz

o balaústre
das Treppengeländer

a escadaria
die Treppe

o hall
die Diele

o apartamento • die Wohnung

a varanda
der Balkon

o edifício
der Wohnblock

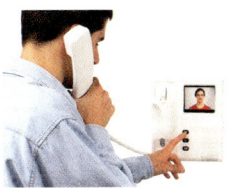

o intercomunicador
die Sprechanlage

o elevador
der Fahrstuhl

a campainha
die Türklingel

o capacho
der Fußabtreter

o batente
der Türklopfer

a corrente
die Türkette

a chave
der Schlüssel

a fechadura
das Schloss

o ferrolho
der Türriegel

português • deutsch

A CASA • DAS HAUS

os sistemas internos da casa • die Hausanschlüsse

o radiador
der Heizkörper

a hélice do ventilador
der Flügel

o ventilador
der Ventilator

o aquecedor
der Heizofen

o aquecedor de
convecção
der Heizlüfter

a eletricidade • die Elektrizität

a lâmpada
die Birne

o filamento
der Glühfaden

o pino de ligação à terra
die Erdung

o soquete de
encaixe
die Bajonettfassung

o plugue de tomada
der Stecker

o pino do pólo
der Pol

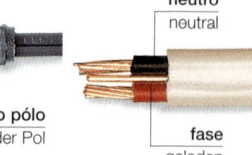

neutro
neutral

fase
geladen

o cabo
die Leitung

vocabulário • Vokabular

a voltagem die Spannung	o fusível die Sicherung	a tomada die Steckdose	a corrente contínua der Gleichstrom	o transformador der Transformator
o ampere das Ampère	o gerador der Generator	o interruptor der Schalter	a corrente alternada der Stromzähler	a rede elétrica das Stromnetz
a corrente elétrica der Strom	a caixa de fusíveis der Sicherungskasten	o contador de eletricidade der Wechselstrom	o corte eléctrico der Stromausfall	

português • deutsch

A CASA • DAS HAUS

a canalização • die Sanitärtechnik

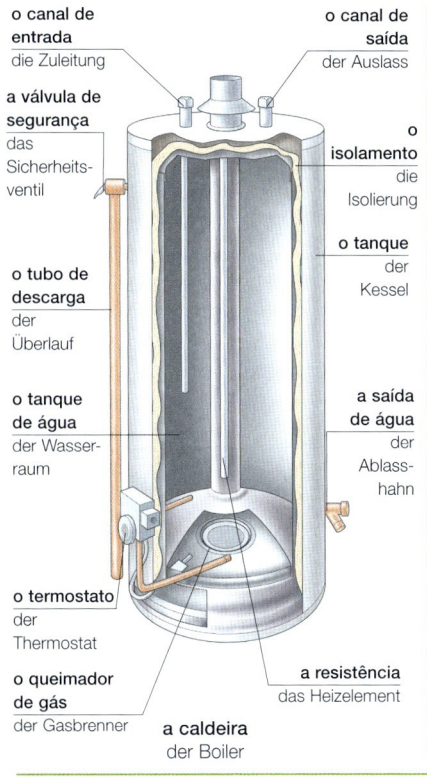

o canal de entrada
die Zuleitung

o canal de saída
der Auslass

a válvula de segurança
das Sicherheitsventil

o isolamento
die Isolierung

o tanque
der Kessel

o tubo de descarga
der Überlauf

o tanque de água
der Wasserraum

a saída de água
der Ablasshahn

o termostato
der Thermostat

o queimador de gás
der Gasbrenner

a resistência
das Heizelement

a caldeira
der Boiler

a pia • die Spüle

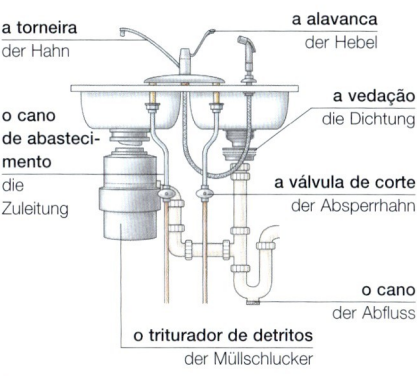

a torneira
der Hahn

a alavanca
der Hebel

a vedação
die Dichtung

o cano de abastecimento
die Zuleitung

a válvula de corte
der Absperrhahn

o cano
der Abfluss

o triturador de detritos
der Müllschlucker

a privada • das WC

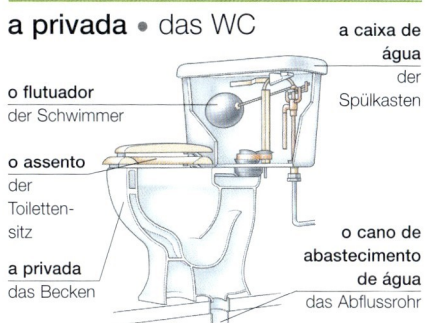

a caixa de água
der Spülkasten

o flutuador
der Schwimmer

o assento
der Toilettensitz

o cano de abastecimento de água
das Abflussrohr

a privada
das Becken

a eliminação de lixo • die Abfallentsorgung

a garrafa
die Flasche

o pedal
der Trethebel

a tampa
der Deckel

o contenedor de reciclagem
der Recyclingbehälter

a lata de lixo
der Abfalleimer

a gaveta para reciclagem
die Abfallsortiereinheit

o lixo orgânico
der Bio-Abfall

português • deutsch   61

A CASA • DAS HAUS

a sala de estar • das Wohnzimmer

o quadro
das Gemälde

a moldura
der Bilderrahmen

o abajur
die Lampe

a lâmpada de parede
die Wandlampe

o relógio
die Uhr

o teto
die Decke

a vitrine
die Vitrine

o sofá
das Sofa

a almofada de sofá
das Sofakissen

a mesa
der Couchtisch

o piso
der Fußboden

português • deutsch

A CASA • DAS HAUS

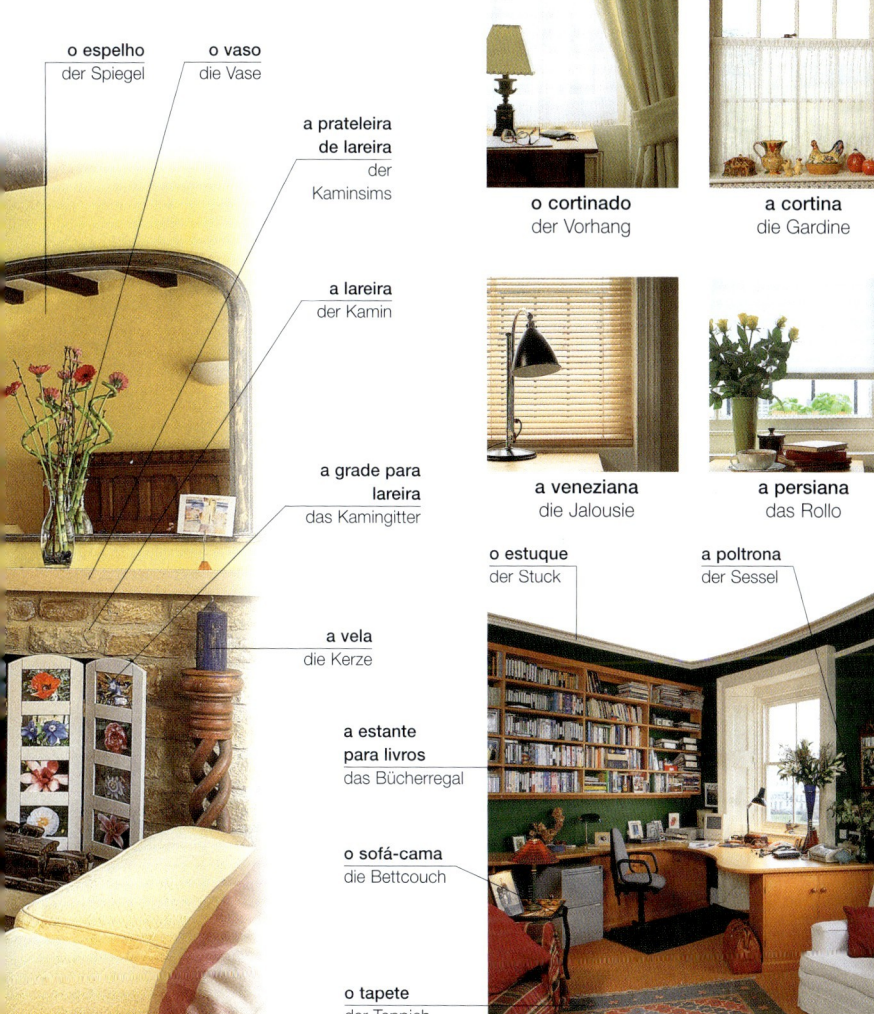

o espelho / der Spiegel
o vaso / die Vase
a prateleira de lareira / der Kaminsims
a lareira / der Kamin
a grade para lareira / das Kamingitter
a vela / die Kerze
a estante para livros / das Bücherregal
o sofá-cama / die Bettcouch
o tapete / der Teppich

o cortinado / der Vorhang
a cortina / die Gardine
a veneziana / die Jalousie
a persiana / das Rollo
o estuque / der Stuck
a poltrona / der Sessel

o escritório | das Arbeitszimmer

português • deutsch

A CASA • DAS HAUS

a sala de jantar • das Esszimmer

a pimenta / der Pfeffer
o sal / das Salz
a mesa / der Tisch
a louça / das Geschirr
os talheres / das Besteck
a cadeira / der Stuhl
o encosto / die Lehne
o assento / die Sitzfläche
a perna / das Bein

vocabulário • Vokabular

português	deutsch
o pano de mesa	die Tischdecke
o conjunto	das Set
a refeição	die Mahlzeit
a anfitriã	die Gastgeberin
o convidado	der Gast
o anfitrião	der Gastgeber
a porção	die Portion
com fome	hungrig
satisfeito	satt
pôr a mesa (v)	den Tisch decken
servir (v)	servieren
comer (v)	essen
o café da manhã	das Frühstück
o almoço	das Mittagessen
o jantar	das Abendessen

Posso repetir, por favor?
Könnte ich bitte noch ein bisschen haben?

Estou cheio, obrigado.
Ich bin satt, danke.

Estava delicioso.
Das war lecker.

A CASA • DAS HAUS

a louça e os talheres • das Geschirr und das Besteck

a caneca / der Becher

a xícara de café / die Kaffeetasse

a xícara de chá / die Teetasse

a colher de chá / der Teelöffel

o prato / der Teller

o prato de sopa / die Schüssel

a cafeteira / die Kaffeekanne

o bule / die Teekanne

o jarro / der Krug

o suporte para ovos / der Eierbecher

o copo de vinho / das Weinglas

o copo / das Wasserglas

os copos / die Glaswaren

a argola de guardanapo / der Serviettenring

o prato para pão / der Beilagenteller

o prato ladeiro / der Essteller

o prato de sopa / der Suppenteller

a colher de sopa / der Suppenlöffel

o guardanapo / die Serviette

o garfo / die Gabel

a disposição do lugar / das Gedeck

a colher / der Löffel

a faca / das Messer

português • deutsch

A CASA • DAS HAUS

a cozinha • die Küche

- a prateleira de cozinha — das Küchenregal
- o revestimento — der Spritzschutz
- a torneira — der Wasserhahn
- a pia — das Spülbecken
- a gaveta — die Schublade
- o exaustor — der Dunstabzug
- o fogão de placa de cerâmica — das Glaskeramikkochfeld
- o balcão — die Arbeitsfläche
- o forno — der Backofen
- o armário de cozinha — der Küchenschrank

os eletrodomésticos • die Küchengeräte

- o microondas — die Mikrowelle
- o copo / a vasilha
- a lâmina — das Messer
- a tampa — der Deckel
- a chaleira — der Elektrokessel
- a torradeira — der Toaster
- a centrífuga multiuso — die Küchenmaschine
- o liquidificador — der Mixer
- a máquina de lavar louça — die Spülmaschine

A CASA • DAS HAUS

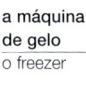

a máquina de gelo
o freezer

a geladeira
der Kühlschrank

a prateleira
der Rost

o congelador
das Gefrierfach

a gaveta de legumes
das Gemüsefach

a geladeira com freezer | der Gefrier-Kühlschrank

vocabulário • Vokabular	
o fogão de placa das Kochfeld	congelar (v) einfrieren
o escorredor das Abtropfbrett	descongelar (v) auftauen
o bico do fogão der Brenner	fritar (v) anbraten
a lata de lixo der Mülleimer	cozinhar a vapor (v) dämpfen

cozinhar • kochen

descascar (v)
schälen

cortar (v)
schneiden

ralar (v)
reiben

deitar (v)
gießen

misturar (v)
verrühren

bater (v)
schlagen

ferver (v)
kochen

fritar (v)
braten

estender (v)
ausrollen

mexer (v)
rühren

cozinhar em fogo brando (v)
köcheln lassen

escalfar (v)
pochieren

assar no forno (v)
backen

assar (v)
braten

grelhar (v)
grillen

português • deutsch

A CASA • DAS HAUS

os utensílios de cozinha • die Küchengeräte

a tábua de corte
das Schneidebrett

a faca de pão
das Brotmesser

a faca de cozinha
das Küchenmesser

o cutelo
das Hackmesser

o afiador de facas
der Messerschärfer

o martelo para carne
der Fleischklopfer

o espeto
der Spieß

o pilão
der Stößel

o descascador
der Schäler

o descaroçador de maçãs
der Apfelstecher

o ralador
die Reibe

o almofariz
der Mörser

o amassador de batatas
der Kartoffelstampfer

o abridor de latas
der Dosenöffner

o abridor de garrafas
der Flaschenöffner

o esmagador de alhos
die Knoblauchpresse

a colher de chá
der Servierlöffel

a espátula
der Pfannenwender

o escorredor
das Sieb

a espátula de borracha
der Teigschaber

a colher de pau
der Holzlöffel

a escumadeira
der Schaumlöffel

a colher de sopa
a concha

o garfo trinchante
die Tranchiergabel

a colher para sorvete
der Portionierer

o batedor
der Schneebesen

o coador
das Sieb

português • deutsch

A CASA • DAS HAUS

a tampa da panela
der Deckel

o antiaderente
antihaftbeschichtet

a frigideira
die Bratpfanne

a panela
der Kochtopf

a frigideira grill
die Grillpfanne

o wok
der Wok

a panela de barro
der Schmortopf

o vidro
das Glas

resistente contra fogo
feuerfest

a tigela
die Rührschüssel

a tigela para soufflé
die Souffléform

o prato para gratinar
die Auflaufform

o ramequim
das Auflaufförmchen

a caçarola
die Kasserolle

a confeitaria • das Backen

a balança de cozinha
die Haushaltswaage

o jarro medidor
der Messbecher

a forma de bolo
die Kuchenform

a forma rasa
die Biskuitform

a forma ondulada
die Obstkuchenform

 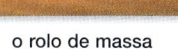 

o pincel de cozinha
der Backpinsel

o rolo de massa
das Nudelholz

o saco para confeiteiro
der Spritzbeutel

  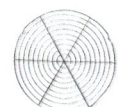  

a forma para muffins
die Muffinform

a forma para fornos
das Kuchenblech

a grolha para bolos
das Abkühlgitter

a luva de forno
der Topfhandschuh

o avental
die Schürze

português • deutsch   **69**

A CASA • DAS HAUS

o quarto de dormir • das Schlafzimmer

o armário de roupas
der Kleiderschrank

o abajur
die Nachttisch-
lampe

a cabeceira
das Kopfende

a mesa-de-cabeceira
der Nachttisch

a cômoda
die Kommode

a gaveta
die Schublade

a cama
das Bett

o colchão
die Matratze

a colcha
die Tagesdecke

o travesseiro
das Kopfkissen

a bolsa térmica
die Wärmflasche

o rádio-
-despertador
der Radiowecker

o despertador
der Wecker

a caixa de lenços
die Papiertaschen-
tuchschachtel

o cabide
der Kleiderbügel

português • deutsch

A CASA • DAS HAUS

a roupa de cama • die Bettwäsche

o espelho
der Spiegel

a mesa de maquiagem
der Frisiertisch

o piso
der Fußboden

a fronha
der Kissenbezug

o lençol
das Bettlaken

o rodapé da cama
der Volant

o cobertor de cama
die Bettdecke

a colcha
die Steppdecke

o cobertor
die Decke

---

vocabulário • Vokabular

a cama de solteiro das Einzelbett	**o pé da cama** das Fußende	**a insônia** die Schlaflosigkeit	**acordar (v)** aufwachen	**ligar o despertador (v)** den Wecker stellen
a cama de casal das Doppelbett	**a mola** die Sprungfeder	**deitar-se (v)** schlafen gehen	**levantar-se (v)** aufstehen	**roncar (v)** schnarchen
o cobertor elétrico die Heizdecke	**o tapete** der Teppich	**adormecer (v)** einschlafen	**fazer a cama (v)** das Bett machen	**o armário embutido** der Einbauschrank

português • deutsch

A CASA • DAS HAUS

o banheiro • das Badezimmer

o suporte para toalhas
der Handtuchhalter

a porta do chuveiro
die Duschtür

a torneira de água fria
der Kaltwasserhahn

a torneira de água quente
der Heißwasserhahn

a cabeça da ducha
der Duschkopf

o chuveiro
die Dusche

a pia
das Waschbecken

o tampão
der Stöpsel

o ralo
der Abfluss

o assento da privada
der Toilettensitz

a banheira
die Badewanne

a privada
die Toilette

a escova sanitária
die Toilettenbürste

o bidê | das Bidet

vocabulário • Vokabular

o armário de medicamentos
die Hausapotheke

o tapete de banho
die Badematte

o papel higiênico
das Toilettenpapier

a cortina de chuveiro
der Duschvorhang

tomar um ducha (v)
duschen

tomar banho (v)
baden

a higiene dentária • die Zahnpflege

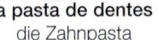

a escova de dentes
die Zahnbürste

o fio dental
die Zahnseide

a pasta de dentes
die Zahnpasta

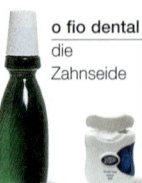

o enxaquante bucal
das Mundwasser

português • deutsch

A CASA • DAS HAUS

a esponja de luffa
der Luffaschwamm

a esponja
der Schwamm

a pedra-pome
der Bimsstein

a escova para as costas
die Rückenbürste

o desodorante
das Deo

a saboneteira
die Seifenschale

o sabão
die Seife

o creme de rosto
die Gesichtscreme

o shampoo de gel
das Duschgel

o gel de banho
das Schaumbad

a tolha de rosto
das Handtuch

a toalha de banho
das Badetuch

as toalhas
die Handtücher

a loção corporal
die Körperlotion

o talco para o corpo
der Körperpuder

o roupão de banho
der Bademantel

fazer a barba • rasieren

o barbeador elétrico
der Elektrorasierer

a espuma de barbear
der Rasierschaum

a lâmina descartável
der Einwegrasierer

a lâmina de barbear
die Rasierklinge

o aftershave
das Rasierwasser

português • deutsch

A CASA • DAS HAUS

o quarto de crianças • das Kinderzimmer

os cuidados com o bebê • die Säuglingspflege

o creme para assaduras
die Wundsalbe

o lenço umedecido
das Feuchttuch

a esponja
der Schwamm

a banheira para bebês
die Babywanne

o pinico
das Töpfchen

o colchão para trocas fraldas
die Wickelmatte

dormir • schlafen

o mobile
das Mobile

o lençol
das Laken

o cobertor
die Decke

as barras
die Gitterstäbe

a colcha
die Flauschdecke

a roupa de cama
das Bettzeug

a proteção lateral de berço
der Kopfschutz

o colchão
die Matratze

o chocalho
die Rassel

o berço tipo cesta
das Körbchen

o berço | das Kinderbett

português • deutsch

A CASA • DAS HAUS

brincar • spielen

a boneca
die Puppe

o boneco de pelúcia
das Kuscheltier

a casa de bonecas
das Puppenhaus

a casa de brinquedo
das Spielhaus

a segurança • die Sicherheit

o fecho de segurança
die Kindersicherung

o intercomunicador
das Babyphon

o urso de pelúcia
der Teddy

o brinquedo
das Spielzeug

a cesta de brinquedos
der Spielzeugkorb

a bola
der Ball

o berço cercado
der Laufstall

a cancela para escadas
das Treppengitter

comer • essen

a cadeira de bebê
der Kinderstuhl

o bico da mamadeira
der Sauger

a caneca com bico
der Schnabelbecher

a mamadeira
die Babyflasche

as saídas • spazieren gehen

o carrinho de bebê para passeio
der Sportwagen

a cobertura
das Verdeck

o carrinho de bebê
der Kinderwagen

a fralda
die Windel

o berço tipo cesta
das Tragebettchen

a sacola de bebê
die Babytasche

a mochila canguru para bebês
die Babytrageschlinge

português • deutsch

A CASA • DAS HAUS

a área de serviço • der Haushaltsraum

a roupa • die Wäsche

a roupa limpa
die saubere Wäsche

a roupa suja
die schmutzige Wäsche

o cesto da roupa suja	a máquina de lavar	a máquina de lavar e secar	a máquina de secar	a cesto de roupa para passar
der Wäschekorb	die Waschmaschine	der Waschtrockner	der Trockner	der Wäschekorb

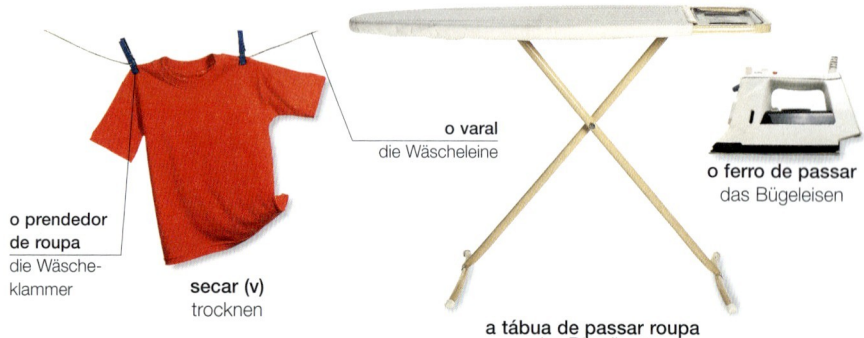

o varal
die Wäscheleine

o ferro de passar
das Bügeleisen

o prendedor de roupa
die Wäscheklammer

secar (v)
trocknen

a tábua de passar roupa
das Bügelbrett

---

vocabulário • Vokabular

carregar (v) füllen	**centrifugar (v)** schleudern	**passar a ferro (v)** bügeln	Como funciona a máquina de lavar? Wie benutze ich die Waschmaschine?
enxaguar (v) spülen	**a centrifugadora** die Wäscheschleuder	**o amaciador da roupa** der Weichspüler	Qual é o programa para a roupa de cor/branca? Welches Programm nehme ich für farbige/weiße Wäsche?

português • deutsch

A CASA • DAS HAUS

os produtos de limpeza • die Reinigungsartikel

o tubo aspirador
der Saugschlauch

a vassoura de mão
der Handfeger

a pá de mão
das Kehrblech

o produto de limpeza
das Reinigungsmittel

o balde
der Eimer

o sabão em pó
das Waschpulver

o líquido de limpeza
der Flüssigreiniger

o pano para pó
das Staubtuch

o aspirador
der Staubsauger

o esfregão
der Mopp

o detergente
das Waschmittel

a cera
die Politur

as atividades • die Tätigkeiten

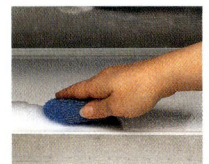

limpar (v)
putzen

lavar (v)
spülen

passar o pano (v)
wischen

esfregar (v)
schrubben

raspar (v)
kratzen

a vassoura
der Besen

varrer (v)
fegen

limpar o pó (v)
Staub wischen

encerar (v)
polieren

português • deutsch

A CASA • DAS HAUS

a oficina • die Heimwerkstatt

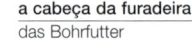

a cabeça da furadeira
das Bohrfutter

a broca
der Bohrer

a bateria
der Akku

a serra elétrica tico tico
die Stichsäge

a furadeira a bateria
der Akkuschrauber

a furadeira elétrica
die elektrische Bohrmaschine

a pistola de cola
die Klebepistole

o grampo
die Zwinge

a lâmina de serra
das Sägeblatt

o torno
der Schraubstock

a lixadeira
die Schleifmaschine

a serra circular
die Kreissäge

a mesa de trabalho
die Werkbank

o painel de ferramentas
das Werkzeuggestell

a cola para madeira
der Holzleim

a tupia
die Oberfräse

a broca manual
die Bohrwinde

as lascas de madeira
die Holzspäne

a extensão
das Verlängerungskabel

português • deutsch

A CASA • DAS HAUS

as técnicas • die Techniken

cortar (v)	serrar (v)	furar (v)	martelar (v)
schneiden	sägen	bohren	hämmern

aplainar (v)	tornear (v)	esculpir (v)	soldar (v)
hobeln	drechseln	schnitzen	löten

a solda / der Lötzinn

os materiais • die Materialien

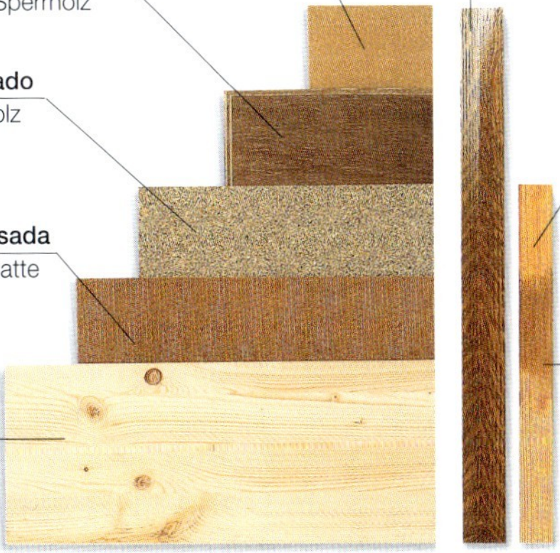

- a placa de MDF — die MDF-Platte
- o compensado — das Sperrholz
- o aglomerado — das Spanholz
- o placa de madeira prensada — die Hartfaserplatte
- a madeira macia — das Weichholz
- a madeira nobre — das Hartholz
- o verniz — der Lack
- o corante para madeira — die Beize
- o arame — der Draht
- o cabo — das Kabel
- o aço inoxidável — der rostfreie Stahl 
- o aço galvanizado — der verzinkte Stahl

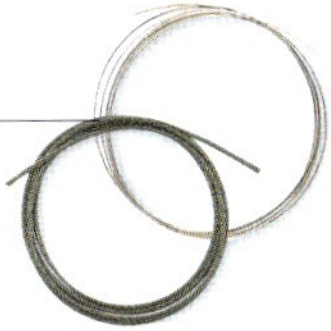

a madeira | das Holz

o metal | das Metall

português • deutsch

A CASA • DAS HAUS

as caixa de ferramentas • der Werkzeugkasten

- a chave combinada — der Schraubenschlüssel
- a chave-inglesa — der verstellbare Schraubenschlüssel
- o martelo — der Hammer
- o alicate de pontas finas — die Flachzange
- o soquete — der Steckschlüssel
- o nível — die Wasserwaage
- os soquetes para chave de parafusos — die Schraubenziehereinsätze 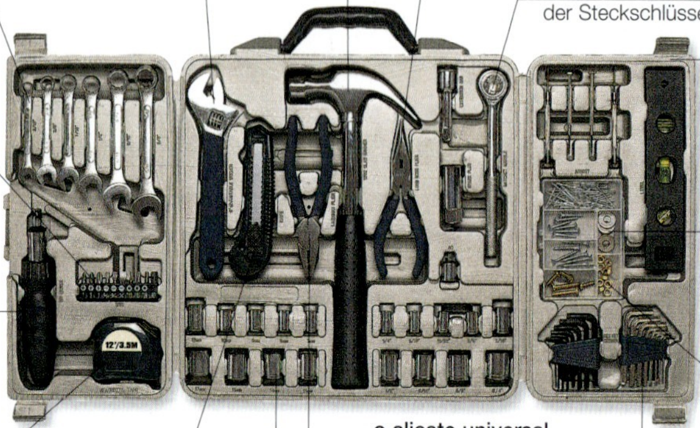
- o anel de vedação — der Dichtungsring
- a chave de fenda — der Schraubenzieher
- a porca — die Mutter
- a fita métrica — das Metermaß
- o estilete — das Messer
- o alicate universal — die Kombinationszange
- os casquilhos — die Einsätze
- a chave allen — der Schlüssel

as brocas • die Bohrer

- as brocas para metal — der Metallbohrer
- a broca plana para madeira — der Flachholzbohrer
- a chave de estrela — der Kreuzschlitzschraubenzieher
- o escareador — die Reibahle
- a cabeça do prego — der Nagelkopf
- a broca para madeira — die Holzbohrer
- a broca de segurança — der Sicherheitsbohrer
- o prego — der Nagel
- a broca para parede — der Mauerwerkbohrer
- o parafuso — die Schraube

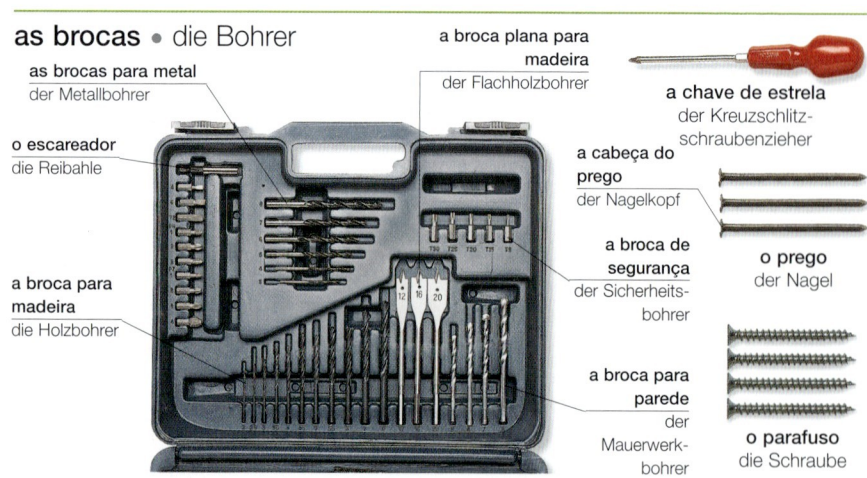

português • deutsch

A CASA • DAS HAUS

alicate desencapador de fios
die Abisolierzange

o alicate de corte
der Seitenschneider

a fita isolante
das Isolierband

o soldador
der Lötkolben

a solda
der Lötzinn

o bisturi
das Skalpell

a serra tico tico
die Laubsäge

a serra curta | die Profilsäge

os óculos de proteção
die Schutzbrille

a plaina
der Hobel

a caixa de meia esquadria
die Gehrungslade

o serrote
der Fuchsschwanz

a serra para metal
die Metallsäge

a broca manual
der Handbohrer

a palha de aço
die Stahlwolle

a lixa
das Schmirgelpapier

a chave inglesa
die Rohrzange

o formão
der Stechbeitel

a lima
die Feile

o amolador
der Wetzstahl

o desentupidor
die Saugglocke

o corta-tubos | der Rohrabschneider

português • deutsch

A CASA • DAS HAUS

renovar (v) • renovieren

a tesoura para papel
de parede
die Tapezierschere

o estilete
das Tapeziermesser

o prumo
das Senkblei

a espátula
der Spachtel

o decorador
der Tapezierer

o papel de
parede
die Tapete

a escada
die Trittleiter

a escova para
papel de
parede
die Tapezier-
bürste

a mesa para
papel de
parede
der Tapezier-
tisch

o pincel para
papel de
parede
die Kleister-
bürste

a cola para
papel de parede
der Tapeten-
kleister

o balde
der Eimer

colocar papel de parede (v) | tapezieren

arrancar (v)
abziehen

preencher com massa (v)
spachteln

lixar (v)
schmirgeln

colocar massa corrida (v) |
verputzen

colocar (v) | anbringen

colocar azulejos (v) | kacheln

português • deutsch

A CASA • DAS HAUS

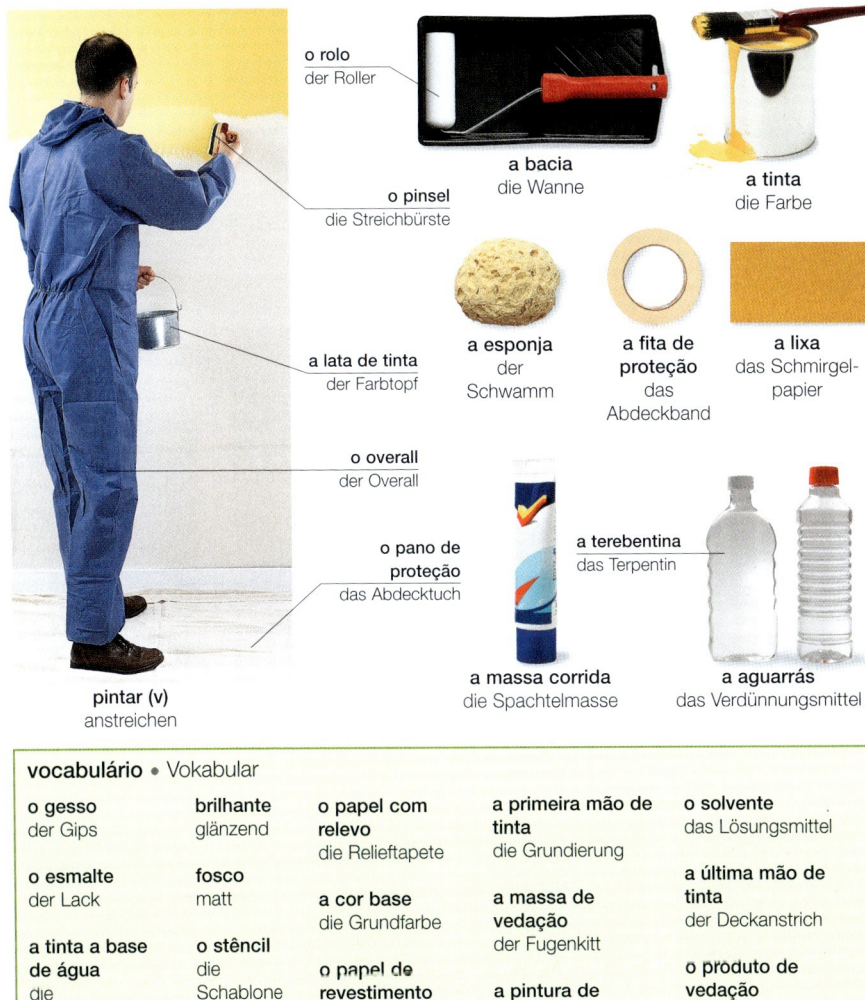

o rolo
der Roller

a bacia
die Wanne

a tinta
die Farbe

o pinsel
die Streichbürste

a lata de tinta
der Farbtopf

a esponja
der Schwamm

a fita de proteção
das Abdeckband

a lixa
das Schmirgelpapier

o overall
der Overall

o pano de proteção
das Abdecktuch

a terebentina
das Terpentin

a massa corrida
die Spachtelmasse

a aguarrás
das Verdünnungsmittel

pintar (v)
anstreichen

vocabulário • Vokabular

o gesso
der Gips

o esmalte
der Lack

a tinta a base de água
die Emulsionsfarbe

brilhante
glänzend

fosco
matt

o stêncil
die Schablone

o papel com relevo
die Relieftapete

a cor base
die Grundfarbe

o papel de revestimento
das Einsatzpapier

a primeira mão de tinta
die Grundierung

a massa de vedação
der Fugenkitt

a pintura de proteção
der Schutzanstrich

o solvente
das Lösungsmittel

a última mão de tinta
der Deckanstrich

o produto de vedação
das Versiegelungsmittel

português • deutsch

A CASA • DAS HAUS

o jardim • der Garten

os estilos de jardim • die Gartentypen

o jardim de terraço
der Patiogarten

o jardim arquitetônico
der architektonische Garten

o jardim campestre
der Bauerngarten

o jardim de ervas
der Kräutergarten

o jardim de telhado
der Dachgarten

o jardim de rochas
der Steingarten

o pátio
der Hof

o jardim aquático
der Wassergarten

os ornamentos para jardim • die Gartenornamente

o cesto suspenso
die Blumenampel

a treliça
das Spalier

a pérgula
die Pergola

português • deutsch

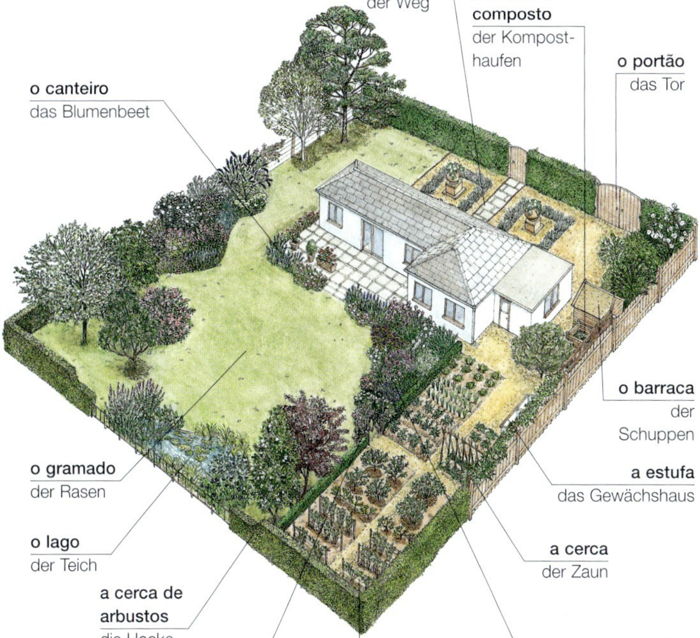

A CASA • DAS HAUS

o caminho / der Weg

o monte de composto / der Komposthaufen

o portão / das Tor

o canteiro / das Blumenbeet

o barraca / der Schuppen

a estufa / das Gewächshaus

o gramado / der Rasen

a cerca / der Zaun

o lago / der Teich

a cerca de arbustos / die Hecke

o arco / der Bogen

a horta / der Gemüsegarten

a cerca de herbáceas / die Staudenrabatte

o solo
• der Boden

a terra
die Erde

a areia
der Sand

calcário
der Kalk

o limo
der Schluff

a argila
der Lehm

o terraço
die Terrasse

a fonte | der Springbrunnen

português • deutsch

A CASA • DAS HAUS

as plantas de jardim • die Gartenpflanzen

os tipos de plantas • die Pflanzenarten

anual
einjährig

bienal
zweijährig

plurianual
mehrjährig

o bulbo
die Zwiebel

a samambaia
der Farn

o junco
die Binse

o bambu
der Bambus

as ervas daninhas
das Unkraut

as ervas aromáticas
das Kraut

as plantas aquáticas
die Wasserpflanzen

a árvore
der Baum

a palmeira
die Palme

a árvore conífera
der Nadelbaum

de folha perene
immergrün

de folha caduca
der Laubbaum

português • deutsch

A CASA • DAS HAUS

a topiaria
der Formschnitt

as plantas alpinas
die Alpenpflanze

a planta suculenta
die Sukkulente

o cactus
der Kaktus

a planta de vaso
die Topfpflanze

a planta de sombra
die Schattenpflanze

a trepadeira
die Kletter-
pflanze

o arbusto
de flor
der Zierstrauch

a cobertura
de solo
der Boden-
decker

a planta rastejante
die Kriechpflanze

ornamental
dekorativ

a grama
das Gras

português • deutsch

A CASA • DAS HAUS

as ferramentas de jardinagem
• die Gartengeräte

a vassoura de relva
der Laubrechen

o composto
die Komposterde

as sementes
die Samen

a farinha de osso
die Knochenasche

a pá
der Spaten

a forquilha
die Mistgabel

a tesoura de aparar
die Schere

o ancinho
der Rechen

a enchada
die Hacke

o cascalho
der Kies

a sacola para
grama cortada
der Grasfangsack

o motor
der Motor

a alça
der Griff

a cesta de jardinagem
der Gartenkorb

o protetor
der Schutz

o suporte
der Ständer

o aparador de
grama
der Rasentrimmer

o cortador de grama
der Rasenmäher

o carrinho de mão
die Schubkarre

português • deutsch

A CASA • DAS HAUS

a forquilha
die Handgabel

a pázinha
die Pflanzschaufel

a lâmina de serra
die Klinge

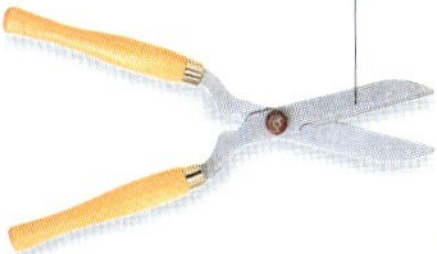

a tesoura de aparar
die Heckenschere

a serra
die Handsäge

a tesoura de poda
die Gartenschere

o tabuleiro para sementes
der Setzkasten

o pesticida
das Pestizid

as canas
die Gartenstöcke

a peneira
das Sieb

o vaso para plantas
der Blumentopf

as luvas de jardinagem
die Gartenhandschuhe

o barbante
der Zwirn

as etiquetas para plantas
die Pflanzenschildchen

o arame de fixação
die Befestigungen

os anéis de fixação
die Ringbefestigungen

as botas de borracha
die Gummistiefel

a rega • das Gießen

o pulverizador
die Spritzflasche

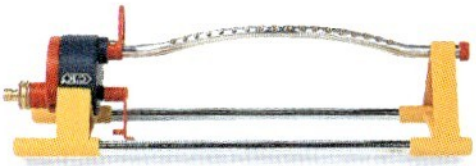

o regador
die Gießkanne

a mangueira
der Gartenschlauch

o ralo
die Brause

o aspersor
der Rasensprenger

o bico da mangueira
die Düse

o enrolador de mangueira
der Schlauchwagen

português • deutsch

A CASA • DAS HAUS

a jardinagem • die Gartenarbeit

o gramado
der Rasen

o canteiro
das Blumenbeet

o cortador de grama
der Rasenmäher

a cerca de arbustos
die Hecke

a estaca
die Stange

cortar a grama (v) | mähen

cobrir com grama (v)
mit Rasen bedecken

picar (v)
stechen

varrer (v)
harken

podar (v)
stutzen

cavar (v)
graben

semear (v)
säen

preparar a terra (v)
mit Kopfdünger düngen

regar (v)
gießen

português • deutsch

A CASA • DAS HAUS

guiar (v)
hochbinden

cortar as flores mortas (v)
ausputzen

pulverizar (v)
sprühen

a cana
der Stock

enxertar (v)
pfropfen

o corte
der Ableger

propagar (v)
vermehren

podar (v)
beschneiden

estacar (v)
stützen

transplantar (v)
umpflanzen

retirar ervas daninhas (v)
jäten

cobrir a terra (v)
mulchen

colher (v)
ernten

vocabulário • Vokabular

cultivar (v) züchten	dar forma (v) gestalten	fertilizar (v) düngen	peneirar (v) sieben	biológico biologisch	a drenagem die Entwässerung	o fertilizante der Dünger
cuidar (v) hegen	envasar (v) eintopfen	colher (v) pflücken	arejar (v) auflockern	o subsolo der Untergrund	o herbicida der Unkrautvernichter	a sementeira der Sämling

português • deutsch

os serviços
die Dienstleistungen

OS SERVIÇOS • DIE DIENSTLEISTUNGEN

os serviços de emergência • die Notdienste

a ambulância • der Krankenwagen

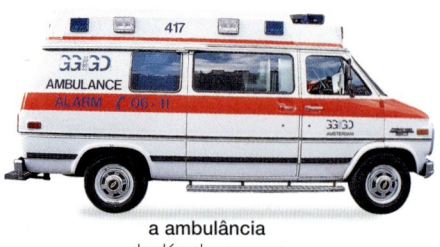

a ambulância
der Krankenwagen

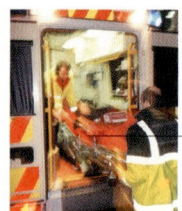

a maca
die Tragbahre

o paramédico
der Rettungssanitäter

a polícia • die Polizei

o distintivo
die Kennmarke

o uniforme
die Uniform

a sirene
die Sirene

as luzes
das Licht

a delegacia de polícia
die Polizeiwache

o carro de polícia
das Polizeiauto

o cacetete
der Gummiknüppel

a pistola
die Pistole

as algemas
die Handschellen

o agente de polícia
der Polizist

vocabulário • Vokabular

o inspetor der Inspektor	o crime das Verbrechen	a queixa die Anzeige	a detenção die Festnahme
o detetive der Kriminalbeamte	o roubo der Einbruchdiebstahl	a investigação die Ermittlung	a acusação die Anklage
a cela die Polizeizelle	a agressão física die Körperverletzung	o suspeito der Verdächtige	a impressão digital der Fingerabdruck

português • deutsch

OS SERVIÇOS • DIE DIENSTLEISTUNGEN

os bombeiros • die Feuerwehr

o capacete
der Schutzhelm

a fumaça
der Rauch

a mangueira
der Schlauch

os bombeiros
die Feuerwehrleute

o cesto
der Auslegerkorb

o jato de água
der Wasserstrahl

a cabine do motorista
die Fahrerkabine

o suporte da escada
der Ausleger

a escada
die Leiter

o incêndio | der Brand

o quartel dos bombeiros
die Feuerwache

a escada de emergência
die Feuertreppe

o carro de bombeiros
das Löschfahrzeug

o detetor de fumaça
der Rauchmelder

o alarme de incêndio
der Feuermelder

o machado
das Beil

o extintor
der Feuerlöscher

o hidrante
der Hydrant

| Por favor, preciso da polícia/dos bombeiros/de uma ambulância. Die Polizei/die Feuerwehr/einen Krankenwagen, bitte. | Há um incêndio em... Es brennt in… | Houve um acidente. Es ist ein Unfall passiert. | Chame a polícia! Rufen Sie die Polizei! |

português • deutsch

OS SERVIÇOS • DIE DIENSTLEISTUNGEN

o banco • die Bank

o cliente / der Kunde

o guichê / der Schalter

o caixa / der Kassierer

as brochuras / die Broschüren

o balcão / der Schalter

os boletos / die Einzahlungsformulare

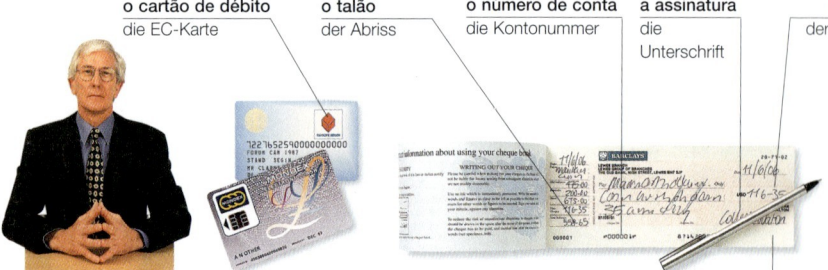

o cartão de débito / die EC-Karte

o talão / der Abriss

o número de conta / die Kontonummer

a assinatura / die Unterschrift

o valor / der Betrag

o gerente do banco / der Bankdirektor

o cartão de crédito / die Kreditkarte

o livro de cheques / das Scheckheft

o cheque / der Scheck

---

vocabulário • Vokabular

os impostos / die Steuer	a hipoteca / die Hypothek	o pagamento / die Zahlung	depositar (v) / einzahlen	a conta corrente / das Girokonto
o empréstimo / das Darlehen	a taxa de juro / der Zinssatz	o débito direto / der Einzugsauftrag	a taxa bancária / die Bankgebühr	a conta de poupança / das Sparkonto
as poupanças / die Spareinlagen	a ultrapassagem do limite da conta / die Kontoüberziehung	o formulário de levantamentos / das Abhebungsformular	a transferência bancária / die Banküberweisung	a senha / der PIN-Kode

português • deutsch

OS SERVIÇOS • DIE DIENSTLEISTUNGEN

a moeda — die Münze
a nota — der Schein
o dinheiro — das Geld
a tela — der Bildschirm
o teclado — das Tastenfeld
o fecho para inserir cartão — der Kartenschlitz
a caixa eletrônica — der Geldautomat

a moeda • die Währung

a casa de câmbios
die Wechselstube

o traveller's cheque
der Reisescheck

as taxas de câmbio
der Wechselkurs

a economia • die Geldwirtschaft

o valor das ações — der Aktienpreis
o agente da bolsa — der Börsenmakler
a consultora financeira — die Finanzberaterin
a bolsa de valores — die Börse

---

vocabulário • Vokabular

depositar (v) einlösen	**as ações** die Aktien
o valor nominal der Nennwert	**os dividendos** die Dividende
a comissão die Provision	**a carteira** das Portefeuille
as ações die Wertpapiere	**o auditor** der Wirtschaftsprüfer
o investimento die Kapitalanlage	
a moeda estrangeira die ausländische Währung	

Você pode trocar isto, por favor?
Könnte ich das bitte wechseln?

Qual é a taxa de câmbio de hoje?
Wie ist der heutige Wechselkurs?

português • deutsch

OS SERVIÇOS • DIE DIENSTLEISTUNGEN

a comunicação • die Kommunikation

o funcionário do correio
der Postbeamte

o guichê
das Fenster

a balança
die Waage

o balcão
der Schalter

a agência do correio | die Post

o carimbo postal
der Poststempel

o selo
die Briefmarke

o código postal
die Postleitzahl

o destinatário
die Adresse

o envelope | der Umschlag

o carteiro
der Briefträger

vocabulário • Vokabular				
a carta der Brief	o remetente der Absender	a entrega die Zustellung	frágil zerbrechlich	não dobrar (v) nicht falten
por via aérea per Luftpost	a assinatura die Unterschrift	a taxa do correio die Postgebühr	a bolsa do correio der Postsack	o fax das Fax
a carta registrada das Einschreiben	a recolha die Leerung	o pagamento por correio die Postanweisung	o telegrama das Telegramm	este lado para cima oben

português • deutsch

OS SERVIÇOS • DIE DIENSTLEISTUNGEN

a caixa do correio
der Briefkasten

a caixa de correio em casa
der Hausbriefkasten

o pacote
das Paket

o serviço de mensageiro
der Kurierdienst

o telefone • le téléphone

o fone
der Hörer

a secretária eletrônica
der Anrufbeantworter

a base
die Basisstation

o telefone sem fio
das schnurlose Telefon

o videofone
das Bildtelefon

o orelhão
die Telefonzelle

o teclado
das Tastenfeld

o fone
der Hörer

a devolução de moedas
die Münzrückgabe

o celular
das Handy

o telefone de moedas
das Münztelefon

o telefone de cartão
das Kartentelefon

---

vocabulário • Vokabular

atender (v) abheben	**o disque informação** die Auskunft	**ocupado** besetzt	**Você pode me dar o número de...?** Können Sie mir die Nummer für… geben?
discar (v) wählen	**a mensagem de texto** die SMS	**desligado** unterbrochen	**Qual é o prefixo para...?** Was ist die Vorwahl für…?
a chamada a cobrar das R-Gespräch	**a mensagem de voz** die Sprachmitteilung	**o operador** die Vermittlung	

português • deutsch

OS SERVIÇOS • DIE DIENSTLEISTUNGEN

o hotel • das Hotel
o saguão de entrada • die Empfangshalle

o hóspede / der Gast

a chave do quarto / der Zimmerschlüssel

as mensagens / die Nachrichten

o ficheiro / das Fach

a recepcionista / die Empfangsdame

o livro de registro / das Gästebuch

o balcão / der Schalter

a recepção | der Empfang

a bagagem / das Gepäck

o carrinho / der Kofferkuli

o carregador do hotel / der Page

o elevador / der Fahrstuhl

o número de quarto / die Zimmernummer

os quartos • die Zimmer

o quarto single / das Einzelzimmer

o quarto de casal / das Doppelzimmer

o quarto duplo / das Zweibettzimmer

o banheiro privado / das Privatbadezimmer

português • deutsch

os serviços • die Dienstleistungen

o serviço de limpeza
die Zimmerreinigung

o serviço de lavanderia
der Wäschedienst

a bandeja de café da manhã
das Frühstückstablett

o serviço de quarto | der Zimmerservice

o mini-bar
die Minibar

o restaurante
das Restaurant

a sala de ginástica
der Fitnessraum

a piscina
das Schwimmbad

vocabulário • Vokabular

a pensão-completa
die Vollpension

a meia-pensão
die Halbpension

a pernoite com café da manhã
die Übernachtung mit Frühstück

Você tem um quarto vago?
Haben Sie ein Zimmer frei?

Eu quero um quarto single.
Ich möchte ein Einzelzimmer.

Eu tenho uma reserva.
Ich habe ein Zimmer reserviert.

Eu quero um quarto para três noites.
Ich möchte ein Zimmer für drei Nächte.

Quanto custa o quarto por noite?
Was kostet das Zimmer pro Nacht?

Quando terei de deixar o quarto livre?
Wann muss ich das Zimmer räumen?

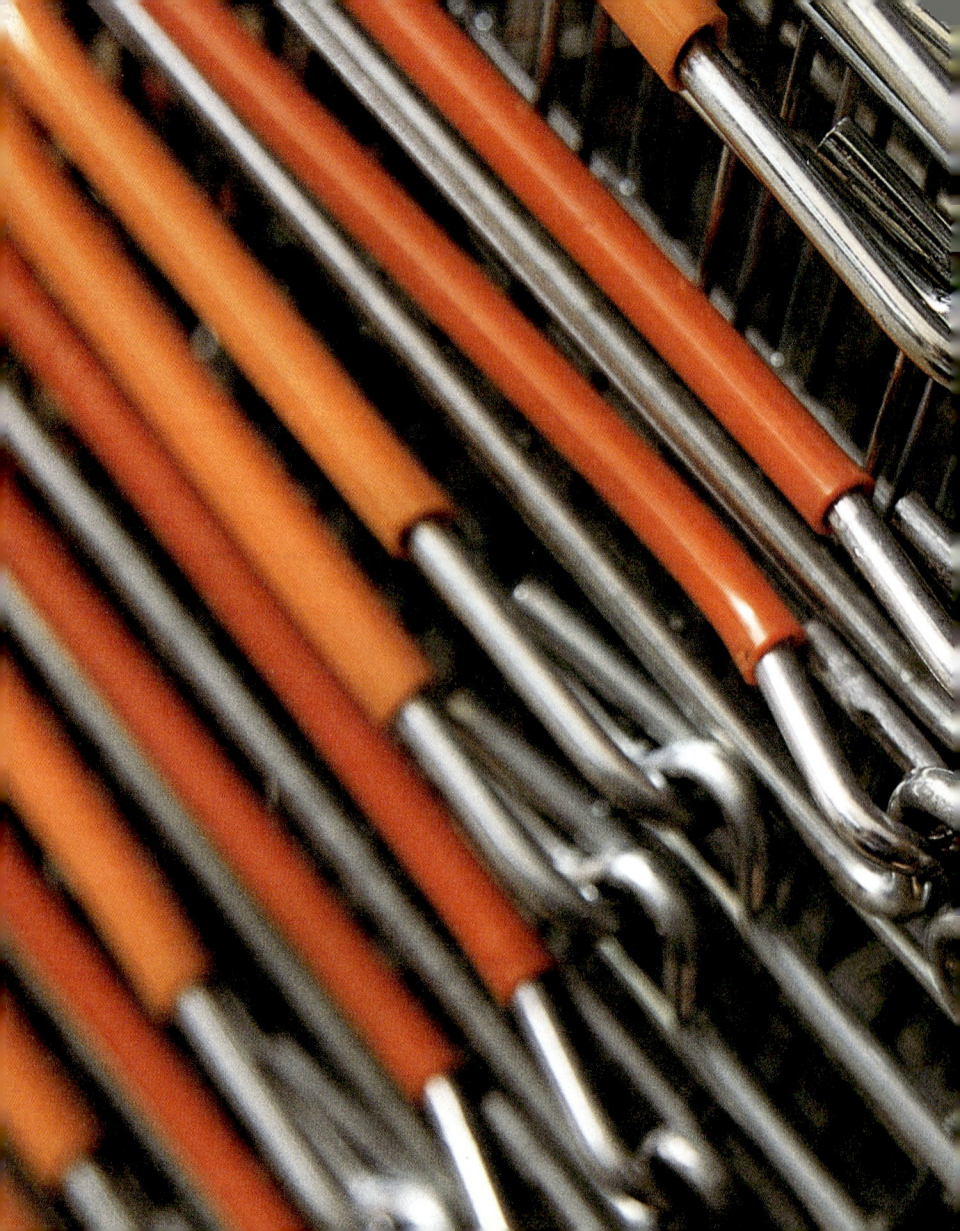

a compra
der Einkauf

A COMPRA • DER EINKAUF

o shopping center • das Einkaufszentrum

o átrio
das Atrium

a placa
das Schild

o elevador
der Fahrstuhl

o segundo andar
die zweite Etage

o primeiro andar
die erste Etage

a escada rolante
die Rolltreppe

o andar térreo
das Erdgeschoss

o cliente
der Kunde

vocabulário • Vokabular

o departamento infantil
die Kinderabteilung

o departamento de bagagens
die Gepäckabteilung

o departamento de sapatos
die Schuhabteilung

o display
die Anzeigetafel

o vendedor
der Verkäufer

o serviço de atendimento ao cliente
der Kundendienst

os provadores
die Anprobe

o quarto para trocas fraldas
der Wickelraum

os banheiros
die Toiletten

Quanto custa isto?
Was kostet das?

Posso trocar isto?
Kann ich das umtauschen?

português • deutsch

A COMPRA • DER EINKAUF

a loja de departamento • das Kaufhaus

a roupa de homem
die Herrenkleidung

a roupa de mulher
die Damenoberbekleidung

a roupa íntima
die Damenwäsche

a perfumaria
die Parfümerie

os produtos de beleza
die Schönheitspflege

a roupa de casa
die Haushaltswäsche

o mobiliário
die Möbel

os pequenos artigos
die Kurzwaren

os utensílios de cozinha
die Küchengeräte

a porcelana
das Porzellan

os eletrodomésticos
die Elektroartikel

as lâmpadas
die Lampen

os artigos de esporte
die Sportartikel

os brinquedos
die Spielwaren

a papelaria
die Schreibwaren

o departamento de alimentos
die Lebensmittelabteilung

português • deutsch

A COMPRA • DER EINKAUF

o supermercado • der Supermarkt

A COMPRA • DER EINKAUF

os produtos da padaria
die Backwaren

os produtos lácteos
die Milchprodukte

os cereais
die Getreideflocken

os enlatados
die Konserven

os doces
die Süßwaren

os legumes
das Gemüse

a fruta
das Obst

as carnes e as aves
das Fleisch und das Geflügel

o peixe
der Fisch

os produtos gourmet
die Feinkost

os congelados
die Tiefkühlkost

as comidas prontas
die Fertiggerichte

as bebidas
die Getränke

os produtos de limpeza
die Haushaltswaren

os produtos de higiene
die Toilettenartikel

os produtos para bebês
die Babyprodukte

os aparelhos elétricos
die Elektroartikel

a ração
das Tierfutter

as revistas | die Zeitschriften

português • deutsch

A COMPRA • DER EINKAUF

a farmácia • die Apotheke

- a higiene dentária / die Zahnpflege
- a higiene feminina / die Monatshygiene
- os desodorantes / die Deos
- as vitaminas / die Vitamintabletten
- o mostruário de medicamentos / die Arzneiausgabe
- o farmacêutico / der Apotheker
- o medicamento para a tosse / das Hustenmedikament
- os remédios de ervas / die Kräuterheilmittel
- o cuidado com a pele / die Hautpflege

o protetor solar
die Sonnenschutzcreme

a loção pós-solar
die After-Sun-Lotion

o protetor solar total
der Sonnenblocker

o repelente de mosquitos
das Insektenschutzmittel

o pano umedecido
das Reinigungstuch

o lenço de papel
das Papiertaschentuch

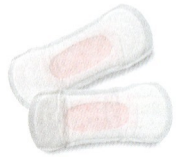

o absorvente
die Damenbinde

o tampão
o absorvente interno

o absorvente intimo
die Slipeinlage

português • deutsch

A COMPRA • DER EINKAUF

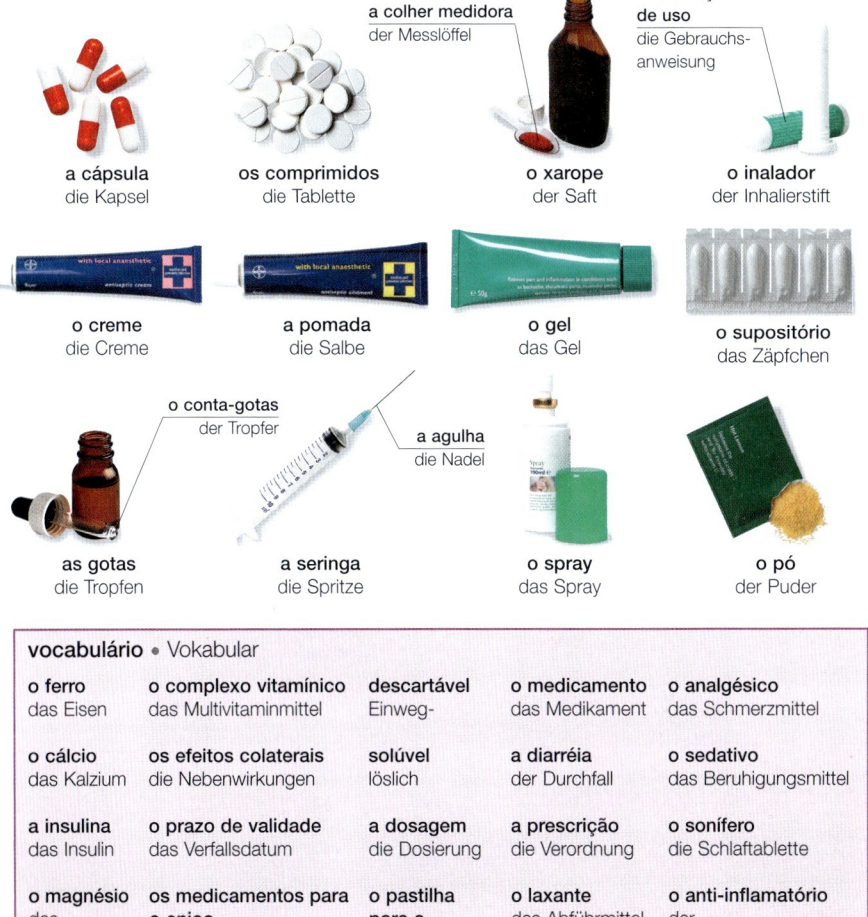

a colher medidora
der Messlöffel

as instruções de uso
die Gebrauchsanweisung

a cápsula
die Kapsel

os comprimidos
die Tablette

o xarope
der Saft

o inalador
der Inhalierstift

o creme
die Creme

a pomada
die Salbe

o gel
das Gel

o supositório
das Zäpfchen

o conta-gotas
der Tropfer

a agulha
die Nadel

as gotas
die Tropfen

a seringa
die Spritze

o spray
das Spray

o pó
der Puder

vocabulário • Vokabular

o ferro das Eisen	o complexo vitamínico das Multivitaminmittel	descartável Einweg-	o medicamento das Medikament	o analgésico das Schmerzmittel
o cálcio das Kalzium	os efeitos colaterais die Nebenwirkungen	solúvel löslich	a diarréia der Durchfall	o sedativo das Beruhigungsmittel
a insulina das Insulin	o prazo de validade das Verfallsdatum	a dosagem die Dosierung	a prescrição die Verordnung	o sonífero die Schlaftablette
o magnésio das Magnesium	os medicamentos para o enjoo die Reisekrankheitstabletten	o pastilha para a garganta die Halspastille	o laxante das Abführmittel	o anti-inflamatório der Entzündungshemmer

português • deutsch

A COMPRA • DER EINKAUF

o florista • das Blumengeschäft

as flores
die Blumen

o lírio
die Lilie

a acácia
die Akazie

o cravo
die Nelke

a planta de vaso
die Topfpflanze

o gladíolo
die Gladiole

a iris
die Iris

a margarida
die Margerite

o crisântemo
die Chrysantheme

a gipsófila
das Schleierkraut

o goivo
die Levkoje

a gerbera
die Gerbera

a folhagem
die Blätter

a rosa
die Rose

a frésia
die Freesie

A COMPRA • DER EINKAUF

o vaso para plantas
die Blumenvase

a orquídea
die Orchidee

a peónia
die Pfingstrose

o ramo
der Strauß

o caule
der Stiel

o narciso
die Osterglocke

o botão
die Knospe

o papel de embalar
das Einwickelpapier

a tulipa | die Tulpe

os arranjos de flores
• die Blumenarrangements

a fita
das Band

o bouquet de flores
der Blumenstrauß

as flores secas
die Trockenblumen

o pot-pourri | das Potpourri

a coroa | der Kranz

a grinalda
die Blumengirlande

Pode me dar um ramo de…, por favor?
Ich möchte einen Strauß…, bitte.

Você pode fazer um arranjo?
Können Sie die Blumen bitte einwickeln?

Posso juntar uma mensagem?
Kann ich eine Nachricht mitschicken?

Quanto tempo durarão estas?
Wie lange halten sie?

Elas cheiram bem?
Duften sie?

Você pode enviar para….?
Können Sie die Blumen an… schicken?

português • deutsch

A COMPRA • DER EINKAUF

a banca de jornal • der Zeitungshändler

os cigarros
die Zigaretten

o maço de cigarros
das Päckchen Zigaretten

os fósforos
die Streichhölzer

os bilhetes de loteria
die Lottoscheine

os selos postais
die Briefmarken

o cartão postal
die Postkarte

a revista em quadrinhos
das Comicheft

a revista
die Zeitschrift

o jornal
die Zeitung

fumar • rauchen

o bocal
das Mundstück

o forno
der Kopf

o tabaco
der Tabak

o isqueiro
das Feuerzeug

o cachimbo
die Pfeife

o charuto
die Zigarre

112   português • deutsch

A COMPRA • DER EINKAUF

o confeiteiro • der Konditor

as caixas de bombons
die Schachtel Pralinen

as barras de chocolate
die Schokoriegel

as batatas fritas
die Chips

a loja de doces | das Süßwarengeschäft

vocabulário • Vokabular	
o chocolate de leite die Milchschokolade	o chocolate branco die weiße Schokolade
os doces sortidos die bunte Mischung	o chocolate preto die Zartbitterschokolade
a bolacha der Keks	a trufa der Trüffel
o caramelo der Karamell	os bombons die Bonbons

os doces • die Süßwaren

o bombom recheado
die Praline

tablete de chocolate
die Tafel Schokolade

os bombons
die Bonbons

o pirulito
der Lutscher

o caramelo
das Toffee

o nugá
der Nugat

o marshmallow
das Marshmallow

o doce de hortelã
das Pfefferminz

o chiclete
der Kaugummi

o bombon de geléia
der Geleebonbon

a goma de frutas
der Fruchtgummi

o alcaçuz
die Lakritze

português • deutsch

A COMPRA • DER EINKAUF

as outras lojas • andere Geschäfte

a padaria
die Bäckerei

a confeitaria
die Konditorei

o açougue
die Metzgerei

a peixaria
das Fischgeschäft

a loja de frutas
der Gemüseladen

a mercearia
das Lebensmittel-
geschäft

a loja de sapatos
das Schuhgeschäft

a drogaria
die Eisenwaren-
handlung

o antiquário
der Antiquitätenladen

a loja de presentes
der Geschenkartikel-
laden

a agência de viagens
das Reisebüro

a joalharia
das Juweliergeschäft

A COMPRA • DER EINKAUF

a livraria
der Buchladen

a loja de discos
das Plattengeschäft

a loja de vinho
die Weinhandlung

a loja de animais
die Tierhandlung

a loja de móveis
das Möbelgeschäft

a boutique
die Boutique

vocabulário • Vokabular

a loja de jardinagem das Gartencenter	**a loja de fotografia** das Fotogeschäft
a lavanderia die Reinigung	**a loja de produtos naturais** das Reformhaus
a lavanderia der Waschsalon	**a loja de arte** die Kunsthandlung
a agência imobiliária der Immobilienmakler	**a loja de artigos usados** der Gebrauchtwarenhändler

o alfaiate
die Schneiderei

o cabeleireiro
der Frisiersalon

o mercado | der Markt

português • deutsch

os alimentos
die Nahrungsmittel

OS ALIMENTOS • DIE NAHRUNGSMITTEL

a carne • das Fleisch

o cordeiro / das Lamm
o açogueiro / der Metzger
o gancho / der Fleischerhaken
a balança / die Waage
o amolador / der Messerschärfer
o bacon / der Speck
as salsichas / die Würstchen
o fígado / die Leber

vocabulário • Vokabular				
a carne de vaca das Rindfleisch	o animal silvestre das Wild	a língua die Zunge	de criação natural aus Freilandhaltung	a carne vermelha das rote Fleisch
a vitela das Kalbfleisch	o coelho das Kaninchen	curado gepökelt	biológicos biologisch kontrolliert	a carne magra das magere Fleisch
a carne de porco das Schweinefleisch	os órgãos interiores die Innereien	defumado geräuchert	a carne branca das weiße Fleisch	a carne cozinhada der Aufschnitt

português • deutsch

OS ALIMENTOS • DIE NAHRUNGSMITTEL

os tipos de carnes • die Fleischsorten

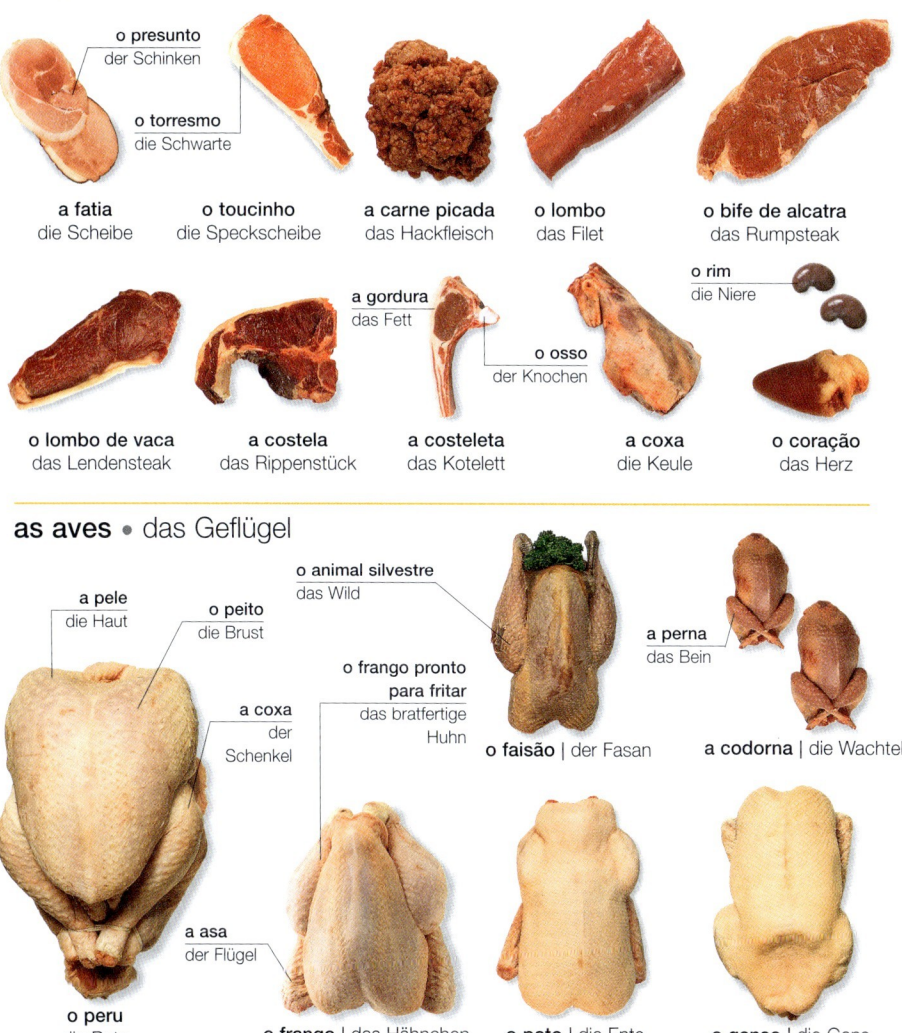

o presunto / der Schinken
o torresmo / die Schwarte

a fatia — die Scheibe
o toucinho — die Speckscheibe
a carne picada — das Hackfleisch
o lombo — das Filet
o bife de alcatra — das Rumpsteak

a gordura / das Fett
o osso / der Knochen
o rim / die Niere

o lombo de vaca — das Lendensteak
a costela — das Rippenstück
a costeleta — das Kotelett
a coxa — die Keule
o coração — das Herz

as aves • das Geflügel

a pele / die Haut
o peito / die Brust
o animal silvestre / das Wild
a perna / das Bein
a coxa / der Schenkel
o frango pronto para fritar / das bratfertige Huhn

o faisão | der Fasan
a codorna | die Wachtel

a asa / der Flügel

o peru — die Pute
o frango | das Hähnchen
o pato | die Ente
o ganso | die Gans

português • deutsch

OS ALIMENTOS • DIE NAHRUNGSMITTEL

o peixe • der Fisch

os camarões descascados / die geschälten Garnelen

o gelo / das Eis

o salmonete / die rote Meerbarbe

os filetes de halibute / die Heilbuttfilets

a truta arco-íris / die Regenbogenforelle

as asas de raia / die Rochenflügel

a peixaria / das Fischgeschäft

o tamboril / der Seeteufel

a cavala / die Makrele

a truta / die Forelle

o peixe-espada / der Schwertfisch

o linguado / die Seezunge

a solha / die Rotzunge

o eglefim / der Schellfisch

a sardinha / die Sardine

a raia / der Rochen

o badejo / der Merlan

a perca / der Seebarsch

o salmão | der Lachs

o bacalhau / der Kabeljau

o besugo / die Goldbrasse

o atum / der Tunfisch

português • deutsch

OS ALIMENTOS • DIE NAHRUNGSMITTEL

as frutas do mar • die Meeresfrüchte

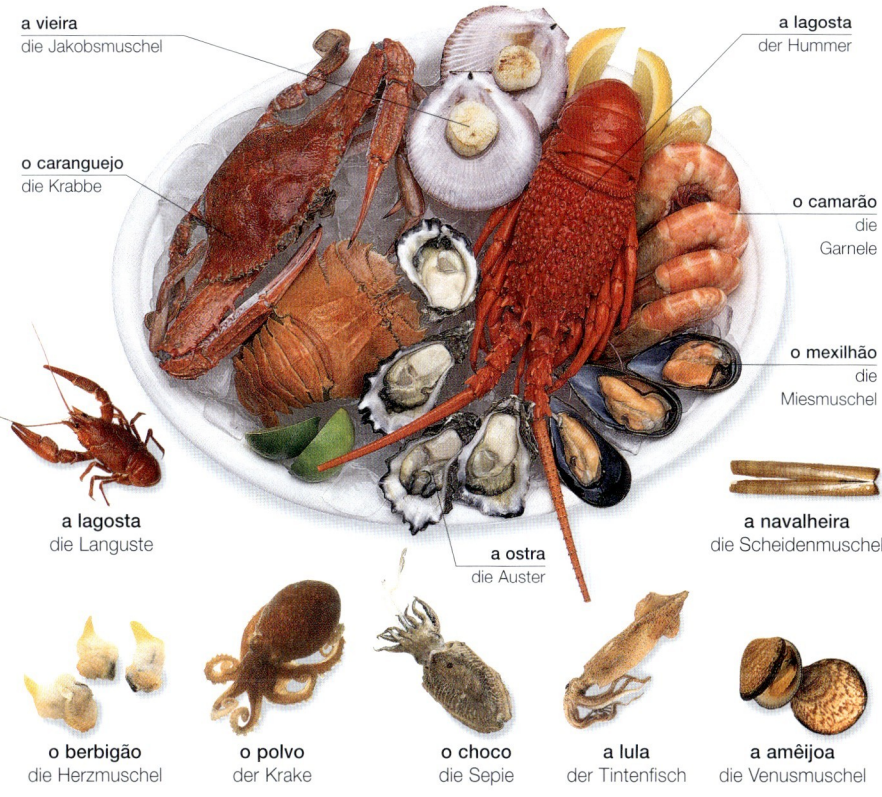

a vieira
die Jakobsmuschel

a lagosta
der Hummer

o caranguejo
die Krabbe

o camarão
die Garnele

o mexilhão
die Miesmuschel

a lagosta
die Languste

a navalheira
die Scheidenmuschel

a ostra
die Auster

o berbigão
die Herzmuschel

o polvo
der Krake

o choco
die Sepie

a lula
der Tintenfisch

a amêijoa
die Venusmuschel

vocabulário • Vokabular							
congelado tiefgefroren	salgado gesalzen	limpo gesäubert	descamado entschuppt	sem pele enthäutet	o lombo die Lende	a espinha die Gräte	o filete das Filet
fresco frisch	defumado geräuchert	em filetes filetiert	sem espinhas entgrätet	a escama die Schuppe	o rabo der Schwanz	o bacalhau seco der Klippfisch	

português • deutsch

OS ALIMENTOS • DIE NAHRUNGSMITTEL

os legumes 1 • das Gemüse 1

a semente / der Samen

a fava / die dicke Bohne

o feijão verde / die Stangenbohne

o feijão-verde / die grüne Bohne

a ervilha / die grüne Erbse

a vagem / die Schote

os rebentos de soja / die Sojabohnensprossen

o bambu / der Bambus

o quiabo / die Okra

o milho-doce / der Mais

a chicória / der Chicorée

o funcho / der Fenchel

o palmito / die Palmherzen

o aipo / der Stangensellerie

vocabulário • Vokabular

a folha das Blatt	a florzinha das Röschen	a ponta die Spitze	biológico biologisch	**Vocês vendem legumes biológicos?** Verkaufen Sie Biogemüse?
o talo der Strunk	o grão der Kern	o coração das Herz	o saco de plástico die Plastiktüte	**São produtos locais?** Werden sie in dieser Gegend angebaut?

OS ALIMENTOS • DIE NAHRUNGSMITTEL

a rúcula
der Rucola

o agrião
die Brunnenkresse

o radicchio
der Radicchio

a couve-de-bruxelas
der Rosenkohl

a acelga
der Mangold

a couve verde
der Grünkohl

a azeda
der Garten-Sauerampfer

a endívia
die Endivie

o dente-de-leão
der Löwenzahn

o espinafre
der Spinat

a couve-rábano
der Kohlrabi

o bok-choi
der Pak-Choi

a alface
der Salat

o brócoli
der Brokkoli

a couve
der Kohl

a couve-galega
der Frühkohl

português • deutsch

OS ALIMENTOS • DIE NAHRUNGSMITTEL

os legumes 2 • das Gemüse 2

a alcachofra / die Artischocke
a couve-flor / der Blumenkohl
a batata / die Kartoffel
a cebola / die Zwiebel
o pimentão / die Paprika
a pimenta / die Peperoni
a abóbora-chila / der Gartenkürbis
o aspargo / der Spargel
o nabo / die Rübe
o rábano / das Radieschen

vocabulário • Vokabular

o tomate-cereja die Kirschtomate	o aipo der Sellerie	congelado tiefgefroren	amargo bitter	Você pode me dar um quilo de batatas, por favor? Könnte ich bitte ein Kilo Kartoffeln haben?
a cenoura die Karotte	o rábano-picante der Meerrettich	cru roh	firme fest	
a fruta-pão die Brotfrucht	a mandioca der Maniok	picante scharf	polpa das Fleisch	Quanto custa o quilo? Was kostet ein Kilo?
a batata nova die neue Kartoffel	a castanha de água die Wasserkastanie	doce süß	raiz die Wurzel	Como se chamam estes? Wie heißen diese?

português • deutsch

OS ALIMENTOS • DIE NAHRUNGSMITTEL

as frutas 1 • das Obst 1

as frutas cítricas • die Zitrusfrüchte

a laranja
die Orange

a clementina
die Klementine

a laranja-toranja
die Tangelo

a medula
die weiße Haut

a toranja
die Grapefruit

a tangerina
die Mandarine

o gomo
der Schnitz

a satsuma
die Satsuma

a casca
die Schale

a lima de unha
die Limone

o limão
die Zitrone

o kumquat
die Kumquat

os frutos com caroço • das Steinobst

o pêssego
der Pfirsich

a nectarina
die Nektarine

o damasco
die Aprikose

a ameixa
die Pflaume

a cereja
die Kirsche

a pêra
die Birne

a maçã
der Apfel

o cesto de fruta | der Obstkorb

126   português • deutsch

OS ALIMENTOS • DIE NAHRUNGSMITTEL

as bagas e os melões • das Beerenobst und die Melonen

o morango
die Erdbeere

a framboesa
die Himbeere

o melão
die Melone

a uva
die Weintrauben

a amora
die Brombeere

a groselha-vermelha
die Johannisbeere

a casca
die Schale

o arando
die Preiselbeere

a groselha-preta
die schwarze Johannisbeere

a semente
der Kern

a polpa
das Fruchtfleisch

o mirtilo
die Heidelbeere

a groselha-branca
die weiße Johannisbeere

a melancia
die Wassermelone

a amora-framboesa
die Loganbeere

vocabulário • Vokabular

| suculento | amargo | crocante | sem sementes | Estes estão maduros? |
| saftig | sauer | knackig | kernlos | Sind sie reif? |

a fibra dietética
die Ballaststoffe

fresco
frisch

podre
faul

o suco
der Saft

Posso provar um?
Könnte ich eine probieren?

doce
süß

o ruibarbo
der Rhabarber

a polpa
das Fruchtmark

o coração
das Kerngehäuse

Quanto tempo duram?
Wie lange halten sie sich?

a uva-espim
die Stachelbeere

português • deutsch

OS ALIMENTOS • DIE NAHRUNGSMITTEL

as frutas 2 • das Obst 2

OS ALIMENTOS • DIE NAHRUNGSMITTEL

as nozes e os frutos secos • die Nüsse und das Dörrobst

o pinhão
der Pinienkern

o pistácio
die Pistazie

a castanha de caju
die Cashewnuss

o amendoim
die Erdnuss

a avelã
die Haselnuss

a castanha-do--maranhão
die Paranuss

a noz-pecã
die Pecannuss

a amêndoa
die Mandel

a noz
die Walnuss

a castanha
die Esskastanie

a macadamia
die Macadamianuss

o figo
die Feige

a tâmara
die Dattel

a ameixa seca
die Backpflaume

a casca
die Schale

a polpa
das Fruchtfleisch

a sultana
die Sultanine

a uva passa
die Rosine

o corinto
die Korinthe

o coco
die Kokosnuss

---

vocabulário • Vokabular

verde	duro	o caroço	salgado	tostado	os frutos tropicais	sem pele
grün	hart	der Kern	gesalzen	geröstet	die Südfrüchte	geschält
maduro	mole	seco	cru	sazonal	as frutas cristalizadas	inteiro
reif	weich	getrocknet	roh	saisonal	die kandierten Früchte	ganz

português • deutsch

OS ALIMENTOS • DIE NAHRUNGSMITTEL

os cereais e as leguminosas • die Getreidearten und die Hülsenfrüchte

os cereais • das Getreide

o trigo
der Weizen

a aveia
der Hafer

a cevada
die Gerste

o milho-miúdo
die Hirse

o milho
der Mais

a quinoa
die Quinoa

vocabulário • Vokabular		
seco trocken	fresco frisch	integral Vollkorn
a casca die Hülse	perfumado aromatisch	grão comprido Langkorn
o grão der Kern	pôr de molho (v) einweichen	grão redondo Rundkorn
a semente der Samen	os cereais die Getreideflocken	fácil de cozer leicht zu kochen

o arroz • der Reis

o arroz branco
der weiße Reis

o arroz integral
der Naturreis

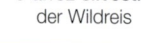
o arroz silvestre
der Wildreis

o arroz doce
der Milchreis

os cereais processados
• die verarbeiteten Getreidearten

o cuscuz
der Couscous

o trigo partido
das Weizenschrot

a semolina
der Grieß

o trigo integral
die Kleie

português • deutsch

OS ALIMENTOS • DIE NAHRUNGSMITTEL

os feijões e as ervilhas • die Bohnen und die Erbsen

o feijão-de-lima
die Limabohnen

o feijão branco pequeno
die weißen Bohnen

o feijão vermelho
die roten Bohnen

o feijão aduki
die Adzukibohnen

as favas
die Saubohnen

o feijão de soja
die Sojabohnen

o feijão frade
die Kuhbohnen

o feijão catarino
die Gartenbohnen

o feijão mungo
die Mungbohnen

o feijão branco
die französischen Bohnen

a lentilha marrom
die braunen Linsen

a lentilha vermelha
die roten Linsen

as ervilhas
die grünen Erbsen

o grão-de-bico
die Kichererbsen

as ervilhas quebradas
die getrockneten Erbsen

as sementes • die Körner

a semente de abóbora
der Kürbiskern

a mostarda em grão
das Senfkorn

a alcaravia
der Kümmel

a semente de sésamo
das Sesamkorn

a semente de girassol
der Sonnenblumenkern

português • deutsch

OS ALIMENTOS • DIE NAHRUNGSMITTEL

as ervas e as especiarias • die Kräuter und Gewürze

as especiarias • die Gewürze

a baunilha
die Vanille

a noz-moscada
die Muskatnuss

a macis
die Muskatblüte

a curcuma
die Gelbwurz

o cominho
der Kreuzkümmel

o ramo de ervas
die Kräutermischung

a pimenta da Jamaica
der Piment

a pimenta em grão
das Pfefferkorn

o fenacho
der Bockshornklee

o chili
der Chili

inteiro
ganz

esmagado
zerstoßen

o açafrão
der Safran

o cardamomo
der Kardamom

o curry em pó
das Currypulver

moído
gemahlen

o pimentão
der Paprika

flocos
gerebelt

o alho
der Knoblauch

português • deutsch

OS ALIMENTOS • DIE NAHRUNGSMITTEL

as ervas • die Kräuter

os paus
die Stangen

as sementes de funcho
die Fenchelsamen

a canela
der Zimt

o funcho
der Fenchel

o louro
das Lorbeerblatt

a salsa
die Petersilie

o limonete
das Zitronengras

o cravinho
die Gewürznelke

o cebolinho
der Schnittlauch

a hortelã
die Minze

o tomilho
der Thymian

a salva
der Salbei

o anis
der Sternanis

o estragão
der Estragon

a manjerona
der Majoran

o manjericão
das Basilikum

o gengibre
der Ingwer

o orégano
der Oregano

o coentro
der Koriander

o endro
der Dill

o rosmaninho
der Rosmarin

português • deutsch   133

os alimentos engarrafados
• die Nahrungsmittel in Flaschen

- o óleo de noz — das Walnussöl
- o óleo de caroço de uva — das Traubenkernöl
- a rolha — der Korken
- o óleo de girassol — das Sonnenblumenöl
- o óleo de amêndoa — das Mandelöl
- o óleo de sésamo — das Sesamöl
- o óleo de avelã — das Haselnussöl
- o azeite — das Olivenöl
- as ervas aromáticas — die Kräuter
- o óleo aromatizado — das aromatisierte Öl

os óleos • die Öle

os doces e as compotas
• der süße Aufstrich

- o frasco — das Glas
- o favo de mel — die Honigwabe
- o mel espesso — der feste Honig
- a compota de limão — der Zitronenaufstrich
- a compota de framboesa — die Himbeerkonfitüre
- o doce de laranja — die Orangenmarmelade
- o mel líquido — der flüssige Honig
- o xarope de bordo — der Ahornsirup

OS ALIMENTOS • DIE NAHRUNGSMITTEL

os condimentos • die Würzmittel

a garrafa — die Flasche

o vinagre de maçã — der Apfelweinessig

o vinagre balsâmico — der Gewürzessig

a mostarda alemã — der deutsche Senf

a maionese — die Majonäse

o ketchup — der Ketchup

a mostarda francesa — der französische Senf

o vinagre de malte — der Malzessig

o vinagre de vinho — der Weinessig

o chutney — das Chutney

o molho — die Soße

a mostarda doce — der süße Senf

o vinagre — der Essig

---

o frasco hermético — das Einmachglas

a manteiga de amendoim — die Erdnussbutter

o creme de chocolate — der Schokoladenaufstrich

a fruta de conserva — das eingemachte Obst

vocabulário • Vokabular

o óleo vegetal das Pflanzenöl	o óleo de colza das Rapsöl
o óleo de milho das Maiskeimöl	o óleo de pressão a frio das kaltgepresste Öl
o óleo de amendoim das Erdnussöl	

português • deutsch

OS ALIMENTOS • DIE NAHRUNGSMITTEL

os lacticínios • die Milchprodukte

o queijo • der Käse

- a casca / die Rinde
- o queijo semi-duro / der mittelharte Käse 
- o queijo ralado / der geriebene Käse 
- o queijo duro / der Hartkäse
- o queijo semi-cremoso / der halbfeste Käse
- o requeijão / der Hüttenkäse
- o queijo-creme / der Rahmkäse 
- o queijo azul / der Blauschimmelkäse
- o queijo cremoso / der Weichkäse
- o queijo fresco | der Frischkäse

o leite • die Milch

- o leite integral / die Vollmilch
- o leite semi-desnatado / die Halbfettmilch
- o leite desnatado / die Magermilch
- a embalagem de leite / die Milchtüte
- o leite de vaca | die Kuhmilch
- o leite de cabra / die Ziegenmilch
- o leite condensado / die Kondensmilch

OS ALIMENTOS • DIE NAHRUNGSMITTEL

a manteiga
die Butter

a margarina
die Margarine

o creme de leite
die Sahne

o creme de leite desnatado
die fettarme Sahne

o creme de leite doce
die süße Sahne

o creme chantilly
die Schlagsahne

o crème fraîche
die saure Sahne

o iogurte
der Joghurt

o sorvete
das Eis

os ovos • die Eier

a gema
das Eigelb

a clara do ovo
das Eiweiß

a casca do ovo
die Eierschale

o oveiro
der Eierbecher

o ovo cozido
das gekochte Ei

o ovo de galinha
das Hühnerei

o ovo de pata
das Entenei

o ovo de ganso
das Gänseei

o ovo de codorna
das Wachtelei

---

vocabulário • Vokabular

pasteurizado pasteurisiert	**sem gordura** fettfrei	**salgado** gesalzen	**o leite de ovelha** die Schafmilch	**a lactose** die Laktose	**o milkshake** der Milchshake
não pasteurizado unpasteurisiert	**o leite em pó** das Milchpulver	**sem sal** ungesalzen	**o soro de leite** die Buttermilch	**homogeneizado** homogenisiert	

português • deutsch

OS ALIMENTOS • DIE NAHRUNGSMITTEL

o pão e a farinha • das Brot und das Mehl

a torrada | das Toastbrot

as sementes de papola | der Mohn

o pão de centeio | das Roggenbrot

a baguete | das Baguette

a padaria | die Bäckerei

fazer pão • Brot backen

a farinha branca
das Weizenmehl

a farinha de centeio
das Roggenmehl

a farinha integral
das Vollkornmehl

o fermento
die Hefe

peneirar (v) | sieben

misturar (v) | verrühren

a massa
der Teig

amassar (v) | kneten

cozer (v) | backen

português • deutsch

OS ALIMENTOS • DIE NAHRUNGSMITTEL

 a crosta / die Kruste
 o pão / der Laib

 a fatia / die Scheibe

o pão branco / das Weißbrot
o pão de mistura / das Graubrot
o pão integral / das Vollkornbrot
o pão com sementes / das Mehrkornbrot

o pão de milho / das Maisbrot
o pão fermentado / das Sauerteigbrot
o pão do alentejo / das Brot aus dem Alentejo
o pão sírio / das Fladenbrot

o bagel / der Bagel
o pãozinho / das Brötchen
o rolo / der Hefeknoten
o pão com passas / das Rosinenbrot

a focaccia / die Focaccia
o pão naan / der Naan
o pão pitta / das Pitabrot
a tosta / das Knäckebrot

vocabulário • Vokabular

o pão de milho	das Maisbrot	levedar (v)	gehen lassen	subir (v)	aufgehen
o pão ralado	das Paniermehl	colocar a cobertura (v)	glasieren	a máquina de cortar pão	der Brotschneider
				o padeiro	der Bäcker

português • deutsch

OS ALIMENTOS • DIE NAHRUNGSMITTEL

os bolos e as sobremesas
• die Kuchen und die Nachspeisen

o éclair / das Eclair

o chantilly / die Sahne

o recheio / die Füllung

a massa de choux / der Brandteig

a massa folhada / der Blätterteig

a massa filo / der Filoteig

a torta de frutas / das Obsttortelett

o merengue / das Baiser

a cobertura de chocolate / der Schokoladenüberzug

o muffin / der Muffin

a madalena / das Biskuittörtchen

os doces | das Gebäck

vocabulário • Vokabular

o creme de confeiteiro / die Konditorcreme	o bolo / das Teilchen	a massa / der Teig	o arroz-doce / der Milchreis	Por favor, você pode me dar uma fatia?
a torta de chocolate / die Schokoladentorte	o pudim de baunilha / der Vanillepudding	a fatia / das Stück	a celebração / die Feier	Könnte ich bitte ein Stück haben?

OS ALIMENTOS • DIE NAHRUNGSMITTEL

o pedaço de chocolate
das Schokoladenstückchen

a colher de biscoito
die Löffelbiskuits

o trifle
das Trifle

a florentina
der Florentiner

as bolachas | die Kekse

o mousse
die Mousse

o sorbet
das Sorbet

a torta de chantilly
die Sahnetorte

o pudim flã
der Flan

os bolos para celebrações • die festlichen Kuchen

a última camada do bolo
der obere Kuchenteil

a primeira camada do bolo
der untere Kuchenteil

o marzipã
das Marzipan

a fita
das Band

a cobertura de açúcar
der Zuckerguss

a decoração
die Dekoration

as velas de aniversário
die Geburtstagskerzen

apagar (v)
ausblasen

o bolo de casamento
die Hochzeitstorte

o bolo de aniversário | der Geburtstagskuchen

português • deutsch

OS ALIMENTOS • DIE NAHRUNGSMITTEL

os produtos gourmet • die Feinkost

- **a salsicha picante** / die pikante Wurst
- **o azeite** / das Öl
- **o vinagre** / der Essig
- **o quiche** / die Quiche
- **a carne fresca** / das frische Fleisch
- **o balcão** / die Theke
- **o salame** / die Salami
- **o salsichão** / die Peperoniwurst
- **o patê** / die Pastete

a mozarela / der Mozzarella

o brie / der Brie

o queijo de cabra / der Ziegenkäse

o cheddar / der Cheddar

o parmesão / der Parmesan

o camembert / der Camembert

a casca / die Rinde
o queijo edam / der Edamer

o manchego / der Manchego

português • deutsch

OS ALIMENTOS • DIE NAHRUNGSMITTEL

o patê / die Pasteten

a azeitona preta / die schwarze Olive

o pimentão / die Peperoni

o molho / die Soße

o pãozinho / das Brötchen

o preparado de carne / der Aufschnitt

a azeitona verde / die grüne Olive

o presunto / der Schinken

o balcão de sanduíches / die Sandwichtheke

o peixe defumado / der Räucherfisch

as alcaparras / die Kapern

o chouriço / die Chorizo

o presunto / der Prosciutto

as azeitonas recheadas / die gefüllte Olive

vocabulário • Vokabular

| em óleo | marinado | defumado |
| in Öl | mariniert | geräuchert |

| em salmoura | salgado | seco |
| in Lake | gepökelt | getrocknet |

Tire uma senha, por favor.
Nehmen Sie bitte eine Nummer.

Por favor, posso provar um pouco?
Kann ich bitte etwas davon probieren?

Por favor, você pode me dar seis fatias daquele?
Ich hätte gerne sechs Scheiben davon, bitte.

português • deutsch

OS ALIMENTOS • DIE NAHRUNGSMITTEL

as bebidas • die Getränke

a água • das Wasser

as bebidas quentes • die heißen Getränke

a água engarrafada
das Flaschenwasser

com gás
mit Kohlensäure

sem gás
ohne Kohlensäure

a água da torneira
das Leitungswasser

a água tônica
das Tonicwater

gasosa
kohlensäurehaltig

a água mineral
das Mineralwasser

o saquinho de chá
der Teebeutel

as folhas de chá
die Teeblätter

o chá
der Tee

os feijões
die Bohnen

o café moído
der gemahlene Kaffee

o café
der Kaffee

o chocolate quente
die heiße Schokolade

a bebida de malte
das Malzgetränk

os refrigerantes • die alkoholfreien Getränke

o canudo
der Strohhalm

o suco de tomate
der Tomatensaft

o suco de uva
der Traubensaft

a limonada
die Limonade

a laranjada
die Orangenlimonade

a coca-cola
die Cola

português • deutsch

OS ALIMENTOS • DIE NAHRUNGSMITTEL

as bebidas alcoólicas • die alkoholischen Getränke

o gim
der Gin

a lata
die Dose

a cerveja
das Bier

a sidra
der Apfelwein

a cerveja amarga
das halbdunkle Bier

a cerveja preta
das Schwarzbier

a vodca
der Wodka

o whisky
der Whisky

o rum
der Rum

o brandy
der Weinbrand

o vinho do Porto
der Portwein

seco
trocken

o xerez
der Sherry

o campari
der Campari

o rosé — rosé
o branco — weiß
o tinto — rot

o licor
der Likör

a tequila
der Tequila

o champanhe
der Champagner

o vinho
der Wein

português • deutsch

comer fora
auswärts essen

COMER FORA • AUSWÄRTS ESSEN

o café • das Café

- o guarda-sol / der Sonnenschirm
- o café na esplanada / das Terrassencafé

- o toldo / die Markise
- o cardápio / die Speisekarte
- o café na esplanada | das Straßencafé

- o garçom / der Kellner
- a máquina de café / die Kaffeemaschine
- a mesa / der Tisch
- o snack-bar | die Snackbar

o café • der Kaffee

- o café com leite / der Milchkaffee
- o café preto / der schwarze Kaffee
- o cacau em pó / das Kakaopulver
- a espuma / der Schaum
- o café de filtro / der Filterkaffee
- o expresso / der Espresso
- o capuchino / der Cappuccino
- o café gelado / der Eiskaffee

COMER FORA • AUSWÄRTS ESSEN

o chá • der Tee

o chá de ervas
der Kräutertee

o chá de camomila
der Kamillentee

o chá verde
der grüne Tee

o chá com leite
der Tee mit Milch

o chá preto
der schwarze Tee

o chá com leite
der Tee mit Zitrone

o chá de hortelã
der Pfefferminztee

o chá gelado
der Eistee

os sucos e os milkshakes • die Säfte und Milchshakes

o milkshake de chocolate
der Schokoladenmilchshake

o milkshake de morango
der Erdbeermilchshake

o suco de laranja
der Orangensaft

o suco de maçã
der Apfelsaft

o suco de abacaxi
der Ananassaft

o suco de tomate
der Tomatensaft

o milkshake de café
der Kaffeemilchshake

a comida • das Essen

o pão integral
das Vollkornbrot

a bola
die Kugel

a sanduíche de torrada
der getoastete Sandwich

a salada
der Salat

o sorvete
das Eis

o doce
das Gebäck

português • deutsch

COMER FORA • AUSWÄRTS ESSEN

o bar • die Bar

os copos | die Gläser
a medida | das Maß
a caixa registradora | die Kasse
o barman | der Barkeeper
a torneira de cerveja | der Zapfhahn
a máquina de café | die Kaffeemaschine

o balde de gelo | der Eiskübel
a cadeira | der Barhocker
o cinzeiro | der Aschenbecher
a bolacha de chope | der Untersetzer
o balcão | die Theke

o abridor de garrafas | der Flaschenöffner
a alavanca | der Hebel
o saca-rolhas | der Korkenzieher

a garra de gelo | die Eiszange
o misturador | der Cocktailrührer
o copo medidor | der Messbecher
o shaker | der Cocktailshaker

150   português • deutsch

COMER FORA • AUSWÄRTS ESSEN

o gin tonic
der Gin Tonic

a jarra
der Krug

o whisky com água
der Scotch mit Wasser

o cubo de gelo
der Eiswürfel

o rum com coca-cola
der Rum mit Cola

a vodka com suco de laranja
der Wodka mit Orangensaft

o martini
der Martini

o cocktail
der Cocktail

o vinho
der Wein

a cerveja | das Bier

um shot
ein Schuss

simples
einfach

duplo
doppelt

a medida
das Maß

sem gelo
ohne Eis

com gelo e limão
mit Eis und Zitrone

com gelo
mit Eis

os aperitivos • die Knabbereien

a castanha de caju
die Cashewnüsse

as amêndoas
die Mandeln

os amendoins
die Erdnüsse

as batatas fritas | die Kartoffelchips

as nozes | die Nüsse

as azeitonas | die Oliven

português • deutsch

COMER FORA • AUSWÄRTS ESSEN

o restaurante • das Restaurant

a zona de não fumantes
der Nichtraucherbereich

o guardanapo
die Serviette

o ajudante de cozinheiro
der Hilfskoch

a disposição dos pratos
das Gedeck

o chefe de cozinha
der Küchenchef

o copo
das Glas

a bandeja
das Tablett

a cozinha
die Küche

o garçom
der Kellner

vocabulário • Vokabular

o cardápio de almoço das Mittagsmenü	as especialidades die Spezialitäten	o preço der Preis	a gorjeta das Trinkgeld	o buffet das Buffet	o cliente der Kunde
o cardápio de jantar das Abendmenü	à la carte à la carte	a conta die Rechnung	serviço não incluído ohne Bedienung	o bar die Bar	o sal das Salz
o cardápio de vinhos die Weinkarte	o carro de sobremesas der Dessertwagen	o recibo die Quittung	serviço incluído Bedienung inbegriffen	a zona de fumantes der Raucherbereich	a pimenta der Pfeffer

português • deutsch

COMER FORA • AUSWÄRTS ESSEN

o cardápio
die Speisekarte

a porção para crianças
die Kinderportion

pedir (v)
bestellen

pagar (v)
bezahlen

os pratos • die Gänge

o aperitivo
der Aperitif

a entrada
die Vorspeise

a sopa
die Suppe

o prato principal
das Hauptgericht

o acompanhamento
die Beilage

o garfo
die Gabel

a colher de café
der Kaffeelöffel

a sobremesa | der Nachtisch

o café | der Kaffee

Mesa para dois, por favor.
Ein Tisch für zwei Personen bitte.

Posso ver o cardápio/lista vinhos, por favor?
Könnte ich bitte die Speisekarte/Weinliste sehen?

Tem prato do dia?
Gibt es ein Festpreismenü?

Vocês têm pratos vegetarianos?
Haben Sie vegetarische Gerichte?

Você pode me trazer a conta/o recibo?
Könnte ich die Rechnung/Quittung haben?

Podemos pagar separado?
Könnten wir getrennt zahlen?

Onde são os banheiros, por favor?
Wo sind die Toiletten bitte?

português • deutsch

COMER FORA • AUSWÄRTS ESSEN

o fast food • der Schnellimbiss

o hambúrguer
der Hamburger

o canudo
der Strohhalm

a bebida não alcoólica
das alkoholfreie Getränk

as batatas fritas
die Pommes frites

o guardanapo de papel
die Papierserviette

a bandeja
das Tablett

o hambúrguer com batatas fritas
der Hamburger mit Pommes frites

a pizza
die Pizza

a lista de preços
die Preisliste

a bebida em lata
das Dosengetränk

a entrega a domicílio
die Lieferung ins Haus

o carrinho de lanches
der Imbissstand

vocabulário • Vokabular
a pizzaria   die Pizzeria
a lanchonete   die Imbissstube
o cardápio   die Speisekarte
comer no local   hier essen
para levar   zum Mitnehmen
reaquecer (v)   aufwärmen
o ketchup   der Tomatenketchup

Eu quero levar isto.
Ich möchte das mitnehmen.

Vocês entregam a domicílio?
Liefern Sie ins Haus?

COMER FORA • AUSWÄRTS ESSEN

o pão / das Brötchen

a mostarda / der Senf

a salsicha / die Wurst

o hambúrguer / der Hamburger

o hambúrguer de frango / der Chickenburger

o hambúrguer vegetariano / der vegetarische Hamburger

o cachorro-quente / das Hot Dog

o sanduíche / der Sandwich

o sanduíche club / der Klubsandwich

o sanduíche aberta / das belegte Brot

o recheio / die Füllung

o taco / der Taco

o molho / die Soße

salgado / salzig

doce / süß

a cobertura da pizza / der Pizzabelag

o espeto de carnes / der Fleischspieß

os nuggets de frango / die Hähnchenstückchen

os crepes | die Crêpes

peixe com batatas fritas / Fish and Chips

as costelas / die Rippchen

o frango frito / das gebratene Hähnchen

a pizza / die Pizza

português • deutsch

COMER FORA • AUSWÄRTS ESSEN

o café da manhã • das Frühstück

- o leite / die Milch
- os cereais / die Getreideflocken
- a compota / die Konfitüre
- os frutos secos / das Dörrobst
- o presunto / der Schinken
- o queijo / der Käse
- a tosta / das Knäckebrot 
- o buffet de café da manhã / das Frühstücksbuffet
- a marmelada de laranja / die Orangenmarmelade
- o patê / die Pastete
- a manteiga / die Butter
- o suco de frutas / der Obstsaft
- o café / der Kaffee
- o chocolate quente / die Schokolade
- o croissant / das Croissant
- o chá / der Tee
- a mesa de café da manhã | der Frühstückstisch
- as bebidas | die Getränke

português • deutsch

COMER FORA • AUSWÄRTS ESSEN

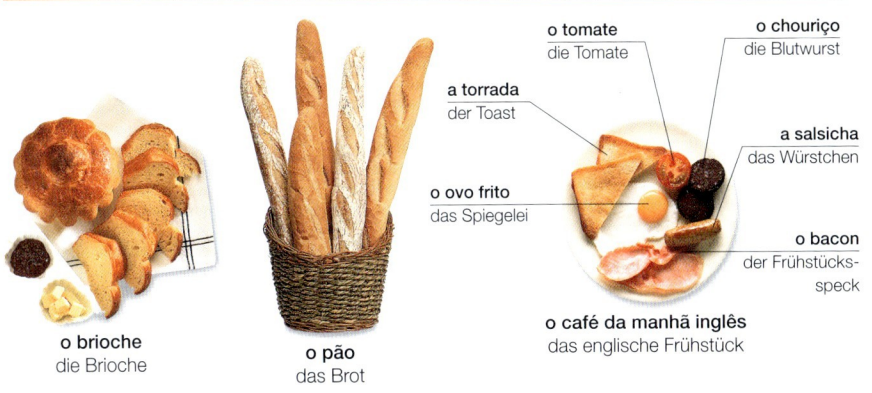

o tomate / die Tomate
o chouriço / die Blutwurst
a torrada / der Toast
a salsicha / das Würstchen
o ovo frito / das Spiegelei
o bacon / der Frühstücksspeck
o café da manhã inglês / das englische Frühstück
o brioche / die Brioche
o pão / das Brot

o arenque de fumado
die Räucherheringe

a rabanada
die Armen Ritter

a gema / das Eigelb
o ovo cozido
das gekochte Ei

os ovos mexidos
das Rührei

os crepes
die Pfannkuchen

o chantilly / die Sahne
os waffles
die Waffeln

o pudim de aveia
der Haferbrei

o iogurte de fruta / der Früchtejoghurt

a fruta
das Obst

português • deutsch

COMER FORA • AUSWÄRTS ESSEN

o almoço • die Hauptmahlzeit

a sopa | die Suppe

o caldo | die Brühe

o guisado | der Eintopf

o curry | das Curry

o assado
der Braten

a empada
die Pastete

o soufflé
das Soufflé

a espetada
das Schaschlik

as almôndegas
die Fleischklöße

o omelete
das Omelett

o salteado
das Pfannengericht

o espaguete
die Nudeln

o macarrão
die Nudeln

o arroz
der Reis

a salada mista
der gemischte Salat

a salada verde
der grüne Salat

o vinagrete
die Salatsoße

as técnicas de preparação • die Zubereitung

recheado | gefüllt

com molho | in Soße

grelhado | gegrillt

marinado | mariniert

escalfado | pochiert

puré | püriert

cozido no forno
gebacken

frito curtamente
kurzgebraten

frito
gebraten

em vinagre
eingelegt

defumado
geräuchert

frito
frittiert

no suco
in Saft

temperado
angemacht

ao vapor
gedämpft

seco
getrocknet

o aprendizado
das Lernen

O APRENDIZADO · DAS LERNEN

a escola · die Schule

a professora / die Lehrerin

a losa / die Tafel

a sala de aula | das Klassenzimmer

o aluno da escola / der Schuljunge

o aluno / der Schüler

o uniforme escolar / die Schuluniform

a carteira / das Pult

a mochila da escola / die Schultasche

o giz / die Kreide

a aluna da escola / das Schulmädchen

vocabulário · Vokabular

a literatura / die Literatur	a arte / die Kunst	a física / die Physik
as línguas / die Sprachen	a música / die Musik	a química / die Chemie
a geografia / die Erdkunde	a matemática / die Mathematik	a biologia / die Biologie
a história / die Geschichte	a ciência / die Naturwissenschaft	a educação física / der Sport

as atividades · die Aktivitäten

ler (v) | lesen

escrever (v) | schreiben

soletrar (v) / buchstabieren

desenhar (v) / zeichnen

O APRENDIZADO • DAS LERNEN

o retroprojetor
der Overheadprojektor

a caneta tinteiro
der Füller

a pena
die Feder

o lápis
der Bleistift

o lápis de cor
der Buntstift

o apontador
der Anspitzer

o caderno
das Heft

a borracha
der Radiergummi

o livro escolar | das Schulbuch

o estojo
das Federmäppchen

a régua
das Lineal

perguntar (v)
fragen

responder (v)
antworten

discutir (v)
diskutieren

aprender (v)
lernen

vocabulário • Vokabular		
o diretor der Schulleiter	**a resposta** die Antwort	**a nota** die Note
a aula die Stunde	**a redação** der Aufsatz	**a classe** die Klasse
a pergunta die Frage	**o exame** die Prüfung	**a enciclopédia** das Lexikon
tomar notas (v) Notizen machen	**os deveres de casa** die Hausaufgabe	**o dicionário** das Wörterbuch

português • deutsch

O APRENDIZADO • DAS LERNEN

a matemática • die Mathematik

as formas • die Formen

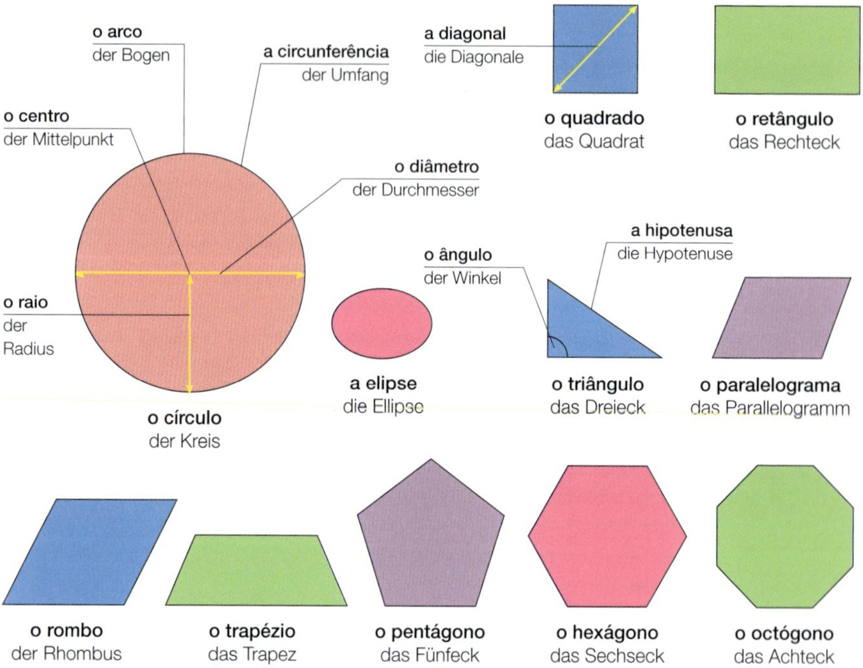

o arco / der Bogen

a circunferência / der Umfang

o centro / der Mittelpunkt

o diâmetro / der Durchmesser

o raio / der Radius

o círculo / der Kreis

a diagonal / die Diagonale

o quadrado / das Quadrat

o retângulo / das Rechteck

o ângulo / der Winkel

a hipotenusa / die Hypotenuse

a elipse / die Ellipse

o triângulo / das Dreieck

o paralelograma / das Parallelogramm

o rombo / der Rhombus

o trapézio / das Trapez

o pentágono / das Fünfeck

o hexágono / das Sechseck

o octógono / das Achteck

os corpos • die Körper

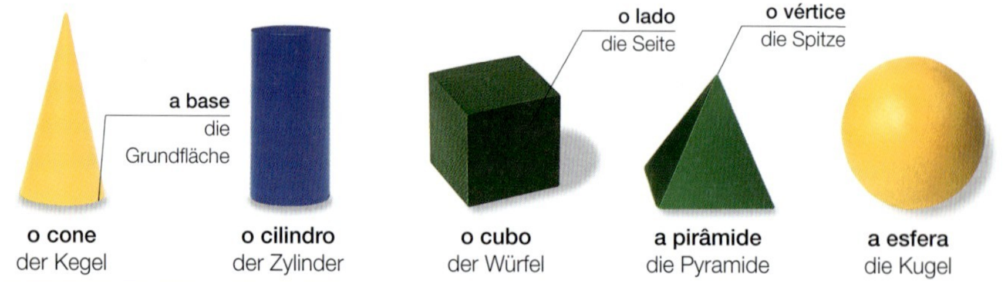

o lado / die Seite

o vértice / die Spitze

a base / die Grundfläche

o cone / der Kegel

o cilindro / der Zylinder

o cubo / der Würfel

a pirâmide / die Pyramide

a esfera / die Kugel

português • deutsch

O APRENDIZADO • DAS LERNEN

as linhas • die Linien

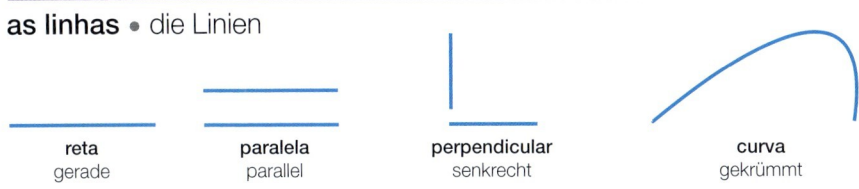

reta	paralela	perpendicular	curva
gerade	parallel	senkrecht	gekrümmt

as medidas • die Maße

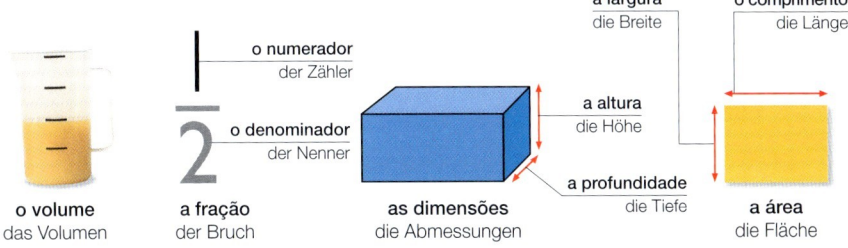

o volume — das Volumen

a fração — der Bruch
o numerador — der Zähler
o denominador — der Nenner

as dimensões — die Abmessungen
a largura — die Breite
a altura — die Höhe
a profundidade — die Tiefe

o comprimento — die Länge
a área — die Fläche

o equipamento • die Ausrüstung

o esquadro	o transferidor	a régua	o compasso	a calculadora
das Zeichendreieck	der Winkelmesser	das Lineal	der Zirkel	der Taschenrechner

---

vocabulário • Vokabular

a geometria	mais	vezes	igual a	somar (v)	multiplicar (v)	a equação
die Geometrie	plus	mal	gleich	addieren	multiplizieren	die Gleichung

a aritmética	menos	a dividir por	contar (v)	subtrair (v)	dividir (v)	a percentagem
die Arithmetik	minus	geteilt durch	zählen	subtrahieren	dividieren	der Prozentsatz

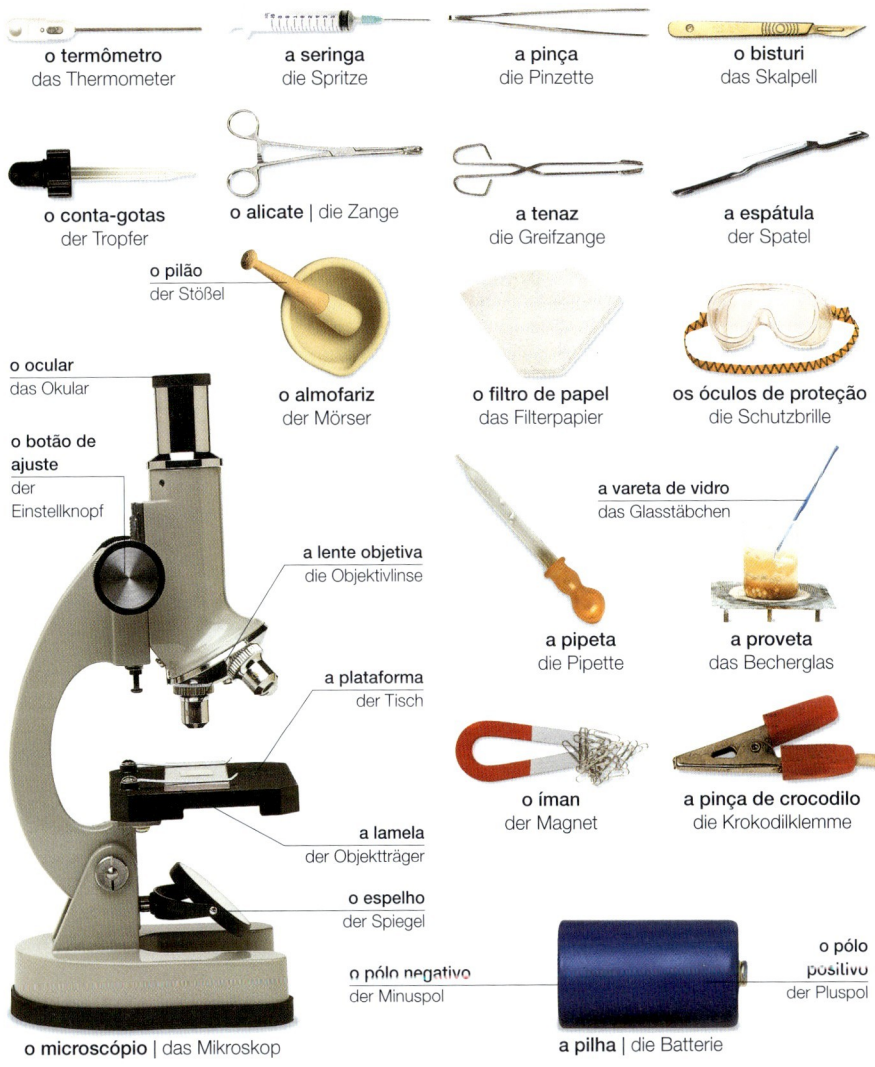

O APRENDIZADO • DAS LERNEN

a faculdade • die Hochschule

a secretaria
das Sekretariat

o refeitório
die Mensa

o centro de saúde
die Gesundheitsfürsorge

o campo de esporte
der Sportplatz

a residência universitária
das Studentenwohnheim

o campus | der Campus

o catálogo
der Katalog

a bibliotecária
die Bibliothekarin

o serviço de empréstimo
die Ausleihe

a estante de livros
das Bücherregal

o periódico
das Periodikum

a revista
die Zeitschrift

a biblioteca | die Bibliothek

vocabulário • Vokabular		
o cartão de biblioteca der Leserausweis	a informação die Auskunft	estender (v) verlängern
a sala de leitura der Lesesaal	reservar (v) vorbestellen	o livro das Buch
a lista de leituras die Literaturliste	o corredor der Gang	o título der Titel
a data de devolução das Rückgabedatum	o empréstimo die Ausleihe	levar emprestado (v) ausleihen

português • deutsch

O APRENDIZADO • DAS LERNEN

o estudante / der Student
o professor / der Dozent
a sala de aula / der Hörsaal

a licenciada / die Graduierte
a toga / die Robe
a cerimonia de graduação / die Graduierungsfeier

as faculdades especializadas • die Fachhochschulen

o modelo / das Model
a faculdade de artes / die Kunsthochschule

o conservatório de música / die Musikhochschule

a academia de dança / die Tanzakademie

vocabulário • Vokabular

a bolsa / das Stipendium	a pesquisa / die Forschung	a dissertação / die Examensarbeit	a medicina / die Medizin	a economia / die Wirtschaftswissenschaft
a pós-graduação / postgraduiert	o mestrado / der Magister	o departamento / der Fachbereich	a zoologia / die Zoologie	a filosofia / die Philosophie
o diploma / das Diplom	o doutorado / die Promotion	a engenharia / der Maschinenbau	a física / die Physik	a política / die Politologie
o grau acadêmico / der akademische Grad	a tese / die Dissertation	a história da arte / die Kunstgeschichte	o direito / die Rechtswissenschaft	a literatura / die Literatur

português • deutsch

o trabalho
die Arbeit

O TRABALHO • DIE ARBEIT

o escritório 1 • das Büro 1
o escritório • das Büro

- o monitor / der Bildschirm
- o computador / der Computer
- o teclado / die Tastatur
- o telefone / das Telefon
- a mesa de escritório / der Schreibtisch
- o cesto do lixo / der Papierkorb
- a cadeira giratória / der Drehstuhl
- o armário de gavetas / das Schreibtischschränkchen
- o porta-lápis / der Stifthalter
- a pasta / der Ordner
- a bandeja de entrada / die Ablage für Eingänge
- a bandeja de saída / die Ablage für Ausgänge
- o caderno de anotações / das Notizbuch
- a etiqueta / das Schild
- a gaveta / die Schublade
- o arquivo / der Aktenschrank

o equipamento de escritório • die Büroausstattung

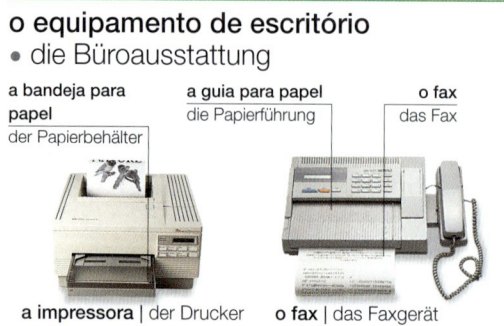

- a bandeja para papel / der Papierbehälter
- a guia para papel / die Papierführung
- o fax / das Fax
- a impressora | der Drucker
- o fax | das Faxgerät

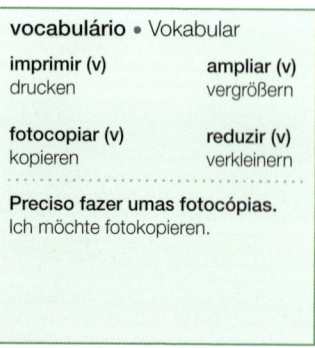

vocabulário • Vokabular

imprimir (v) drucken	**ampliar (v)** vergrößern
fotocopiar (v) kopieren	**reduzir (v)** verkleinern

Preciso fazer umas fotocópias.
Ich möchte fotokopieren.

português • deutsch

O TRABALHO • DIE ARBEIT

o material de escritório • der Bürobedarf

o bilhete com recomendações
der Empfehlungszettel

o papel timbrado
das Briefpapier

o envelope
der Briefumschlag

a pasta de arquivo
der Aktenordner

a etiqueta
der Kartenreiter

a divisória
der Teiler

o suporte de papel
das Klemmbrett

o bloco de anotações
der Notizblock

o arquivo suspenso
der Hängeordner

o porta-dossiers
der Fächerordner

a pasta de argolas
der Ringordner

os grampos
die Klammern

a fita adesiva
der Tesafilm

a almofada
das Stempelkissen

a agenda
der Terminkalender

o grampeador
der Hefter

o desenrolador
der Tesafilmhalter

o furador
der Locher

o carimbo
der Stempel

o pino
die Reißzwecke

o elástico
das Gummiband

a presilha
die Papierklammer

o clipe
die Büroklammer

o quadro | die Pinnward

português • deutsch

O TRABALHO • DIE ARBEIT

o escritório 2 • das Büro 2

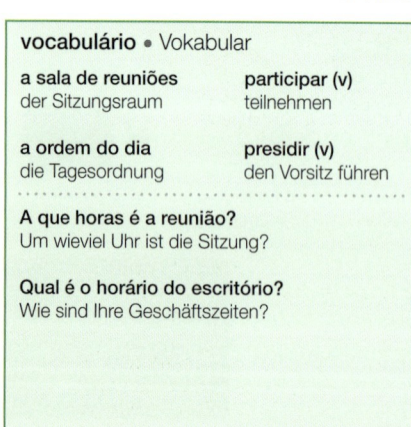

- o tripé | das Flipchart
- o suporte | das Gestell
- a proposta | das Angebot
- o protocolo | das Protokoll
- o relatório | der Bericht
- o diretor | der Manager
- o executivo | der leitende Angestellte

a reunião | die Sitzung

vocabulário • Vokabular

a sala de reuniões der Sitzungsraum	participar (v) teilnehmen
a ordem do dia die Tagesordnung	presidir (v) den Vorsitz führen

A que horas é a reunião?
Um wieviel Uhr ist die Sitzung?

Qual é o horário do escritório?
Wie sind Ihre Geschäftszeiten?

- o orador | der Sprecher
- o projetor | der Projektor

a apresentação | die Präsentation

O TRABALHO • DIE ARBEIT

os negócios • das Geschäft

o notebook / der Laptop

as anotações / die Notizen

o homem de negócios / der Geschäftsmann

a mulher de negócios / die Geschäftsfrau

o almoço de negócios / das Arbeitsessen

a viagem de negócios / die Geschäftsreise

o cliente / der Kunde

o compromisso / der Termin

o palmtop / der Palmtop

a agenda | der Terminkalender

o diretor-geral / der Geschäftsführer

o contrato de negócios / das Geschäftsabkommen

vocabulário • Vokabular

a empresa / die Firma	os funcionários / das Personal	o departamento de marketing / die Marketingabteilung	o departamento jurídico / die Rechtsabteilung
a central / die Zentrale	o salário / das Gehalt	o departamento de vendas / die Verkaufsabteilung	o departamento de atendimento ao cliente / die Kundendienstabteilung
a sucursal / die Zweigstelle	a folha de pagamento / die Lohnliste	o departamento do contabilidade / die Buchhaltung	o departamento de recursos humanos / die Personalabteilung

português • deutsch

O TRABALHO • DIE ARBEIT

o computador • der Computer

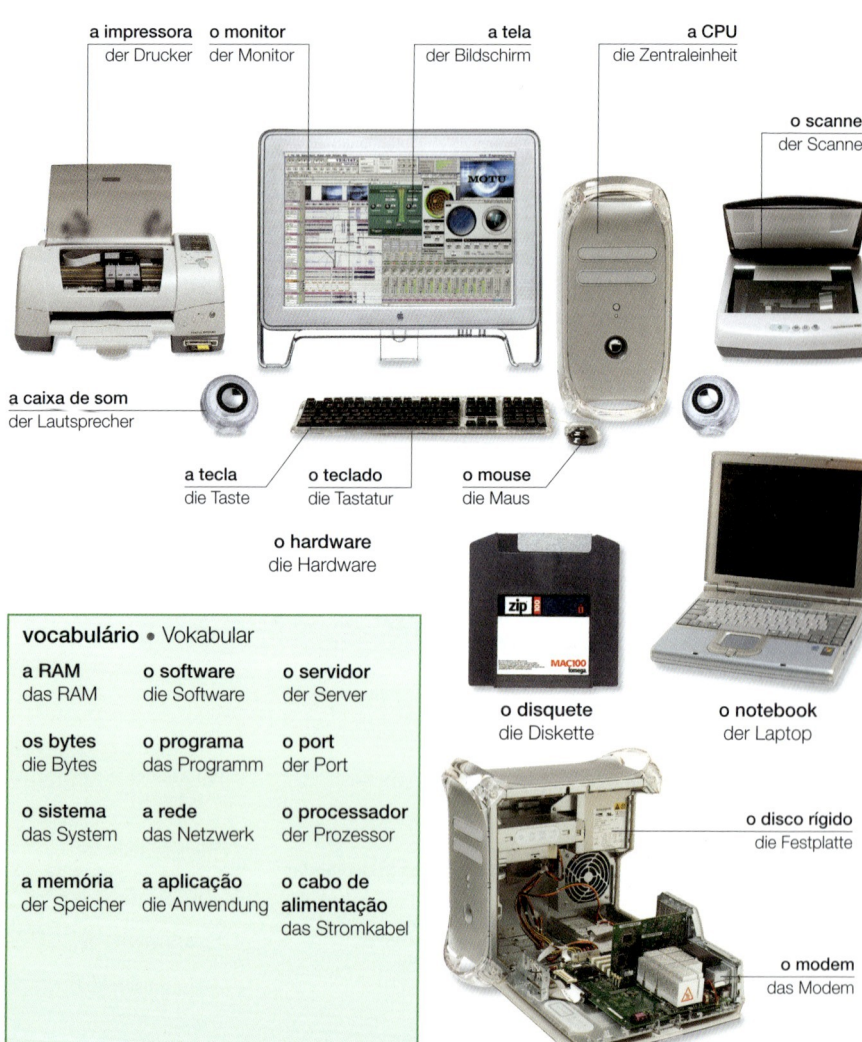

- a impressora / der Drucker
- o monitor / der Monitor
- a tela / der Bildschirm
- a CPU / die Zentraleinheit
- o scanner / der Scanner
- a caixa de som / der Lautsprecher
- a tecla / die Taste
- o teclado / die Tastatur
- o mouse / die Maus
- o hardware / die Hardware
- o disquete / die Diskette
- o notebook / der Laptop
- o disco rígido / die Festplatte
- o modem / das Modem

vocabulário • Vokabular

a RAM / das RAM	o software / die Software	o servidor / der Server
os bytes / die Bytes	o programa / das Programm	o port / der Port
o sistema / das System	a rede / das Netzwerk	o processador / der Prozessor
a memória / der Speicher	a aplicação / die Anwendung	o cabo de alimentação / das Stromkabel

português • deutsch

O TRABALHO • DIE ARBEIT

o desktop • der Desktop

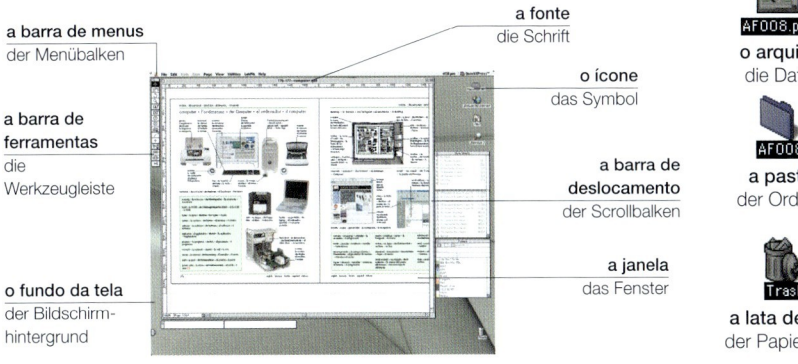

a barra de menus — der Menübalken
a barra de ferramentas — die Werkzeugleiste
o fundo da tela — der Bildschirmhintergrund
a fonte — die Schrift
o ícone — das Symbol
a barra de deslocamento — der Scrollbalken
a janela — das Fenster

o arquivo
die Datei

a pasta
der Ordner

a lata de lixo
der Papierkorb

a internet • das Internet   o e-mail • die E-Mail

o browser — der Browser
a caixa de entrada — der Posteingang
a página web — die Website
navegar (v) — browsen

o endereço de e-mail — die E-Mail-Adresse

vocabulário • Vokabular					
conectar (v) verbinden	a conta de e-mail das E-Mail-Konto	fazer o logg in (v) einloggen	baixar herunterladen	enviar (v) senden	salvar (v) speichern
instalar (v) installieren	o provedor der Provider		o anexo der Anhang	receber (v) empfangen	procurar (v) suchen

português • deutsch

O TRABALHO • DIE ARBEIT

a mídia • die Medien

o estúdio de televisão • das Fernsehstudio

o apresentador / der Moderator

a iluminação / die Beleuchtung

o cenário / die Studioeinrichtung

a câmera / die Kamera

o suporte de câmera / der Kamerakran

o operador de câmera / der Kameramann

vocabulário • Vokabular

o canal / der Kanal	o noticiário / die Nachrichten	a imprensa / die Presse	ao vivo / live	transmitir (v) / senden	o desenho animado / der Zeichentrickfilm
a programação / die Programmgestaltung	o documentário / der Dokumentarfilm	a série de televisão / die Fernsehserie	o programa de jogos / die Spielshow	gravado previamente / vorher aufgezeichnet	a telenovela / die Seifenoper

português • deutsch

O TRABALHO • DIE ARBEIT

a entrevista
das Interview

a repórter
die Reporterin

o teletexto
der Teleprompter

a locutora de notícias
die Nachrichtensprecherin

os atores
die Schauspieler

o suporte de microfone
der Mikrofongalgen

a claquete
die Klappe

o cenário
das Set

a rádio • das Radio

a mesa de mixagem
das Mischpult

o microfone
das Mikrofon

o técnico de som
der Tonmeister

o estúdio de gravação | das Tonstudio

vocabulário • Vokabular

o DJ
der DJ

a onda curta
die Kurzwelle

o programa
die Sendung

a onda média
die Mittelwelle

sintonizar (v)
einstellen

a frequência
die Frequenz

a onda longa
die Langwelle

o volume
die Lautstärke

a estação de rádio
die Rundfunkstation

o comprimento de onda
die Wellenlänge

português • deutsch

O TRABALHO • DIE ARBEIT

o direito • das Recht

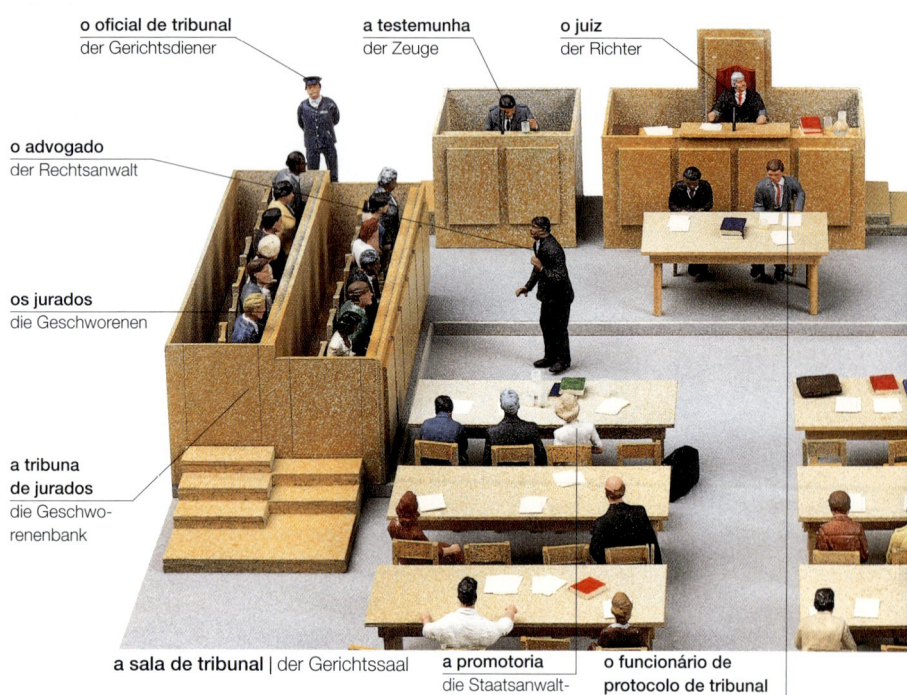

- **o oficial de tribunal** — der Gerichtsdiener
- **a testemunha** — der Zeuge
- **o juiz** — der Richter
- **o advogado** — der Rechtsanwalt
- **os jurados** — die Geschworenen
- **a tribuna de jurados** — die Geschworenenbank
- **a sala de tribunal** | der Gerichtssaal
- **a promotoria** — die Staatsanwaltschaft
- **o funcionário de protocolo de tribunal** — der Protokollführer

vocabulário • Vokabular

o escritório de advogados
das Anwaltsbüro

a consultoria jurídica
die Rechtsberatung

o cliente
der Klient

a convocação
die Vorladung

a declaração
die Aussage

o mandado de prisão
der Haftbefehl

a ordem judicial
die Verfügung

a data do processo
der Gerichtstermin

a argumentação
das Plädoyer

o processo jurídico
das Gerichtsverfahren

a acusação
die Anklage

o acusado
der Angeklagte

O TRABALHO • DIE ARBEIT

a estenógrafa do tribunal
der Gerichtsstenograf

o suspeito
der Verdächtige

o acusado
der Angeklagte

a defesa
die Verteidigung

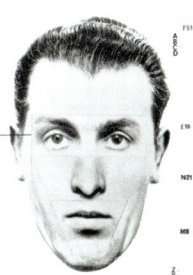

o retrato falado
das Phantombild

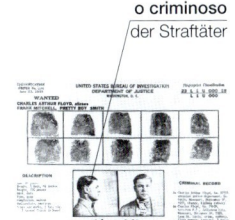

o criminoso
der Straftäter

o registro criminal
das Strafregister

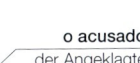

os guardas prisionais
die Gefängniswärter

a cela de prisão
die Gefängniszelle

a prisão
das Gefängnis

vocabulário • Vokabular

a prova das Beweismittel	culpado schuldig	a fiança die Kaution	**Quero falar com um advogado.** Ich möchte mit einem Anwalt sprechen.
o veredito das Urteil	absolvido freigesprochen	o recurso die Berufung	**Onde fica o tribunal?** Wo ist das Gericht?
inocente unschuldig	a sentença das Strafmaß	a liberdade condicional die Haftentlassung auf Bewährung	**Posso pagar a fiança?** Kann ich die Kaution leisten?

português • deutsch

O TRABALHO • DIE ARBEIT

a fazenda 1 • der Bauernhof 1

- o terreno de agricultura | das Ackerland
- o pátio | der Hof
- o prédio vizinho | das Nebengebäude
- a casa de campo | das Bauernhaus
- o campo | das Feld
- o celeiro | die Scheune
- o fazendeiro | der Bauer
- a horta | der Gemüsegarten
- a cerca de arbustos | die Hecke
- o portão | das Tor
- a cerca | der Zaun
- o pasto | die Weide
- o gado | das Vieh

o cultivador | der Kultivator

o trator | der Traktor

a ceifeira combinada | der Mähdrescher

português • deutsch

O TRABALHO • DIE ARBEIT

os tipos de fazendas • die landwirtschaftlichen Betriebe

os frutos do campo
die Feldfrucht

a terra arável
der Ackerbaubetrieb

a fazenda para produção de leite
der Betrieb für Milchproduktion

o rebanho
die Herde

a fazenda de ovelhas
die Schaffarm

a fazenda de galinhas
die Hühnerfarm

a fazenda de porcos
die Schweinefarm

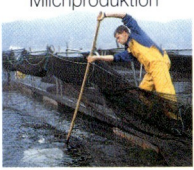

a criação de peixes
die Fischzucht

o pomar
der Obstanbau

a videira
der Weinstock

o vinhedo
der Weinberg

as atividades • die Tätigkeiten

o sulco
die Furche

arar (v)
pflügen

semear (v)
säen

ordenhar (v)
melken

alimentar (v)
füttern

regar (v) | bewässern

colher (v) | ernten

vocabulário • Vokabular

o herbicida das Herbizid	**o rebanho** die Herde	**a manjedoura** der Trog
o pesticida das Pestizid	**o silo** das Silo	**plantar (v)** pflanzen

português • deutsch

O TRABALHO • DIE ARBEIT

a fazenda 2 • der Bauernhof 2

as culturas • die Feldfrüchte

o trigo
der Weizen

o milho
der Mais

a cevada
die Gerste

a colza
der Raps

o girassol
die Sonnenblume

o fardo
der Ballen

o feno
das Heu

a alfafa
die Luzerne

o tabaco
der Tabak

o arroz
der Reis

o chá
der Tee

o café
der Kaffee

o espantalho
die Vogelscheuche

o linho
der Flachs

a cana-de-açúcar
das Zuckerrohr

o algodão
die Baumwolle

português • deutsch

O TRABALHO • DIE ARBEIT

o gado • das Vieh

o leitão / das Ferkel

o porco
das Schwein

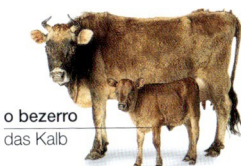
o bezerro / das Kalb

a vaca
die Kuh

o touro
der Stier

a ovelha
das Schaf

o cordeiro
das Lamm

o cabrito / das Zicklein

a cabra
die Ziege

o potro / das Fohlen

o cavalo
das Pferd

o burro
der Esel

o pinto / das Küken

a galinha
das Huhn

o galo
der Hahn

o peru
der Truthahn

o patinho / das Entenküken

o pato
die Ente

o estábulo
der Stall

o redil
der Pferch

o galinheiro
der Hühnerstall

a pocilga
der Schweinestall

português • deutsch

O TRABALHO • DIE ARBEIT

a construção • der Bau

o andaime / das Gerüst
a palete / die Palette
a escada / die Leiter
a janela / das Fenster
a empena / der Dachsparren
a empilhadeira / der Gabelstapler
a obra / die Baustelle
o lintel / der Sturz
a parede / die Mauer
a viga de aço / der Träger
o capacete / der Schutzhelm
o cinto de ferramentas / der Werkzeuggürtel
a viga de madeira / der Balken
o cimento / der Zement
construir (v) / bauen
o obreiro / der Bauarbeiter
a betoneira / die Betonmischmaschine

português • deutsch

O TRABALHO • DIE ARBEIT

o material • das Material

o tijolo
der Ziegelstein

a madeira de construção
das Bauholz

a telha
der Dachziegel

o bloco de concreto
der Betonblock

as ferramentas • die Werkzeuge

a argamassa
der Mörtel

a espátula
die Kelle

o nível
die Wasserwaage

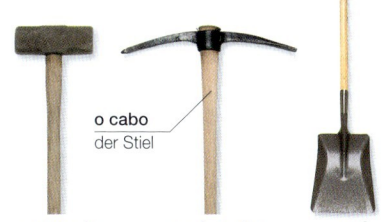

o cabo
der Stiel

a marreta
der Vorschlaghammer

a picareta
die Spitzhacke

a pá
die Schaufel

as máquinas • die Maschinen

o compactador
die Walze

o caminhão basculante
der Kipper

o suporte
die Stütze

o gancho
der Haken

o guindaste | der Kran

as obras de rua • die Straßenarbeiten

o asfalto
der Asphalt

o cone
der Leitkegel

a furadeira pneumática
der Pressluftbohrer

o revestimento
der Neubelag

a escavadeira
der Bagger

português • deutsch

O TRABALHO • DIE ARBEIT

as profissões 1 • die Berufe 1

o carpinteiro
der Schreiner

o eletricista
der Elektriker

o encanador
der Klempner

o pedreiro
der Maurer

o jardineiro
der Gärtner

o aspirador
der Staubsauger
o faxineiro
der Gebäudereiniger

o mecânico
der Mechaniker

o açougueiro
der Metzger

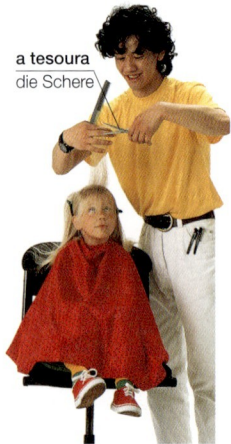
a tesoura
die Schere
o cabeleireiro
der Friseur

a vendedora de peixes
die Fischhändlerin

o vendedor de legumes
der Gemüsehändler

a florista
die Floristin

o barbeiro
der Herrenfriseur

o joalheiro
der Juwelier

a vendedora
die Verkäuferin

português • deutsch

O TRABALHO • DIE ARBEIT

a agente imobiliária
die Immobilienmaklerin

o técnico de óptica
der Optiker

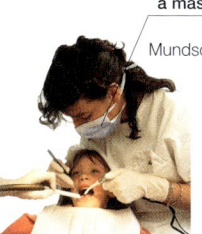
a máscara
die Mundschutz
a dentista
die Zahnärztin

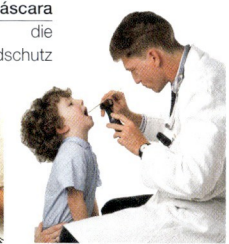
o médico
der Arzt

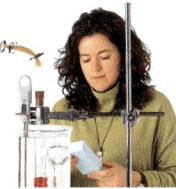
a farmacêutica
die Apothekerin

a enfermeira
die Krankenschwester

a veterinária
die Tierärztin

o fazendeiro
der Landwirt

o pescador
der Fischer

a metralhadora
das Maschinengewehr
o soldado
der Soldat

a placa de identificação
das Abzeichen
o uniforme
die Uniform
o polícial
der Polizist

o segurança
der Wächter

o marinheiro
der Seemann

o bombeiro
der Feuerwehrmann

português • deutsch

O TRABALHO • DIE ARBEIT

as profissões 2 • die Berufe 2

o advogado
der Rechtsanwalt

o auditor
der Wirtschaftsprüfer

a modelo
das Modell

o arquiteto
der Architekt

o cientista
der Wissenschaftler

a professora
die Lehrerin

o bibliotecário
der Bibliothekar

a recepcionista
die Empfangsdame

o saco postal
die Posttasche

o carteiro
der Briefträger

o motorista de ônibus
der Busfahrer

o motorista de caminhão
der Lastwagenfahrer

o taxista
der Taxifahrer

o piloto
der Pilot

a aeromoça
die Flugbegleiterin

a agente de viagens
die Reisebürokauffrau

o chapéu de cozinheiro
die Kochmütze

o chefe de cozinha
der Koch

português • deutsch

O TRABALHO • DIE ARBEIT

a saia de balé
das Ballettröckchen

o músico
der Musiker

a bailarina
die Tänzerin

o ator
der Schauspieler

a cantora
die Sängerin

a garçonete
die Kellnerin

o barman
der Barkeeper

o atleta
der Sportler

o escultor
der Bildhauer

a pintora
die Malerin

o fotógrafo
der Fotograf

o apresentador de notícias
der Nachrichtensprecher

as anotações
die Notizen

o jornalista
der Journalist

a redatora
die Redakteurin

a designer
die Designerin

a costureira
die Damenschneiderin

o alfaiate
der Schneider

português • deutsch

o trânsito
der Verkehr

O TRÂNSITO • DER VERKEHR

as estradas • die Straßen

a estrada
die Autobahn

o pedágio
die Mautstelle

a sinalização
die Straßen-
markierungen

a via de acesso
die Zufahrts-
straße

a via de
sentido único
die Einbahn-
straße

a divisória
die Verkehrsinsel

o semáforo
die Verkehrs-
ampel

a faixa da direita
die rechte Spur

a faixa central
die mittlere Spur

a faixa de
ultrapassagem
die Überholspur

a saída
die Ausfahrt

o tráfego
der Verkehr

o viaduto
die Überführung

o acostamento
der Seitenstreifen

a passagem
inferior
die Unterführung

o caminhão
der Lastwagen

o separador central
der Mittelstreifen

português • deutsch

O TRÂNSITO • DER VERKEHR

a passarela para pedestres
der Fußgängerüberweg

o telefone de emergência
die Notrufsäule

o estacionamento para deficientes
der Behindertenparkplatz

o engarrafamento
der Verkehrsstau

o mapa
die Landkarte

o parquímetro
die Parkuhr

o polícial de trânsito
der Verkehrspolizist

vocabulário • Vokabular

estacionar (v) parken	o desvio die Umleitung	a rotatória der Kreisverkehr
ultrapassar (v) überholen	dirigir (v) fahren	a estrada die Schnellstraße
rebocar (v) abschleppen	a obras de rua die Straßenbaustelle	É este a rua para...? Ist dies die Straße nach...?
dirigir de ré (v) rückwärts fahren	a barreira de segurança die Leitplanke	Onde posso estacionar? Wo kann ich parken?

as placas de trânsito • die Verkehrsschilder

sentido proibido
keine Einfahrt

o limite de velocidade
die Geschwindigkeitsbegrenzung

porigo
Gefahr

proibido parar
Halten verboten

proibido virar à direita
rechts abbiegen verboten

português • deutsch

O TRÂNSITO • DER VERKEHR

o ônibus • der Bus

- o assento do motorista | der Fahrersitz
- o puxador | der Haltegriff
- a porta automática | die Automatiktür
- a roda dianteira | das Vorderrad
- o porta-malas | das Gepäckfach

a porta | die Tür

o ônibus de viagem | der Reisebus

os tipos de ônibus • die Bustypen

- o número da linha | die Liniennummer
- o motorista | der Fahrer

o ônibus de dois andares
der Doppeldeckerbus

o bonde
die Straßenbahn

o trólei
der Trolleybus

o ônibus escolar | der Schulbus

português • deutsch

O TRÂNSITO • DER VERKEHR

a roda traseira
das Hinterrad

a janela
das Fenster

o botão de parada
der Halteknopf

o bilhete de viagem
der Fahrschein

a campainha
die Klingel

a rodoviária
der Busbahnhof

a parada de ônibus
die Bushaltestelle

vocabulário • Vokabular

a tarifa der Fahrpreis	o acesso para cadeiras de rodas der Rollstuhlzugang
o plano de viagem der Fahrplan	o abrigo de espera das Wartehäuschen

Você para no…? | Que ônibus vai para…?
Halten Sie am…? | Welcher Bus fährt nach…?

o minibus
der Kleinbus

o ônibus turístico | der Touristenbus

o aerobus | der Zubringer

português • deutsch

O TRÂNSITO • DER VERKEHR

o automóvel 1 • das Auto 1

o exterior • das Äußere

o retrovisor lateral
der Seitenspiegel

o pára-brisa
die Windschutzscheibe

o retrovisor
der Rückspiegel

o limpador de pára-brisa
der Scheibenwischer

a porta
die Autotür

o porta-malas
der Kofferraum

o capô
die Motorhaube

o pisca-pisca
der Blinker

o pára-choque
die Stoßstange

a placa do carro
das Nummernschild

o farol
der Scheinwerfer

a roda
das Rad

o pneu
der Reifen

a bagagem
das Gepäck

o bagageiro de teto
der Dachgepäckträger

a porta do porta-mala
die Hecktür

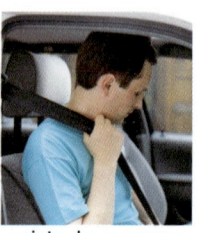

o cinto de segurança
der Sicherheitsgurt

o assento de criança
der Kindersitz

português • deutsch

O TRÂNSITO • DER VERKEHR

os modelo automóvel • die Wagentypen

o hatch compacto
der Kleinwagen

o hatch médio
die Fließhecklimousine

o sedã
die Limousine

a minivan
der Kombiwagen

o conversível
das Kabrio

o carro esportivo
der Sportwagen

o monovolume
die Großraumlimousine

a perua
der Geländewagen

o carro antigo
der Oldtimer

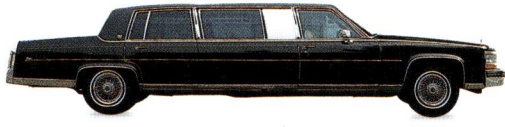

a limusine
die Stretchlimousine

o posto de combustível • die Tankstelle

a bomba de combustível
die Zapfsäule

o preço da gasolina
der Benzinpreis

o lugar de abastecimento
der Tankstellenplatz

a bomba de ar
das Druckluftgerät

vocabulário • Vokabular

a gasolina
das Benzin

o óleo
das Öl

a lava-rápido
die Autowaschanlage

sem chumbo
bleifrei

o diesel
der Diesel

o anticongelante
das Frostschutzmittel

com chumbo
verbleit

a oficina
die Werkstatt

a aparelhagem de limpar vidros
die Scheibenwaschanlage

Encha o tanque, por favor.
Voll tanken, bitte.

português • deutsch

O TRÂNSITO • DER VERKEHR

o automóvel 2 • das Auto 2

o interior • die Innenausstattung

o banco traseiro / der Rücksitz

o encosto de braço / die Armstütze

o encosto de cabeça / die Kopfstütze

o trinco / die Türverriegelung

a maçaneta / der Türgriff

vocabulário • Vokabular

duas portas zweitürig	**quatro portas** viertürig	**a ignição** die Zündung	**o freio** die Bremse	**o pedal acelerador** das Gaspedal
três portas dreitürig	**câmbio manual** mit Gangschaltung	**automático** mit Automatik	**a embreagem** die Kupplung	**o ar condicionado** die Klimaanlage

Como eu vou para…?
Wie komme ich nach…?

Onde existe aqui um lugar para estacionar?
Wo ist hier ein Parkplatz?

Posso estacionar aqui?
Kann ich hier parken?

O TRÂNSITO • DER VERKEHR

os painéis • die Armaturen

o volante | das Lenkrad
a buzina | die Hupe
a placa do painel | das Armaturenbrett
as luzes de emergência | die Warnlichter
o GPS | das GPS-System

o volante à esquerda | die Linkssteuerung

o indicador de temperatura | die Temperaturanzeige
o tacômetro | der Drehzahlmesser
o velocímetro | der Tachometer
o indicador de combustível | die Kraftstoffanzeige

o aparelho de som do carro | die Autostereoanlage

o botão das luzes | der Lichtschalter

o ajuste do aquecimento | der Heizungsregler

o conta-quilômetros | der Kilometerzähler

a marcha | der Schalthebel

o air bag | der Airbag

o volante à direita | die Rechtssteuerung

português • deutsch

O TRÂNSITO • DER VERKEHR

o automóvel 3 • das Auto 3

a mecânica • die Mechanik

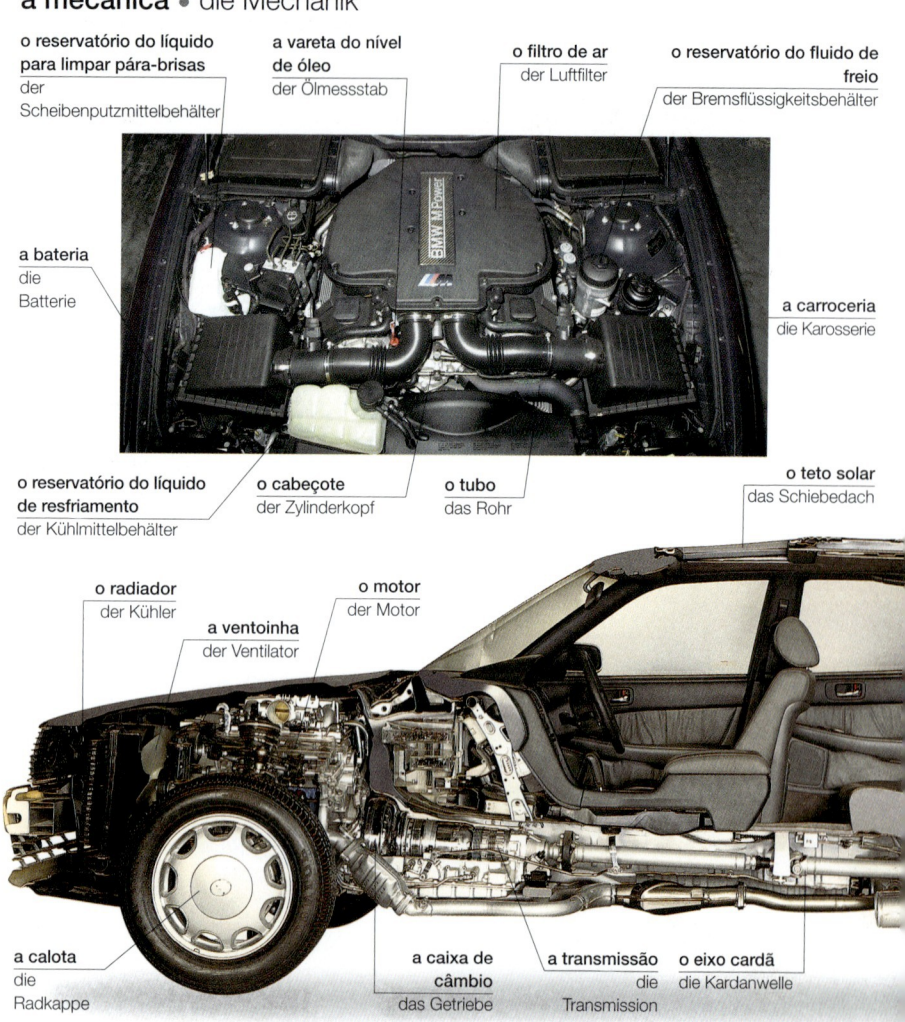

- o reservatório do líquido para limpar pára-brisas / der Scheibenputzmittelbehälter
- a vareta do nível de óleo / der Ölmessstab
- o filtro de ar / der Luftfilter
- o reservatório do fluido de freio / der Bremsflüssigkeitsbehälter
- a bateria / die Batterie
- a carroceria / die Karosserie
- o reservatório do líquido de resfriamento / der Kühlmittelbehälter
- o cabeçote / der Zylinderkopf
- o tubo / das Rohr
- o teto solar / das Schiebedach
- o radiador / der Kühler
- a ventoinha / der Ventilator
- o motor / der Motor
- a calota / die Radkappe
- a caixa de câmbio / das Getriebe
- a transmissão / die Transmission
- o eixo cardã / die Kardanwelle

português • deutsch

O TRÂNSITO • DER VERKEHR

o pneu furado • die Reifenpanne

o estepe
das Ersatzrad

a chave de roda
der Radschlüssel

as porcas para rodas
die Radmuttern

o macaco
der Wagenheber

trocar um pneu (v)
ein Rad wechseln

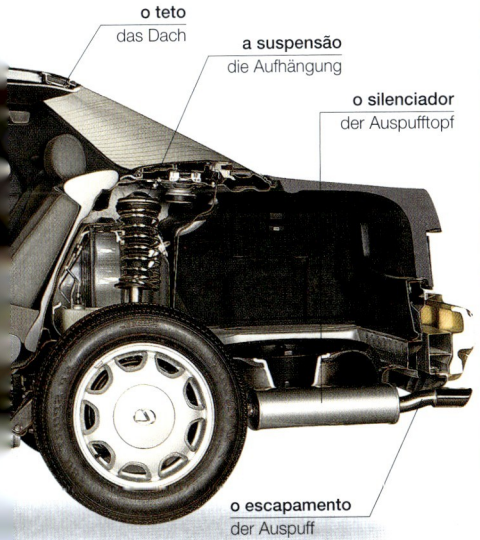

o teto
das Dach

a suspensão
die Aufhängung

o silenciador
der Auspufftopf

o escapamento
der Auspuff

vocabulário • Vokabular

o acidente de carro
der Autounfall

a pane
die Panne

o seguro
die Versicherung

o reboque
der Abschleppwagen

o mecânico
der Mechaniker

a pressão dos pneus
der Reifendruck

a caixa de fusíveis
der Sicherungskasten

a vela
die Zündkerze

a correia dentada
der Keilriemen

o tanque de gasolina
der Benzintank

a correia dentada de cames
der Nockenriemen

o turbocompressor
der Turbolader

o distribudor
der Verteiler

o chassis
das Chassis

o freio de mão
die Handbremse

o alternador
die Lichtmaschine

O meu carro está com uma pane.
Ich habe eine Panne.

O meu carro não pega.
Mein Auto springt nicht an.

português • deutsch

O TRÂNSITO • DER VERKEHR

a motocicleta • das Motorrad

o pisca-pisca
der Blinker

o conta-quilómetros
der Tachometer

o capacete
der Motorradhelm

a embreagem
die Kupplung

o freio
die Bremse

a buzina
die Hupe

o acelerador
der Gashebel

os comandos
die Steuerung

o porta-bagagem
der Gepäckträger

o refletor
das Katzenauge

o assento traseiro
der Soziussitz

o assento
der Sitz

o motor
der Motor

o tanque de gasolina
der Kraftstofftank

o farol traseiro
das Rücklicht

o tubo de escape
das Auspuffrohr

o silenciador
der Auspufftopf

o depósito de óleo
der Ölsumpf

a caixa de câmbio
das Getriebe

o filtro de ar
der Luftfilter

português • deutsch

O TRÂNSITO • DER VERKEHR

a viseira / das Visier

a cinta refletora / der Leuchtstreifen

a roupa de couro / der Lederanzug

a joelheira / der Knieschützer

a roupa | die Kleidung

o farol / der Scheinwerfer

a suspensão / die Aufhängung

o para-lamas / das Schutzblech

o pedal de freio / das Bremspedal

o eixo / die Achse

o pneu / der Reifen

os tipos • die Typen

a moto de corrida | die Rennmaschine

o pára-brisa / die Windschutzscheibe

a moto de estrada | der Tourer

a moto de motocross / das Geländemotorrad

o suporte da moto / der Motorradständer

a mobilete | der Roller

português • deutsch 205

O TRÂNSITO • DER VERKEHR

a bicicleta • das Fahrrad

o tandem
das Tandem

a bicicleta de corrida
das Rennrad

a mountainbike
das Mountainbike

o selim
der Sattel

o suporte do selim
die Sattelstütze

a garrafa de água
die Wasserflasche

o quadro
der Rahmen

o freio
die Felgenbremse

o eixo
die Nabe

as marchas
die Gänge

a roda
die Felge

o pneu
der Reifen

a correia da bicicleta
die Fahrradkette

o pedal
das Pedal

a roda dentada
das Zahnrad

o capacete de bicicleta
der Fahrradhelm

a bicicleta de passeio
das Tourenrad

a bicicleta de estrada
das Straßenrad

a ciclovia | der Fahrradweg

português • deutsch

O TRÂNSITO • DER VERKEHR

a barra | die Stange
o volante da bicicleta | die Lenkstange
a manete de marcha | der Schalthebel
a manete do freio | der Bremsgriff
a chave para desmontar pneus | der Reifenschlüssel
o remendo | der Flicken
o kit de reparo | der Reparaturkasten
a forquilha | die Gabel
o raio | die Speiche
a chave | der Schlüssel
a bomba de ar | die Luftpumpe
o cadeado de bicicleta | das Fahrradschloss
a roda | das Rad
a válvula | das Ventil
o perfil do pneu | das Reifenprofil
a câmara | der Schlauch
o assento para criança | der Kindersitz

vocabulário • Vokabular

o farol traseiro das Rücklicht	as rodas de apoio die Stützräder	o cabo das Kabel	o cesto der Korb	pedalar (v) treten	frear (v) bremsen
o farol da bicicleta die Fahrradlampe	o suporte para bicicletas der Fahrradständer	o freio die Bremsbacke	o pneu furado die Reifenpanne	a correia der Riemen	mudar de marcha (v) schalten
o refletor traseiro der Rückstrahler	o bagageiro der Gepäckträger	a roda dentada das Kettenzahnrad	o dínamo der Dynamo	o volante de corrida der Rennbügel	andar de bicicleta (v) Rad fahren

português • deutsch

O TRÂNSITO • DER VERKEHR

o trem • der Zug

o vagão / der Wagen

a plataforma / der Bahnsteig

o trólei / der Kofferkuli

o número da plataforma / die Gleisnummer

o viajante / der Pendler

a estação ferroviária | der Bahnhof

os tipos de trem • die Zugtypen

a locomotiva a vapor
die Dampflokomotive

a locomotiva / die Lokomotive

a cabine do maquinista / der Führerstand

o trilho / die Schiene

a locomotiva a diesel | die Diesellokomotive

a locomotiva elétrica
die Elektrolokomotive

o trem bala
der Hochgeschwindigkeitszug

o monotrilho
die Einschienenbahn

o metro
die U-Bahn

o bonde
die Straßenbahn

o trem de mercadorias
der Güterzug

português • deutsch

O TRÂNSITO • DER VERKEHR

o porta-bagagem
die Gepäckablage

a janela do trem
das Zugfenster

o trilho
das Gleis

a porta **o assento**
die Tür   der Sitz

o vagão
das Abteil

a barreira de acesso
die Eingangssperre

o alto falante
der Lautsprecher

o plano de viagem
der Fahrplan

o bilhete
die Fahrkarte

o vagão restaurante
der Speisewagen

a estação ferroviária | die Bahnhofshalle

a vagão com camas
das Schlafabteil

---

vocabulário • Vokabular

a rede ferroviária das Bahnnetz	**o atraso** die Verspätung	**a bilheteira** der Fahrkartenschalter	**o sinal** das Signal
o horário de pico die Stoßzeit	**a tarifa** der Fahrpreis	**o controlador de bilhetes** der Schaffner	**o trilho eletrificado** die stromführende Schiene
o trem intercidades der Intercity	**o mapa do metro** der U-Bahnplan	**mudar de trem (v)**	**a alavanca de freio de emergência** die Notbremse

português • deutsch

O TRÂNSITO • DER VERKEHR

o avião • das Flugzeug

o avião comercial • das Verkehrsflugzeug

Português	Deutsch
o nariz	der Bug
o cockpit	das Cockpit
o motor	das Triebwerk
a fuselagem	der Rumpf
a asa	die Tragfläche
a cauda	das Heck
o leme	das Seitenruder
a saída	der Ausgang
o trem de pouso dianteiro	das Bugfahrwerk
o trem de pouso principal	das Hauptfahrwerk
o aileron	das Querruder
o leme de inclinação	das Seitenleitwerk
o estabilizador	das Höhenleitwerk

a cabine • die Kabine

- a saída de emergência — der Notausgang
- a aeromoça — die Flugbegleiterin
- o porta-bagagens — das Gepäckfach
- o ventilador — die Luftdüse
- a janela — das Fenster
- a luz de leitura — die Leselampe
- o assento — der Sitz
- a fila — die Reihe
- o apoio de braços — die Armlehne
- o corredor — der Gang
- a mesa — der Klapptisch
- o encosto — die Rückenlehne

português • deutsch

O TRÂNSITO • DER VERKEHR

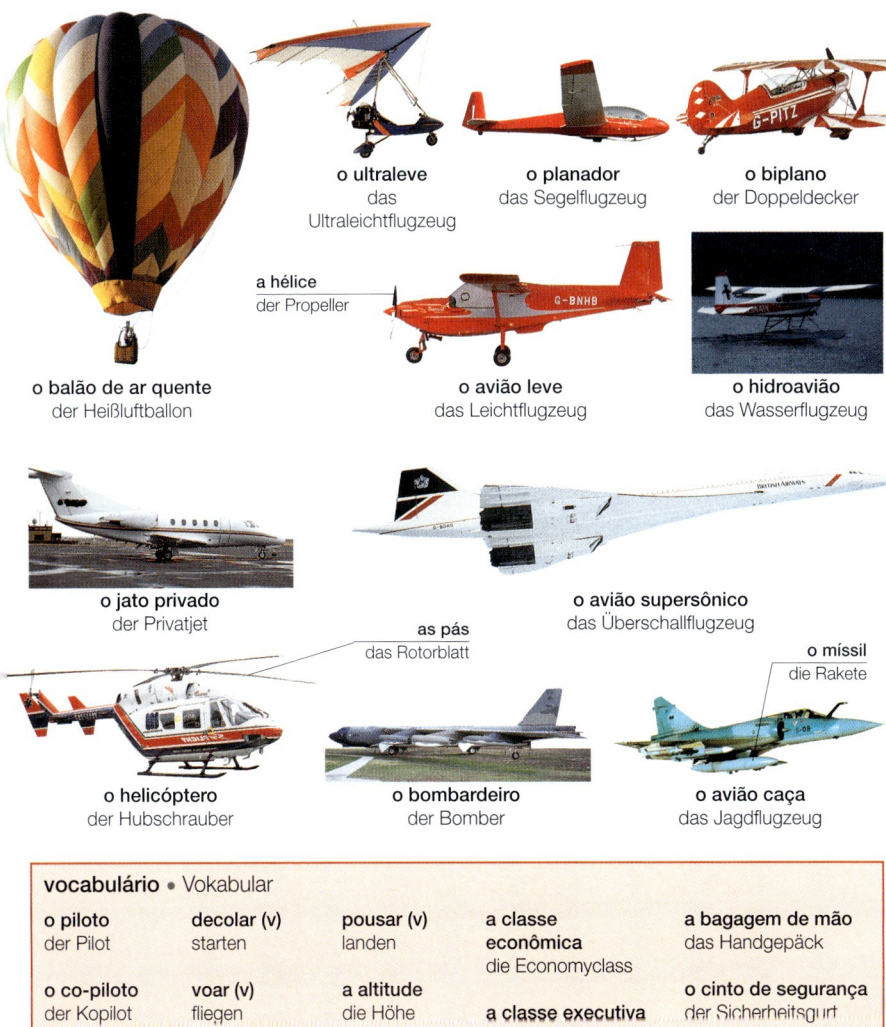

o ultraleve
das Ultraleichtflugzeug

o planador
das Segelflugzeug

o biplano
der Doppeldecker

a hélice
der Propeller

o balão de ar quente
der Heißluftballon

o avião leve
das Leichtflugzeug

o hidroavião
das Wasserflugzeug

o jato privado
der Privatjet

o avião supersônico
das Überschallflugzeug

as pás
das Rotorblatt

o míssil
die Rakete

o helicóptero
der Hubschrauber

o bombardeiro
der Bomber

o avião caça
das Jagdflugzeug

---

vocabulário • Vokabular

o piloto der Pilot	**decolar (v)** starten	**pousar (v)** landen	**a classe econômica** die Economyclass	**a bagagem de mão** das Handgepäck
o co-piloto der Kopilot	**voar (v)** fliegen	**a altitude** die Höhe	**a classe executiva** die Businessclass	**o cinto de segurança** der Sicherheitsgurt

português • deutsch

O TRÂNSITO • DER VERKEHR

o aeroporto • der Flughafen

a área de taxiamento
das Vorfeld

o carrinho de bagagens
der Gepäckanhänger

o terminal
der Terminal

o veículo de suprimento
das Versorgungsfahrzeug

a passarela de acesso
die Fluggastbrücke

o avião comercial | das Verkehrsflugzeug

vocabulário • Vokabular

a esteira de bagagens
das Gepäckband

o voo internacional
der Auslandsflug

o voo doméstico
der Inlandsflug

a conexão aérea
die Flugverbindung

o número de voo
die Flugnummer

a imigração
die Passkontrolle

a alfândega
der Zoll

o excesso de bagagem
das Übergepäck

a pista de pouso e decolagem
die Start- und Landebahn

as medidas de segurança
die Sicherheitsvorkehrungen

a máquina de raios X para bagagens
die Gepäckröntgenmaschine

o prospecto de viagens
der Urlaubsprospekt

as férias
der Urlaub

reservar um voo (v)
einen Flug buchen

fazer o check-in (v)
einchecken

a torre de controle
der Kontrollturm

O TRÂNSITO • DER VERKEHR

o visto
das Visum

o passaporte | der Pass

a bagagem de mão
das Handgepäck

a bagagem
das Gepäck

o trólei
der Kofferkuli

o check-in
der Abfertigungsschalter

o controle de passaportes
die Passkontrolle

o bilhete de embarque
die Bordkarte

o bilhete de voo
das Flugticket

o número do terminal
die Gatenummer

a partida
der Abflug

a sala de embarque
die Abflughalle

o destino de viagem
das Reiseziel

a chegada
die Ankunft

a tela de informações sobre os voos
die Fluginformationsanzeige

a loja duty-free
der Duty-free-Shop

a entrega de bagagens
die Gepäckausgabe

o ponto de táxi
der Taxistand

o aluguel de automóveis
der Autoverleih

português • deutsch

O TRÂNSITO • DER VERKEHR

o navio • das Schiff

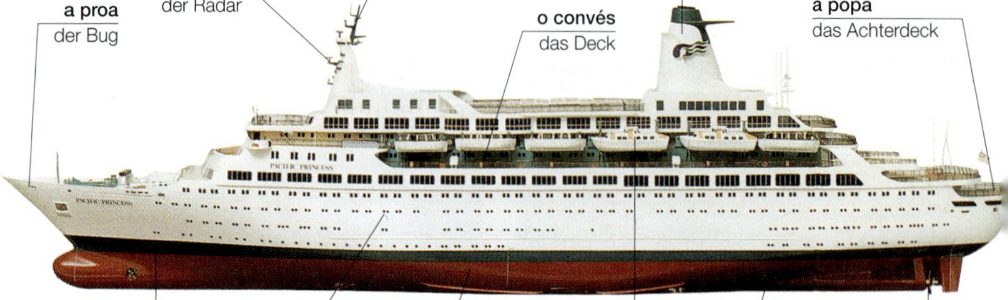

- a antena de rádio / die Funkantenne
- a chaminé / der Schornstein
- o radar / der Radar
- o convés / das Deck
- a popa / das Achterdeck
- a proa / der Bug
- a linha de flutuação / die Höchstlademarke
- a vigia / das Bullauge
- o casco / der Rumpf
- o barco salva-vidas / das Rettungsboot
- a quilha / der Kiel
- a hélice de navio / die Schiffsschraube

o transatlântico • der Ozeandampfer

a ponte de comando
die Kommandobrücke

a sala de máquinas
der Maschinenraum

o camarote
die Kabine

a cozinha
die Kombüse

vocabulário • Vokabular

a doca / das Dock
o porto / der Hafen
a passarela de acesso / die Landungsbrücke
a âncora / der Anker
o pegão / der Poller

o molinete / die Ankerwinde
o capitão / der Kapitän
a lancha de corrida / das Rennboot
o barco a remos / das Ruderboot
a canoa / das Kanu

português • deutsch

O TRÂNSITO • DER VERKEHR

os outros navios • andere Schiffe

a balsa
die Fähre

o motor exterior
der Außenbordmotor

o bote inflável
das Schlauchboot

o hidroflutuador
das Tragflügelboot

o iate
die Jacht

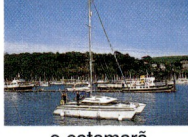

o catamarã
der Katamaran

o rebocador
der Schleppdampfer

o hovercraft
das Luftkissenboot

o navio porta-contentores
das Containerschiff

o cordame
die Takelung

o veleiro
das Segelboot

o compartimento
de carga
der Frachtraum

o navio de carga
das Frachtschiff

o petroleiro
der Öltanker

o porta-aviões
der Flugzeugträger

o navio de guerra
das Kriegsschiff

a torre de
comando
der
Kommandoturm

o submarino
das U-Boot

português • deutsch

O TRÂNSITO • DER VERKEHR

o porto • der Hafen

216 português • deutsch

O TRÂNSITO • DER VERKEHR

a rede / das Netz
o barco de pesca / das Fischerboot
as amarras / die Verankerung

a marina / Der Jachthafen

o porto de pesca / der Fischereihafen

o porto / der Hafen

o pier / der Pier

o cais / der Landungssteg

o estaleiro / die Werft

a lanterna / die Laterne

o farol / der Leuchtturm

a bóia / die Boje

vocabulário • Vokabular

a guarda-costeira / die Küstenwache	amarrar (v) / festmachen	embarcar (v) / an Bord gehen
o capitão do porto / der Hafenmeister	atracar (v) / anlegen	desembarcar (v) / von Bord gehen
a doca seca / das Trockendock	ancorar (v) / den Anker werfen	zarpar (v) / auslaufen

português • deutsch

o esporte
der Sport

O ESPORTE • DER SPORT

o futebol americano • der Football

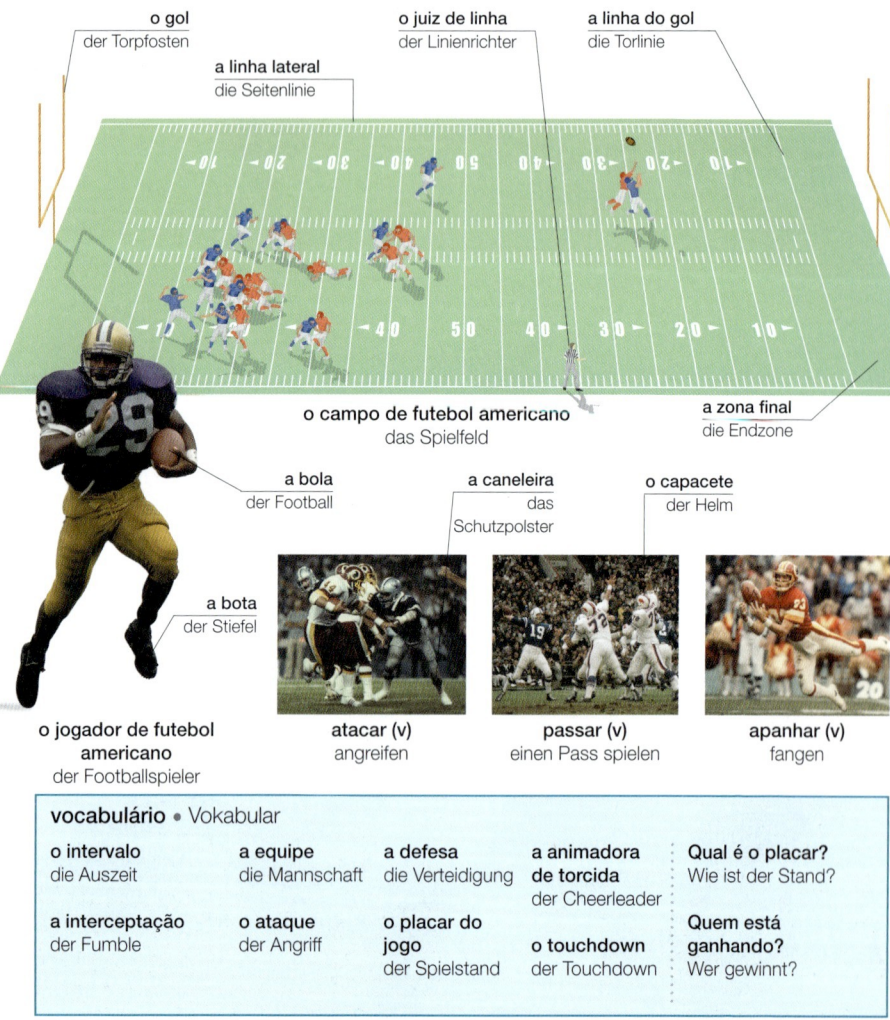

o gol / der Torpfosten

o juiz de linha / der Linienrichter

a linha do gol / die Torlinie

a linha lateral / die Seitenlinie

o campo de futebol americano / das Spielfeld

a zona final / die Endzone

a bola / der Football

a caneleira / das Schutzpolster

o capacete / der Helm

a bota / der Stiefel

o jogador de futebol americano / der Footballspieler

atacar (v) / angreifen

passar (v) / einen Pass spielen

apanhar (v) / fangen

vocabulário • Vokabular

o intervalo / die Auszeit	a equipe / die Mannschaft	a defesa / die Verteidigung	a animadora de torcida / der Cheerleader	Qual é o placar? / Wie ist der Stand?
a interceptação / der Fumble	o ataque / der Angriff	o placar do jogo / der Spielstand	o touchdown / der Touchdown	Quem está ganhando? / Wer gewinnt?

O ESPORTE • DER SPORT

o futebol • der Fußball

a bola | der Fußball

o atacante | der Mittelstürmer

o árbitro | der Schiedsrichter

o meio campo | der Mittelkreis

o goleiro | der Torwart

o uniforme de futebol | der Dress

o futebolista | der Fußballspieler

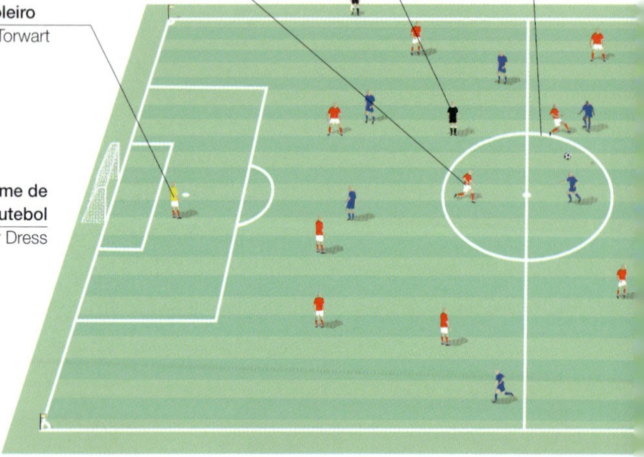

o poste | der Torpfosten

a barra | die Querlatte

a rede do gol | das Tornetz

o gol | das Tor

o campo de futebol | das Fußballfeld

driblar (v) | dribbeln

cabecear (v) | köpfen

a barreira | die Mauer

o tiro livre | der Freistoß

português • deutsch

O ESPORTE • DER SPORT

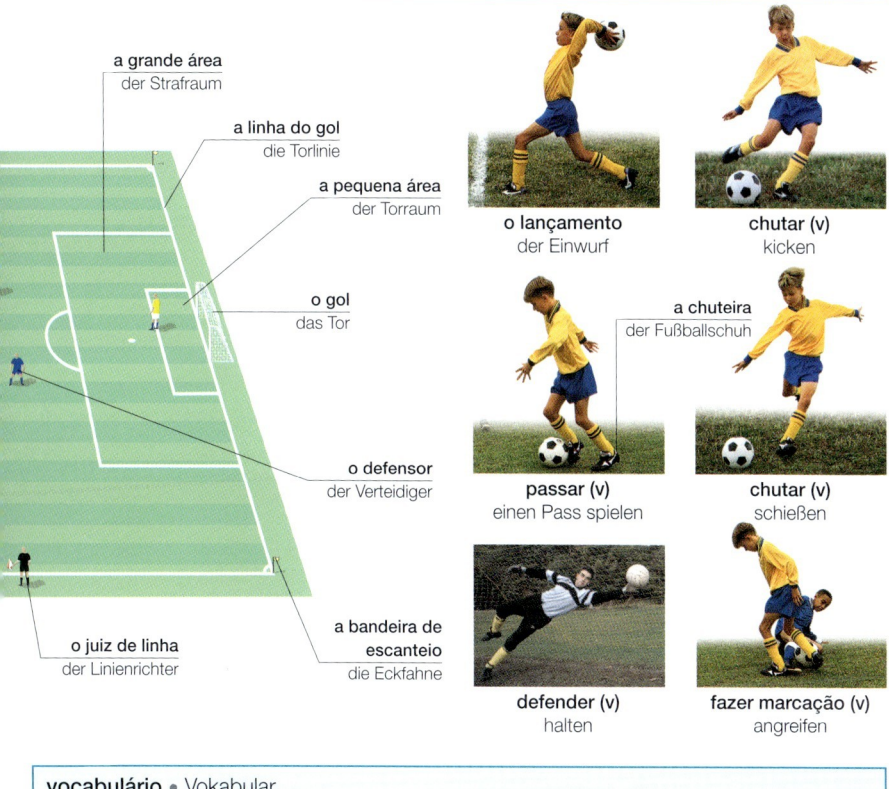

a grande área / der Strafraum
a linha do gol / die Torlinie
a pequena área / der Torraum
o gol / das Tor
o defensor / der Verteidiger
a bandeira de escanteio / die Eckfahne
o juiz de linha / der Linienrichter

o lançamento / der Einwurf
chutar (v) / kicken

passar (v) / einen Pass spielen
a chuteira / der Fußballschuh
chutar (v) / schießen

defender (v) / halten
fazer marcação (v) / angreifen

vocabulário • Vokabular

o estádio / das Stadion	a falta / das Foul	o cartão amarelo / die gelbe Karte	a liga / die Liga		o prolongamento / die Verlängerung
o penalti / der Elfmeter	o escanteio / der Eckball	o impedimento / das Abseits	o meio tempo / die Halbzeit		o jogador reserva / der Ersatzspieler
marcar um gol (v) / ein Tor schießen	o cartão vermelho / die rote Karte	a expulsão / der Platzverweis	o empate / das Unentschieden		a substituição / die Auswechslung

português • deutsch

O ESPORTE • DER SPORT

o críquete • das Kricket

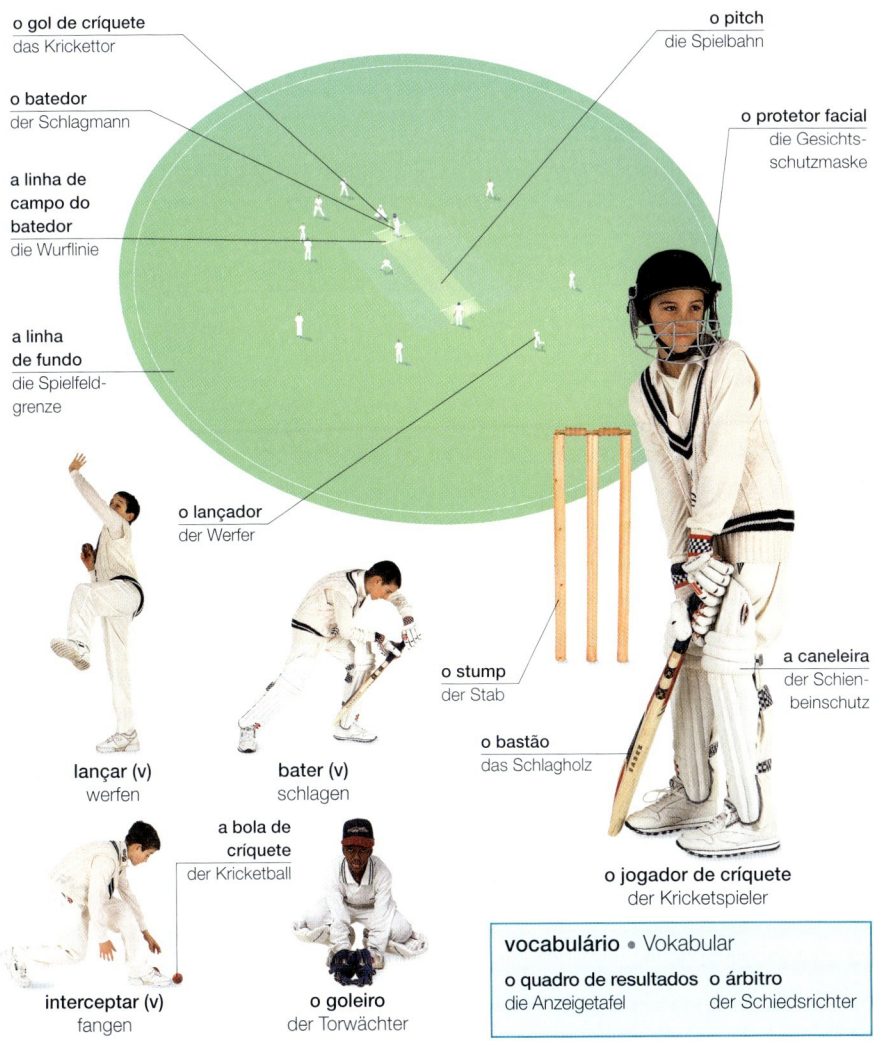

o gol de críquete / das Krickettor

o batedor / der Schlagmann

a linha de campo do batedor / die Wurflinie

a linha de fundo / die Spielfeldgrenze

o pitch / die Spielbahn

o protetor facial / die Gesichtsschutzmaske

o lançador / der Werfer

o stump / der Stab

o bastão / das Schlagholz

a caneleira / der Schienbeinschutz

lançar (v) / werfen

bater (v) / schlagen

a bola de críquete / der Kricketball

interceptar (v) / fangen

o goleiro / der Torwächter

o jogador de críquete / der Kricketspieler

vocabulário • Vokabular

o quadro de resultados / die Anzeigetafel

o árbitro / der Schiedsrichter

português • deutsch

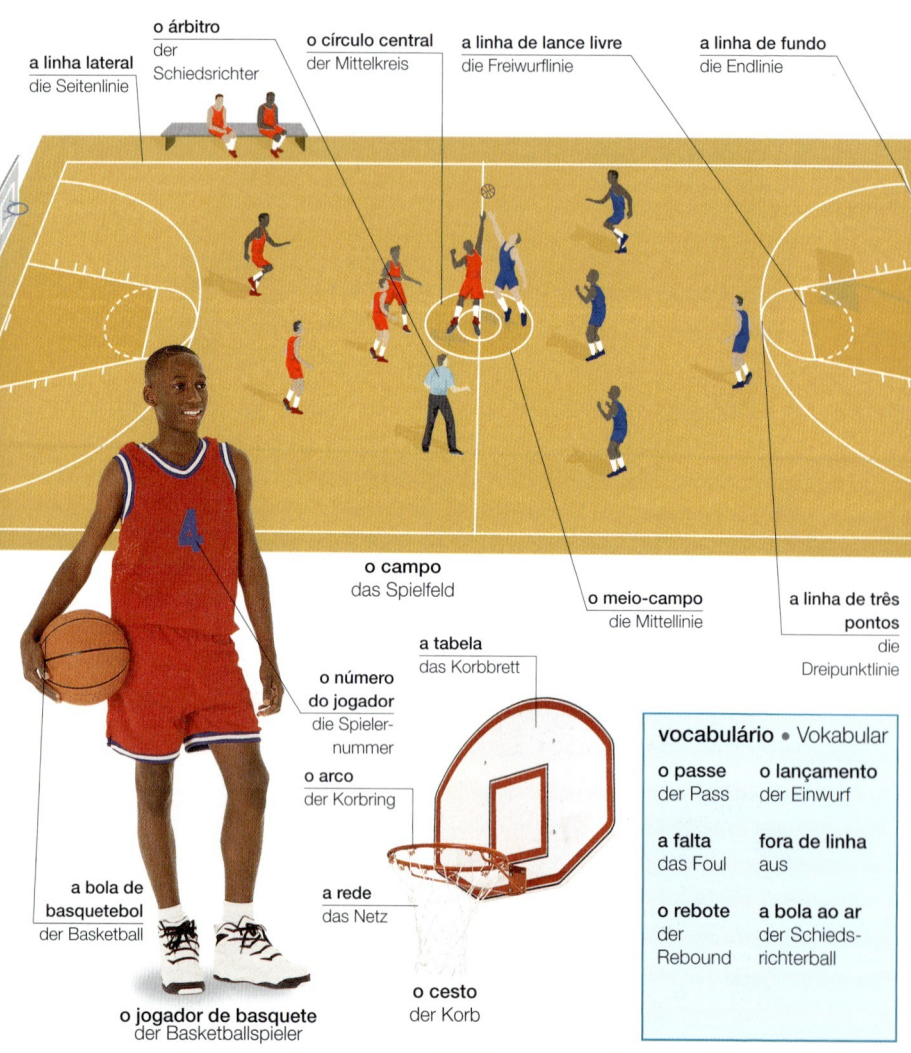

O ESPORTE • DER SPORT

o basquetebol • der Basketball

- a linha lateral / die Seitenlinie
- o árbitro / der Schiedsrichter
- o círculo central / der Mittelkreis
- a linha de lance livre / die Freiwurflinie
- a linha de fundo / die Endlinie
- o campo / das Spielfeld
- o meio-campo / die Mittellinie
- a linha de três pontos / die Dreipunktlinie
- a tabela / das Korbbrett
- o número do jogador / die Spielernummer
- o arco / der Korbring
- a rede / das Netz
- a bola de basquetebol / der Basketball
- o jogador de basquete / der Basketballspieler
- o cesto / der Korb

vocabulário • Vokabular

o passe / der Pass	o lançamento / der Einwurf
a falta / das Foul	fora de linha / aus
o rebote / der Rebound	a bola ao ar / der Schiedsrichterball

português • deutsch

O ESPORTE • DER SPORT

as ações • die Aktionen

| lançar (v) | apanhar (v) | apontar (v) | saltar (v) |
| werfen | fangen | zielen | springen |

| fazer marcação (v) | bloquear (v) | bater a bola (v) | enterrar a bola (v) |
| decken | blocken | dribbeln | einen Dunk spielen |

o voleibol • der Volleyball

bloquear (v)
blocken

a rede
das Netz

receber (v)
baggern

o árbitro
der Schiedsrichter

a joelheira
der Knieschützer

o campo | das Spielfeld

português • deutsch

O ESPORTE • DER SPORT

o basebol • der Baseball

o campo • das Spielfeld

o taco | der Schläger

o capacete | der Helm

o campo exterior esquerdo | das linke Feld

o campo interior | das Innenfeld

o centro do campo | das Mittelfeld

o jogador da base | der Malspieler

o monte do lançador | die Werferplatte

a casa base | das Schlagmal

o batedor | der Schlagmann

vocabulário • Vokabular		
a entrada das Inning	fora aus	o strike der Schlagfehler
a corrida der Lauf	salvo sicher	a batida inválida der ungültige Schlag

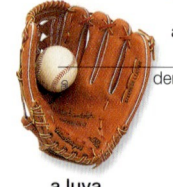

a bola de basebol | der Baseball

a luva | der Handschuh

a máscara de proteção | die Schutzmaske

português • deutsch

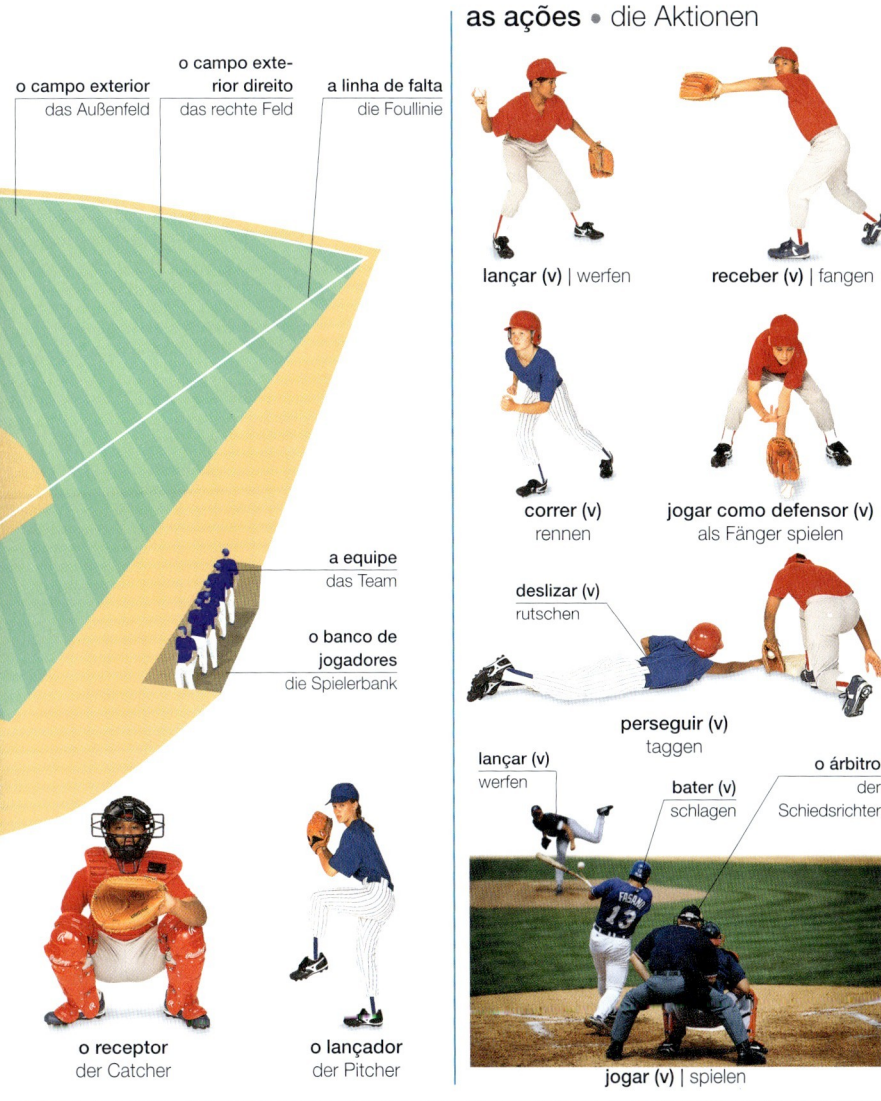

O ESPORTE • DER SPORT

o tênis • das Tennis

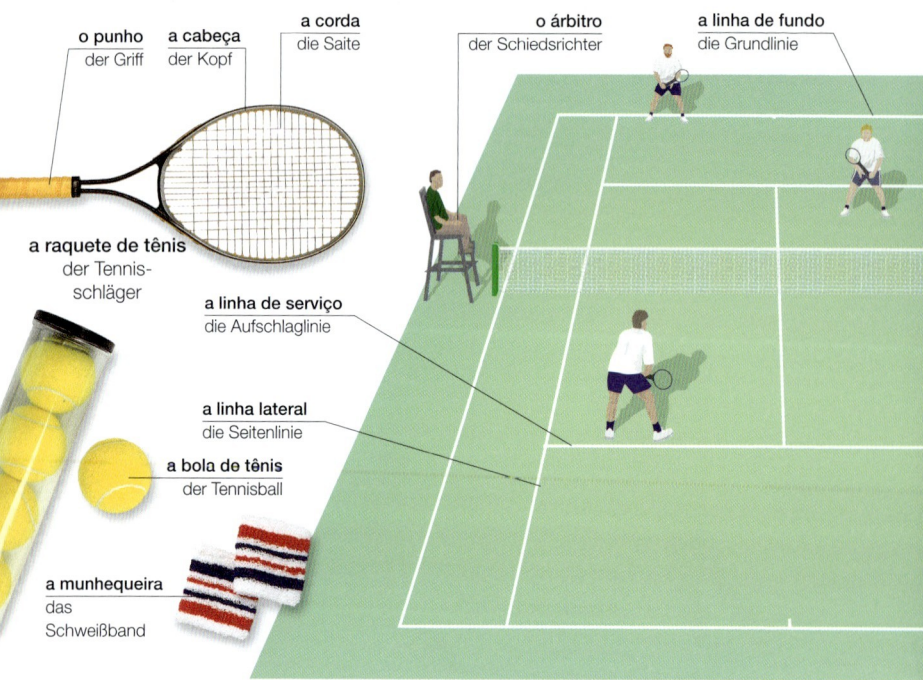

- o punho | der Griff
- a cabeça | der Kopf
- a corda | die Saite
- o árbitro | der Schiedsrichter
- a linha de fundo | die Grundlinie
- a raquete de tênis | der Tennisschläger
- a linha de serviço | die Aufschlaglinie
- a linha lateral | die Seitenlinie
- a bola de tênis | der Tennisball
- a munhequeira | das Schweißband

a quadra de tênis | der Tennisplatz

vocabulário • Vokabular					
os singulares das Einzel	o set der Satz	a vantagem der Vorteil	a falta der Fehler	o jogo das Spiel	o efeito der Spin
os pares das Doppel	a partida das Match	zero null	o ás das Ass	let! Netz!	o juiz de linha der Linienrichter
o tiebreak der Tiebreak	o drop shot der Stoppball	o quarenta igual der Einstand	a bola com efeito der Slice	o rally der Ballwechsel	o campeonato die Meisterschaft

português • deutsch

O ESPORTE • DER SPORT

as batidas • die Schläge

a rede / das Netz
o smash / der Schmetterball
o gandula / der Balljunge
servir (v) / aufschlagen
o calçado para tênis / die Tennisschuhe
o tenista / der Tennisspieler

o saque / der Aufschlag
o voleio / der Volley
a resposta / der Return
o balão / der Lob
a direita / die Vorhand
a esquerda / die Rückhand

os jogos de raquete • die Schlägerspiele

a peteca / der Federball
a raquete de pingue pongue / der Tischtennisschläger

o badminton / das Badminton

o pingue-pongue / das Tischtennis

o squash / das Squash

o raquetebol / das Racquetball

português • deutsch

O ESPORTE • DER SPORT

o golfe • das Golf

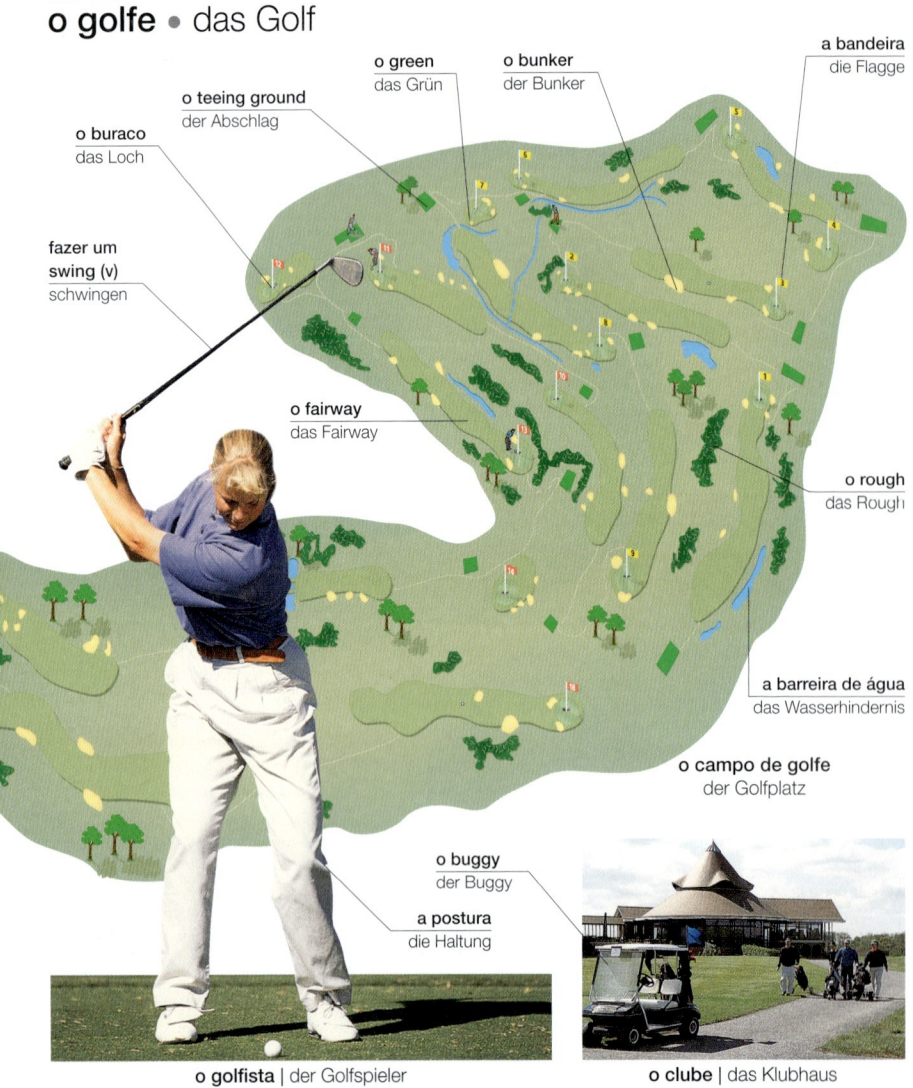

a bandeira | die Flagge
o bunker | der Bunker
o green | das Grün
o teeing ground | der Abschlag
o buraco | das Loch
fazer um swing (v) | schwingen
o fairway | das Fairway
o rough | das Rough
a barreira de água | das Wasserhindernis
o campo de golfe | der Golfplatz
o buggy | der Buggy
a postura | die Haltung

o golfista | der Golfspieler

o clube | das Klubhaus

O ESPORTE • DER SPORT

o equipamento • die Ausrüstung

a bola de golfe
der Golfball

o tee
das Tee

a luva
der Handschuh

o guarda-chuva
der Schirm

o saco de golfe
die Golftasche

os pitões
die Spikes

o carro de golfe
der Trolley

o sapato de golfe
der Golfschuh

os tacos de golfe • die Golfschläger

a madeira
das Holz

o putter
der Putter

o ferro
das Eisen

o wedge
das Wedge

as ações • die Aktionen

fazer um tee-off (v)
vom Abschlag spielen

fazer um drive (v)
driven

fazer um putt (v)
einlochen

fazer um chip (v)
chippen

vocabulário • Vokabular

o par	over par	o torneio	o caddy	a tacada	a linha de jogo
das Par	über Par	das Golfturnier	der Caddie	der Schlag	die Spielbahn

under par	o hole in one	o handicap	os espectadores	praticar o swing	o backswing
unter Par	das Hole-in-One	das Handicap	die Zuschauer	der Übungsschwung	der Durchschwung

português • deutsch

O ESPORTE • DER SPORT

o atletismo • die Leichtathletik

a pista — die Bahn
a pista de corrida — die Rennbahn
a linha de chegada — die Ziellinie
a linha de partida — die Startlinie

o bloco de partida — der Startblock
o sprinter — der Sprinter
o campo — das Feld
o atleta — die Leichtathletin
o lançamento de disco — das Diskuswerfen 
o lançamento de peso — das Kugelstoßen 
o lançamento de dardo — das Speerwerfen 

vocabulário • Vokabular			
a corrida das Rennen	o recorde der Rekord	a maratona der Marathon	o salto de vara der Stabhochsprung
o tempo die Zeit	bater um recorde (v) einen Rekord brechen	a foto de chegada das Fotofinish	o recorde pessoal die persönliche Bestleistung

o cronômetro — die Stoppuhr

português • deutsch

O ESPORTE • DER SPORT

o bastão
der Stab

a corrida de revezamento
der Staffellauf

a barra
die Latte

o salto em altura
der Hochsprung

o salto a distância
der Weitsprung

a corrida de obstáculos
der Hürdenlauf

a ginástica • das Turnen

o trampolim
das Sprungbrett

a ginasta
die Turnerin

o cavalo
das Pferd

o salto
der Salto

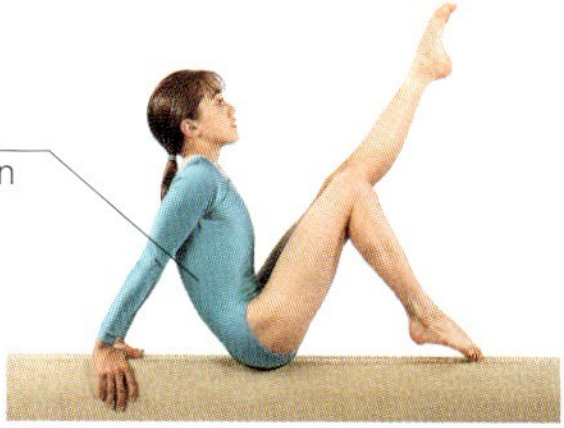

a trave
der Schwebebalken

a fita de ginástica
das Gymnastikband

o colchão
die Matte

o salto
der Sprung

a ginástica solo
das Bodenturnen

a acrobacia de solo
die Bodenakrobatik

a ginástica rítmica
die rhythmische Gymnastik

---

vocabulário • Vokabular

| a barra fixa | as paralelas | as argolas | as medalhas | a prata |
| das Reck | der Barren | die Ringe | die Medaillen | das Silber |

| as barras assimétricas | o cavalo com alças | o pódio | o ouro | o bronze |
| der Stufenbarren | das Seitpferd | das Siegerpodest | das Gold | die Bronze |

português • deutsch

O ESPORTE • DER SPORT

os esportes de combate • der Kampfsport

o adversário / der Gegner

o capacete / der Kopfschutz

a faixa / der Gürtel

a luva / der Handschuh

o taekwondo / das Taekwondo

a máscara / die Maske

a espada / der Säbel

o karate / das Karate

o judo / das Judo

o aikido / das Aikido

o kendo / das Kendo

o kung fu / das Kung-Fu

o kickboxing / das Kickboxen

a luta livre / das Ringen

o boxe / das Boxen

O ESPORTE • DER SPORT

as técnicas • die Techniken

a queda
das Fallen

a pegada
der Griff

o lançamento
der Wurf

a imobilização
das Fesseln

o pontapé
der Seitfußstoß

o soco
der Stoß

o ataque
der Angriff

o salto
der Sprung

o bloqueio
der Block

o bloqueio com ataque
der Hieb

vocabulário • Vokabular				
o rinque de boxe der Boxring	o round die Runde	o punho die Faust	a faixa preta der schwarze Gürtel	a capoeira die Capoeira
as luvas de boxe die Boxhandschuhe	o combate der Kampf	o nocaute der Knockout	a autodefesa die Selbstverteidigung	o sumo das Sumo
o protetor de dentes der Mundschutz	o sparring das Sparring	o saco de areia der Sandsack	as artes marciais die Kampfsportarten	o tai-chi das Tai Chi

português • deutsch

O ESPORTE • DER SPORT

a natação • der Schwimmsport
o equipamento • die Ausrüstung

a bóia de braço — die Schwimmflügel

os óculos de natação — die Schwimmbrille

a presilha para nariz — die Nasenklemme

o prancha — das Schwimmfloß

o maiô — der Badeanzug

a touca — die Badekappe

a raia — die Bahn

a água — das Wasser

o bloco de partida — der Startblock

a sunga — die Badehose

a piscina — das Schwimmbecken

o trampolim — das Sprungbrett

o saltador ornamental — der Springer

o nadador | der Schwimmer

saltar (v) | springen

nadar (v) | schwimmen

a virada | die Wende

O ESPORTE • DER SPORT

os estilos de natação • die Schwimmstile

o nado crawl
das Kraulen

o nado de peito
das Brustschwimmen

a braçada
der Zug

a batida de pernas
der Beinschlag

o nado de costas | das Rückenschwimmen

o nado borboleta | der Schmetterlingsstil

o mergulho • das Tauchen

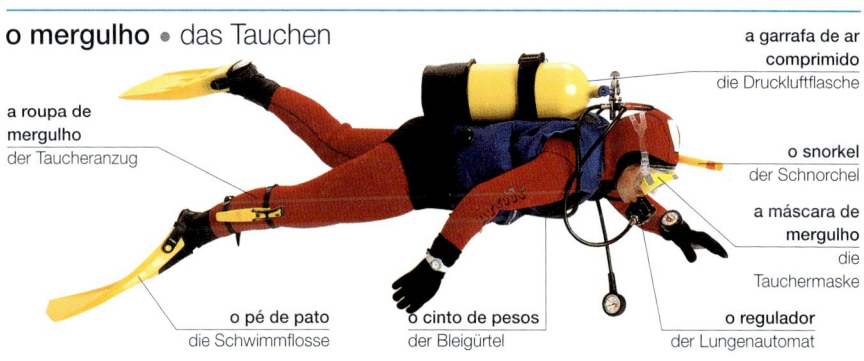

a garrafa de ar comprimido
die Druckluftflasche

a roupa de mergulho
der Taucheranzug

o snorkel
der Schnorchel

a máscara de mergulho
die Tauchermaske

o pé de pato
die Schwimmflosse

o cinto de pesos
der Bleigürtel

o regulador
der Lungenautomat

vocabulário • Vokabular

o salto der Sprung	boiar (v) Wasser treten	a zona profunda das tiefe Ende	o pólo aquático der Wasserball	a zona pouco profunda das flache Ende	a cãimbra der Krampf
o salto da torre der Turmsprung	o salto de largada der Startsprung	o armário die Schließfächer	o salva-vidas der Bademeister	a natação sincronizada das Synchronschwimmen	afogar-se (v) ertrinken

português • deutsch

O ESPORTE • DER SPORT

o iatismo • der Segelsport

a bússola
der Kompass

a âncora
der Anker

o mastro
der Mast

o cordame
die Takelung

a vela grande
das Großsegel

o cunho
die Klampe

a vela principal
die Fock

a capa
das Seitendeck

a proa
der Bug

a retranca
der Baum

a popa
das Heck

o cabo do leme
die Pinne

o casco
der Rumpf

navegar (v) | navigieren

o iate | die Segeljacht

a segurança • die Sicherheit

o sinalizador
die Leuchtrakete

a bóia
der Rettungsring

o colete salva-vidas
die Schwimmweste

a barco salva-vidas
das Rettungsboot

português • deutsch

O ESPORTE • DER SPORT

o esporte aquático • der Wassersport

o remador / der Ruderer
o remo / das Ruder
o caiaque / das Kajak
o remo / das Paddel
remar (v) | rudern
a prancha de surf / das Surfbrett
a canoa / der Kanusport
a vela / das Segel
o esqui aquático / der Wasserski
o windsurfer / der Windsurfer
o surf / das Wellenreiten
o esqui aquático / das Wasserski
o barco a motor / der Motorsport
a prancha de surf / das Surfbrett
a cinta para pés / die Fußschlaufe
o windsurfing | das Windsurfing
o rafting / das Rafting
o jetski / das Jetskifahren

vocabulário • Vokabular

o surfista der Surfer	a tripulação die Crew	o vento der Wind	o recife die Brandung	a escota die Schot	a orça das Schwert
o esquiador aquático der Wasserskifahrer	virar (v) kreuzen	a onda die Welle	a água branca das Wildwasser	o leme das Ruder	virar de quilha (v) kentern

português • deutsch

O ESPORTE • DER SPORT

o hipismo • der Reitsport

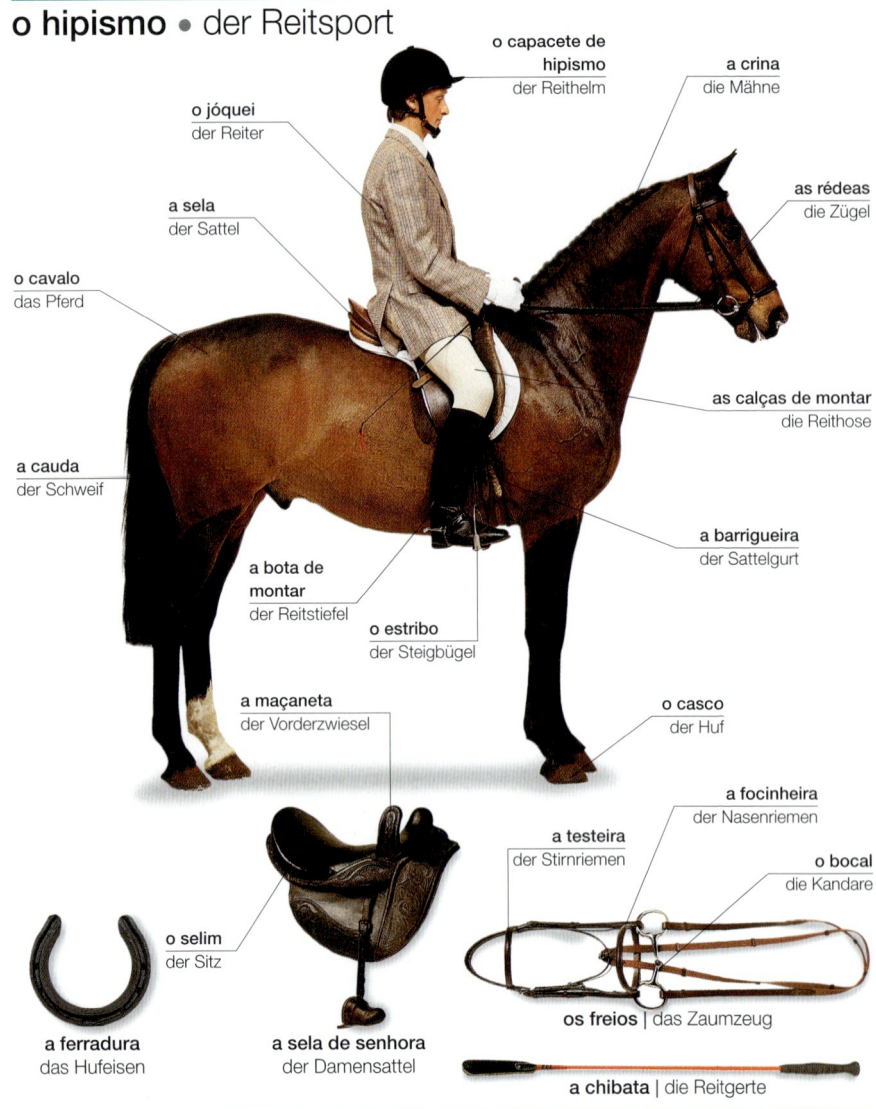

- o capacete de hipismo / der Reithelm
- a crina / die Mähne
- o jóquei / der Reiter
- a sela / der Sattel
- as rédeas / die Zügel
- o cavalo / das Pferd
- as calças de montar / die Reithose
- a cauda / der Schweif
- a bota de montar / der Reitstiefel
- o estribo / der Steigbügel
- a barrigueira / der Sattelgurt
- a maçaneta / der Vorderzwiesel
- o casco / der Huf
- a focinheira / der Nasenriemen
- a testeira / der Stirnriemen
- o bocal / die Kandare
- o selim / der Sitz
- a ferradura / das Hufeisen
- a sela de senhora / der Damensattel
- os freios | das Zaumzeug
- a chibata | die Reitgerte

O ESPORTE • DER SPORT

os eventos • die Veranstaltungen

o cavalo de corrida / das Rennpferd

a corrida de cavalos
das Pferderennen

o obstáculo / das Hindernis

a corrida com obstáculos
das Jagdrennen

a corrida a trote
das Trabrennen

o rodeio
das Rodeo

o hipismo de saltos
das Springreiten

a corrida de carroças
das Zweispännerrennen

o trekking
der Wanderritt

o hipismo de adestramento
das Dressurreiten

o pólo
das Polo

vocabulário • Vokabular

o passo der Schritt	o galope leve der Kanter	o salto der Sprung	os arreios das Halfter	o cercado die Koppel	o hipódromo die Rennbahn
o trote der Trab	o galope der Galopp	o moço da estrebaria der Stallbursche	o estábulo der Pferdestall	a arena der Turnierplatz	a corrida sem obstáculos das Flachrennen

português • deutsch

O ESPORTE • DER SPORT

a pesca • der Angelsport

o gancho / der Widerhaken
o olho / das Öhr
o peso | das Gewicht
o anzol / der Angelhaken
a isca | der Köder
o flutuador / die Pose
a mosca / die Fliege
a rede / der Kescher
o anzol de isca / der Köderhaken
a caixa de material / der Spinnerkasten
a rede de captura / der Setzkescher
a linha / die Schnur
a vara de pesca / die Angelrute
o carretel / die Rolle
a bota de borracha / die Watstiefel
o pescador | der Angler

O ESPORTE • DER SPORT

os tipos de pesca • die Fischfangarten

a pesca de água doce
das Süßwasserangeln

a pesca com mosca
das Fliegenangeln

a pesca esportiva
das Sportangeln

a pesca em alto mar
die Hochseefischerei

a pesca na praia
das Brandungsangeln

as atividades • die Aktivitäten

lançar (v)
auswerfen

apanhar (v)
fangen

recolher (v)
einholen

apanhar com rede (v)
mit dem Netz fangen

soltar (v)
loslassen

---

vocabulário • Vokabular

iscar (v) ködern	**os equipamentos de pesca** die Angelgeräte	**o sobretudo impermeável** die Regenhaut	**a licença de pesca** der Angelschein	**a cesta de pesca** der Fischkorb
morder a isca (v) anbeißen	**o carretel** die Rolle	**o poste** die Stake	**a pesca em alto mar** die Seefischerei	**a pesca com arpão** das Speerfischen

português • deutsch

O ESPORTE • DER SPORT

o esqui • der Skisport

a pista de esqui / der Skihang

o teleférico de cadeira / der Sessellift

o teleférico / der Kabinenlift

a roupa de esqui / der Skianzug

o bastão de esqui / der Skistock

a luva / der Handschuh

a pista de esqui / die Skipiste

a barreira de segurança / die Sicherheitssperre

a bota de esqui / der Skistiefel

o esqui / der Ski

a borda / die Kante

a esquiadora / die Skiläuferin

a ponta / die Spitze

português • deutsch

O ESPORTE • DER SPORT

as modalidades • die Disziplinen

o downhill
der Abfahrtslauf

o poste
das Tor

o slalom
der Slalom

o salto de esqui
der Skisprung

o cross-country
der Langlauf

os esportes de inverno • der Wintersport

a escalada
das Eisklettern

a patinagem no gelo
das Eislaufen

os óculos
die Skibrille

o patim de gelo
der Schlittschuh

a patinagem artística no gelo
der Eiskunstlauf

o snowboard
das Snowboarding

o bobsleigh
der Bobsport

o luge
das Rennrodeln

o snowmobile
das Schneemobil

o trenó
das Schlittenfahren

vocabulário • Vokabular

o esqui alpino die alpine Kombination	o trenó com cães das Hundeschlittenfahren
o slalom gigante der Riesenslalom	o biátlon das Biathlon
fora da pista abseits der Piste	a avalanche die Lawine
o curling das Curling	a patinagem de velocidade no gelo das Eisschnelllauf

português • deutsch

O ESPORTE • DER SPORT

os outros tipos de esportes • die anderen Sportarten

o planador / das Segelflugzeug

a asa delta / der Drachen

o voo de planador / das Segelfliegen

o pára-quedas / der Fallschirm

o voo de asa delta / das Drachenfliegen

a corda / das Seil

a escalada / das Klettern

o pára-quedismo / das Fallschirmspringen

o paraglider / das Gleitschirmfliegen

o pará-quedismo / das Fallschirmspringen

a descida de corda / das Abseilen

o bungee jumping / das Bungeejumping

O ESPORTE • DER SPORT

o rally
das Rallyefahren

o piloto de corrida
der Rennfahrer

o automobilismo
der Rennsport

o motorcross
das Motocross

a corrida de moto
das Motorradrennen

o skate
das Skateboard

o patim
der Rollschuh

o skateboard
das Skateboardfahren

a patinação
das Rollschuhfahren

o stick
der Lacrosseschläger

o lacrosse
das Lacrosse

o florete
das Florett

a máscara
die Maske

a esgrima
das Fechten

o pino
der Kegel

o alvo
die Zielscheibe

o arco
der Bogen

a flecha
der Pfeil

o carcás
der Köcher

o tiro com arco
das Bogenschießen

o tiro ao alvo
das Scheibenschießen

a bola de boliche
die Bowlingkugel

o boliche
das Bowling

o bilhar
das Poolbillard

o snooker
das Snooker

português • deutsch   249

O ESPORTE • DER SPORT

o condicionamento físico • die Fitness

a bicicleta de treino
das Trainingsrad

a máquina de exercícios
das Fitnessgerät

o banco
die Bank

os pesos
die Gewichte

a barra
die Stange

a sala de ginástica
das Fitnesscenter

a máquina de remo
die Rudermaschine

a esteira
das Laufband

a máquina de cross
der Crosstrainer

a treinadora
die Trainerin

a máquina de step
der Stepper

a piscina
das Schwimmbecken

a sauna
die Sauna

português • deutsch

O ESPORTE • DER SPORT

os exercícios • die Übungen

o alongamento
das Strecken

a flexão com alongamento
der Ausfallschritt

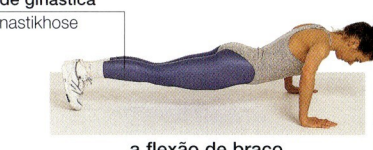
a calça de ginástica — die Gymnastikhose
a flexão de braço
der Liegestütz

o agachamento
die Kniebeuge

o abdominal
das Rumpfheben

o peso — die Hantel
o exercício de bicípites
die Bizepsübung

o exercício de pernas
der Beinstütz

os peitorais
die Brustübung

o tênis — die Sportschuhe

a barra de pesos — die Gewichtstange
o levantamento de pesos
das Krafttraining
o jogging
das Jogging

a camiseta — das Hemd
a aeróbica
das Aerobic

---

vocabulário • Vokabular

treinar (v) trainieren	**curvar (v)** beugen	**estender (v)** ausstrecken	**os exercícios de pilates** die Pilates-Übungen	**o circuito** das Zirkeltraining
se aquecer (v) sich aufwärmen	**correr no lugar (v)** auf der Stelle joggen	**levantar (v)** hochziehen	**o body pump** die Boxgymnastik	**pular corda (v)** das Seilspringen

português • deutsch

o tempo livre
die Freizeit

O TEMPO LIVRE • DIE FREIZEIT

o teatro • das Theater

- a cortina | der Vorhang
- os bastidores | die Kulisse
- o cenário | das Bühnenbild
- o público | das Publikum
- a orquestra | das Orchester

o palco | die Bühne

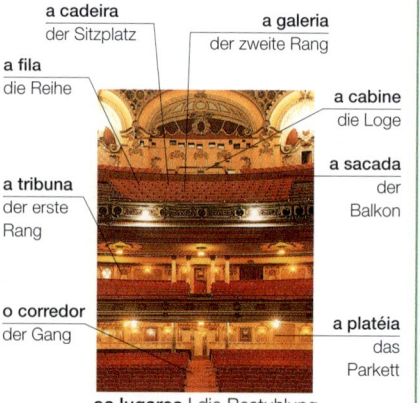

- a cadeira | der Sitzplatz
- a galeria | der zweite Rang
- a fila | die Reihe
- a cabine | die Loge
- a sacada | der Balkon
- a tribuna | der erste Rang
- o corredor | der Gang
- a platéia | das Parkett

os lugares | die Bestuhlung

vocabulário • Vokabular

a peça de teatro das Theaterstück	o diretor der Regisseur	a estréia die Premiere
o elenco die Besetzung	o pano de fundo der Prospekt	o intervalo die Pause
o ator der Schauspieler	o roteiro das Rollenheft	o programa das Programm
a atriz die Schauspielerin	o diretor der Regisseur	o fosso da orquestra der Orchestergraben

O TEMPO LIVRE • DIE FREIZEIT

o concerto
das Konzert

o musical
das Musical

o traje de teatro
das Theaterkostüm

o balé
das Ballett

vocabulário • Vokabular

a música clássica
die klassische Musik

as notas
die Noten

o lanterninha
der Platzanweiser

a trilha sonora
der Soundtrack

aplaudir (v)
applaudieren

o bis
die Zugabe

Quero duas entradas para a sessão desta noite.
Ich möchte zwei Karten für die Aufführung heute Abend.

A que horas começa o evento?
Um wieviel Uhr beginnt die Aufführung?

a ópera
die Oper

o cinema • das Kino

a pipoca
das Popcorn

o saguão
das Foyer

a bilheteira
die Kasse

o cartaz
das Plakat

a sala de cinema
der Kinosaal

a tela
die Leinwand

vocabulário • Vokabular

a comédia
die Komödie

o thriller
der Thriller

o filme de terror
der Horrorfilm

o filme de faroeste
der Western

o filme de romance
der Liebesfilm

o filme de ficção
der Science-Fiction-Film

o filme de aventura
der Abenteuerfilm

o desenho animado
der Zeichentrickfilm

português • deutsch

O TEMPO LIVRE • DIE FREIZEIT

a orquestra • das Orchester

os instrumentos de cordas • die Saiteninstrumente

- a harpa | die Harfe
- o maestro | der Dirigent
- o contrabaixo | der Kontrabass
- o violino | die Geige
- o pódio | das Podium
- a viola | die Bratsche
- o violoncelo | das Cello
- a partitura | die Noten
- a clave de sol | der Violinschlüssel
- a nota | die Note
- a pauta | die Notenlinie
- a clave de fá | der Bassschlüssel

o piano | das Klavier

a notação | die Notation

vocabulário • Vokabular					
a abertura die Ouvertüre	a sonata die Sonate	o tom die Tonhöhe	o sustenido das Kreuz	a barra der Taktstrich	a escala die Tonleiter
a sinfonia die Symphonie	os instrumentos de música die Musikinstrumente	o sinal de pausa das Pausenzeichen	o bemol das B	o natural das Auflösungszeichen	a batuta der Taktstock

português • deutsch

O TEMPO LIVRE • DIE FREIZEIT

as madeiras • die Holzblasinstrumente

o flautim
die Pikkoloflöte

a flauta
die Querflöte

o oboé
die Oboe

o corne inglês
das Englischhorn

a clarineta
die Klarinette

a clarineta baixo
die Bassklarinette

o fagote
das Fagott

o contrafagote
das Kontrafagott

o saxofone
das Saxofon

a percussão • die Schlaginstrumente

os bongos
die Bongos

o tambor pequeno
die kleine Trommel

o timbale
die Kesselpauke

o gongo
der Gong

o triângulo
der Triangel

as maracas
die Maracas

o prato
das Becken

a pandeiro
das Tamburin

o vibrafone
das Vibrafon

os metais • die Blechblasinstrumente

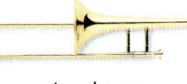

o trompete
die Trompete

o trombone
die Posaune

a trompa
das Horn

a tuba
die Tuba

português • deutsch

O TEMPO LIVRE • DIE FREIZEIT

o concerto • das Konzert

o vocalista — der Leadsänger
o microfone — das Mikrofon
o baterista — der Schlagzeuger
o guitarrista — der Gitarrist
os fãs — die Fans
o baixista — der Bassgitarrist
as caixas de som — der Lautsprecher

o concerto de rock | das Rockkonzert

os instrumentos • die Instrumente

o captador — der Tonabnehmer
o braço — der Hals

o baixo — die Bassgitarre

o teclado — das Keyboard

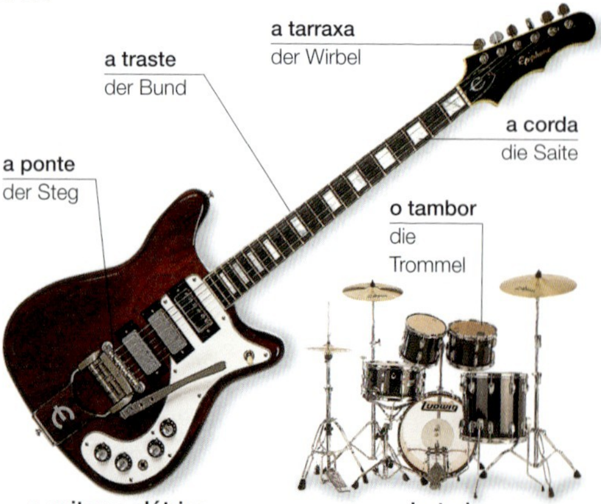

a traste — der Bund
a tarraxa — der Wirbel
a ponte — der Steg
a corda — die Saite

a guitarra elétrica — die elektrische Gitarre

o tambor — die Trommel

a bateria — das Schlagzeug

português • deutsch

O TEMPO LIVRE • DIE FREIZEIT

os estilos musicais • die Musikstile

o jazz
der Jazz

o blues
der Blues

o punk
der Punk

o folk
der Folk

o pop
die Popmusik

a dance music
die Tanzmusik

o rap
der Rap

o heavy metal
der Heavy Metal

a música clássica
die klassische Musik

vocabulário • Vokabular					
a canção	a letra	a melodia	o ritmo	o reggae	a música country
das Lied	der Text	die Melodie	der Beat	der Reggae	die Countrymusik

português • deutsch

O TEMPO LIVRE • DIE FREIZEIT

a viagem turística • die Besichtigungstour

com a capota aberta
mit offenem Oberdeck

o itinerário
die Route

o turista
der Tourist

o ônibus turístico | der Stadtrundfahrtbus

a guia turística
die Fremdenführerin

a estátua
die Figur

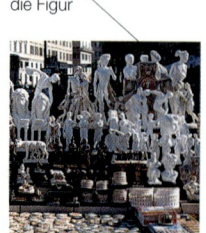

a visita guiada
die Führung

as recordações
die Andenken

a atração turística | die Touristenattraktion

vocabulário • Vokabular				
aberto geöffnet	**o rolo de filme** der Film	**a câmera de filmagem** der Camcorder	**direita** rechts	**Onde fica...?** Wo ist...?
fechado geschlossen	**as pilhas** die Batterien	**esquerda** links	**reto** geradeaus	**Estou perdido.** Ich habe mich verlaufen.
o bilhete de entrada das Eintrittsgeld	**o guia turístico** der Reiseführer	**as indicações de direção** die Richtungsangaben	**a máquina fotográfica** die Kamera	**Você pode me dizer como se vai para....?** Können Sie mir sagen, wie ich nach... komme?

O TEMPO LIVRE • DIE FREIZEIT

as atrações • die Sehenswürdigkeiten

o quadro
das Gemälde

a exposição
das Ausstellungsstück

o museu de arte
die Kunstgalerie

o monumento
das Monument

a exposição
die Ausstellung

o museu
das Museum

a ruína famosa
die berühmte Ruine

o edifício histórico
das historische Gebäude

o casino
das Kasino

o parque
der Park

o parque nacional
der Nationalpark

a informação • die Information

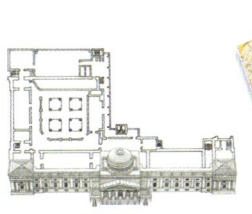

a planta
der Grundriss

o mapa da cidade
der Stadtplan

as horas
die Zeiten

o horário
der Fahrplan

o posto de turismo
die Touristeninformation

português • deutsch

O TEMPO LIVRE • DIE FREIZEIT

as atividades ao ar livre • die Aktivitäten im Freien

o caminho / der Fußweg

o relógio solar / die Sonnenuhr

o café / das Café

o parque | der Park

a grama / das Gras

o banco / die Bank

o jardim / die Gartenanlagen

a montanha-russa / die Achterbahn

a feira popular / der Jahrmarkt

o parque de diversões / der Vergnügungspark

o parque safari / der Safaripark

o zoológico / der Zoo

português • deutsch

O TEMPO LIVRE • DIE FREIZEIT

as atividades • die Aktivitäten

o ciclismo
das Radfahren

o jogging
das Jogging

o skate
das Skateboardfahren

a patinação inline
das Inlinerfahren

a pista para cavalos
der Reitweg

a cesta de piquenique
der Picknickkorb

a observação de pássaros
die Vogelbeobachtung

o hipismo
das Reiten

a caminhada
das Wandern

o piquenique
das Picknick

o playground • der Spielplatz

a caixa de areia
der Sandkasten

a piscina inflável
das Planschbecken

a balança
die Schaukel

a gangorra | die Wippe

o escorregador
die Rutsche

a estrutura para trepar
das Klettergerüst

português • deutsch

O TEMPO LIVRE • DIE FREIZEIT

a praia • der Strand

o hotel / das Hotel
o guarda-sol / der Sonnenschirm
a barraca de praia / das Strandhäuschen
a areia / der Sand
a onda / die Welle
o mar / das Meer
a bolsa de praia / die Strandtasche
o biquíni / der Bikini

bronzear (v) | sonnenbaden

português • deutsch

O TEMPO LIVRE • DIE FREIZEIT

a torre de vigilância
der Rettungsturm

o salva-vidas
der Bademeister

o pára-vento
der Windschutz

o calçadão da praia
die Promenade

a espreguiçadeira
der Liegestuhl

os óculos de sol
die Sonnenbrille

o chapéu de sol
der Sonnenhut

a loção solar
die Sonnenmilch

o protetor solar
der Sonnenblocker

a bola de praia
der Wasserball

a bóia
der Schwimmreifen

o maiô
der Badeanzug

o balde
der Eimer

a pá
die Schaufel

o castelo de areia
die Sandburg

a concha
die Muschel

a toalha de praia
das Strandtuch

português • deutsch

O TEMPO LIVRE • DIE FREIZEIT

o acampamento • das Camping

os banheiros — die Toiletten
a lata de lixo — die Mülleimer
os chuveiros — die Duschen
a conexão elétrica — der Stromanschluss
o capa protetora da barraca — das Überdach
o gancho — der Hering
a corda da barraca — die Zeltspannleine
o treiler — der Wohnwagen
o parque de campismo — der Campingplatz

---

vocabulário • Vokabular

acampar (v)
zelten

lugares vagos
Zeltplätze frei

cheio
voll

a administração do parque de campismo
die Campingplatzverwaltung

o lugar de acampamento
der Zeltplatz

a estaca de barraca
die Zeltstange

a cama de campanha
das Faltbett

montar a barraca (v)
ein Zelt aufschlagen

a rede
die Hängematte

o treiler
das Wohnmobil

o atrelado
der Anhänger

a mesa de piquenique
die Picknickbank

o carvão
die Holzkohle

a acendedor
der Feueranzünder

fazer uma fogueira (v)
ein Feuer machen

a fogueira
das Lagerfeuer

O TEMPO LIVRE · DIE FREIZEIT

português · deutsch

O TEMPO LIVRE • DIE FREIZEIT

o entretenimento em casa • die Unterhaltungselektronik

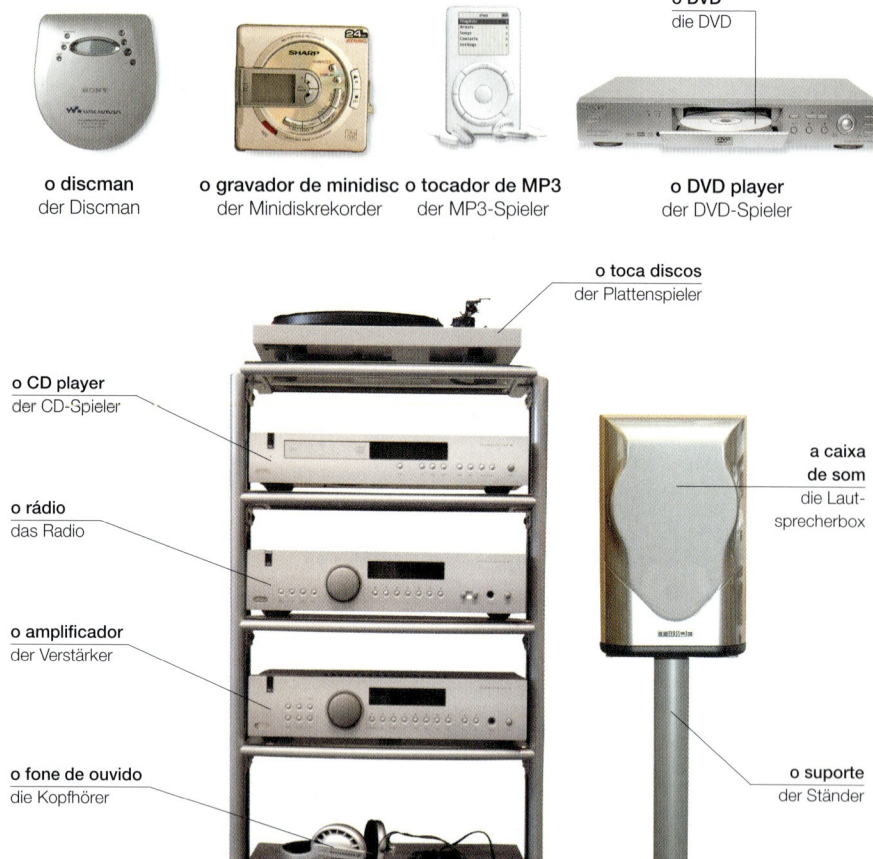

o discman
der Discman

o gravador de minidisc
der Minidiskrekorder

o tocador de MP3
der MP3-Spieler

o DVD
die DVD

o DVD player
der DVD-Spieler

o toca discos
der Plattenspieler

o CD player
der CD-Spieler

o rádio
das Radio

o amplificador
der Verstärker

o fone de ouvido
die Kopfhörer

a prateleira
das Regal

a aparelhagem de som
die Hi-Fi-Anlage

a caixa de som
die Lautsprecherbox

o suporte
der Ständer

O TEMPO LIVRE · DIE FREIZEIT

o videocassete | die Videokassette
a tela | der Bildschirm
o ocular | das Okular
o gravador de vídeo | der Videorekorder
a câmera de filmagem | der Camcorder
a antena parabólica | die Satellitenschüssel
a televisão | der Fernseher
o console de jogos | die Spielkonsole
o fast forward | der Vorlauf
a pausa | die Pause
gravar (v) | aufnehmen
o volume | die Lautstärke
o rewind | der Rücklauf
parar (v) | stoppen
o joystick | der Controller
o play | das Abspielen
o jogo de videogame | das Videospiel
o controle remoto | die Fernbedienung

vocabulário · Vokabular

português	deutsch
o CD	die CD
a fita cassete	die Kassette
o gravador de fitas cassetes	der Kassettenrekorder
o pay per view	der Pay-Kanal
a propaganda	die Werbung
o filme	der Spielfilm
a televisão por cabo	das Kabelfernsehen
sintonizar o rádio (v)	das Radio einstellen
mudar de canal (v)	den Kanal wechseln
digital	digital
ver televisão (v)	fernsehen
ligar a televisão (v)	den Fernseher einschalten
estéreo	stereo
o programa	das Programm
desligar a televisão (v)	den Fernseher abschalten

português · deutsch

O TEMPO LIVRE • DIE FREIZEIT

a fotografia • die Fotografie

o contador de fotos — der Bildzähler

o flash — der Blitz

o regulador de exposição — der Blendenregler

o filtro — der Filter

o botão de acionamento — der Auslöser

a tampa da lente — die Schutzkappe

o regulador de tempo — die Zeiteinstellscheibe

a lente — die Linse

a câmera SLR | die Spiegelreflexkamera

o flash eletrônico — der Elektronenblitz

o exposímetro — der Belichtungsmesser

o zoom — das Zoom

o tripé — das Stativ

os tipos de câmeras • die Fotoapparattypen

a câmera digital — die Digitalkamera

a câmera APS — die APS-Kamera

a câmera polaróide — die Sofortbildkamera

a câmera descartável — die Einwegkamera

português • deutsch

O TEMPO LIVRE • DIE FREIZEIT

fotografar (v) • fotografieren

o carretel do filme

o filme
der Film

focar (v)
einstellen

revelar (v)
entwickeln

o negativo
das Negativ

horizontal
quer

vertical
hoch

a fotografia | das Foto

o álbum de fotografias
das Fotoalbum

o porta-retratos
der Fotorahmen

os problemas • die Probleme

subexposição
unterbelichtet

sobrexposição
überbelichtet

desfocado
unscharf

os olhos vermelhos
die roten Augen

vocabulário • Vokabular

o visor der Sucher	a fotografia der Abzug
a bolsa da câmera die Kameratasche	fosco matt
a exposição die Belichtung	brilhante glänzend
a câmara escura die Dunkelkammer	a ampliação die Vergrößerung

Você poderia revelar este filme?
Könnten Sie diesen Film entwickeln lassen?

português • deutsch

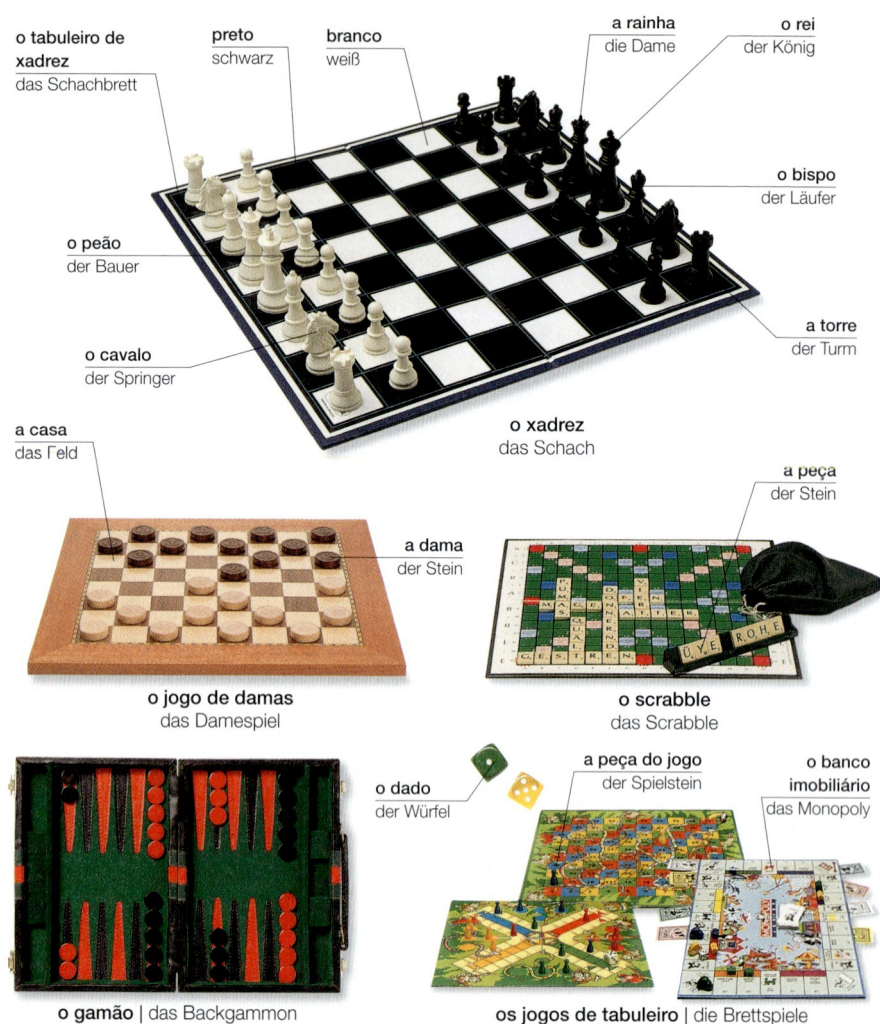

O TEMPO LIVRE • DIE FREIZEIT

o colecionamento de selos
das Briefmarkensammeln

o puzzle
das Puzzle

o dominó
das Domino

o alvo de dardo
die Dart-scheibe

o centro
das Bull's Eye

os dardos
das Darts

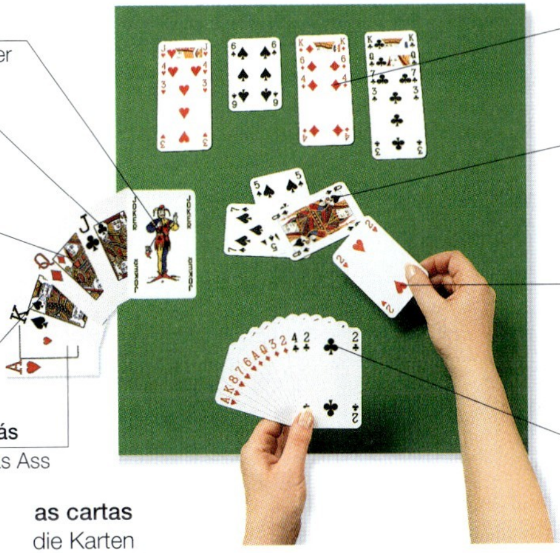

o joker
der Joker

o valete
der Bube

a rainha
die Dame

o rei
der König

o ás
das Ass

as cartas
die Karten

os ouros
das Karo

as espadas
das Pik

as copas
das Herz

os paus
das Kreuz

embaralhar (v)
mischen

dar as cartas (v)
geben

---

vocabulário • Vokabular

a vez der Zug	**ganhar (v)** gewinnen	**o perdedor** der Verlierer	**o bridge** das Bridge	**o ponto** der Punkt	**É a sua vez.** Du bist dran.
jogar (v) spielen	**o vencedor** der Gewinner	**o jogo** das Spiel	**o pôquer** das Poker	**o naipe** die Farbe	**Lance os dados.** Würfle.
o jogador der Spieler	**perder (v)** verlieren	**a aposta** die Wette	**o baralho** das Kartenspiel	**o resultado do jogo** das Spielergebnis	**É a vez de quem?** Wer ist dran?

português • deutsch

O TEMPO LIVRE • DIE FREIZEIT

os trabalhos manuais 1 • das Kunsthandwerk 1

a artista / die Künstlerin
o quadro / das Gemälde
o cavalete / die Staffelei
a tela de pintura / die Leinwand
o pincel / der Pinsel
a paleta / die Palette

a pintura | die Malerei

as tintas • die Farben

as tintas de óleo
die Ölfarben

as aguarelas
die Aquarellfarbe

o pastel
die Pastellstifte

a tinta acrílica
die Acrylfarbe

a tinta guache
die Plakatfarbe

as cores • die Farben

vermelho	azul	amarelo	verde
rot	blau	gelb	grün
laranja	lilás	branco	preto
orange	lila	weiß	schwarz
cinza	rosa	marrom	azul índigo
grau	rosa	braun	indigoblau

português • deutsch

O TEMPO LIVRE • DIE FREIZEIT

outros trabalhos manuais • andere Kunstfertigkeiten

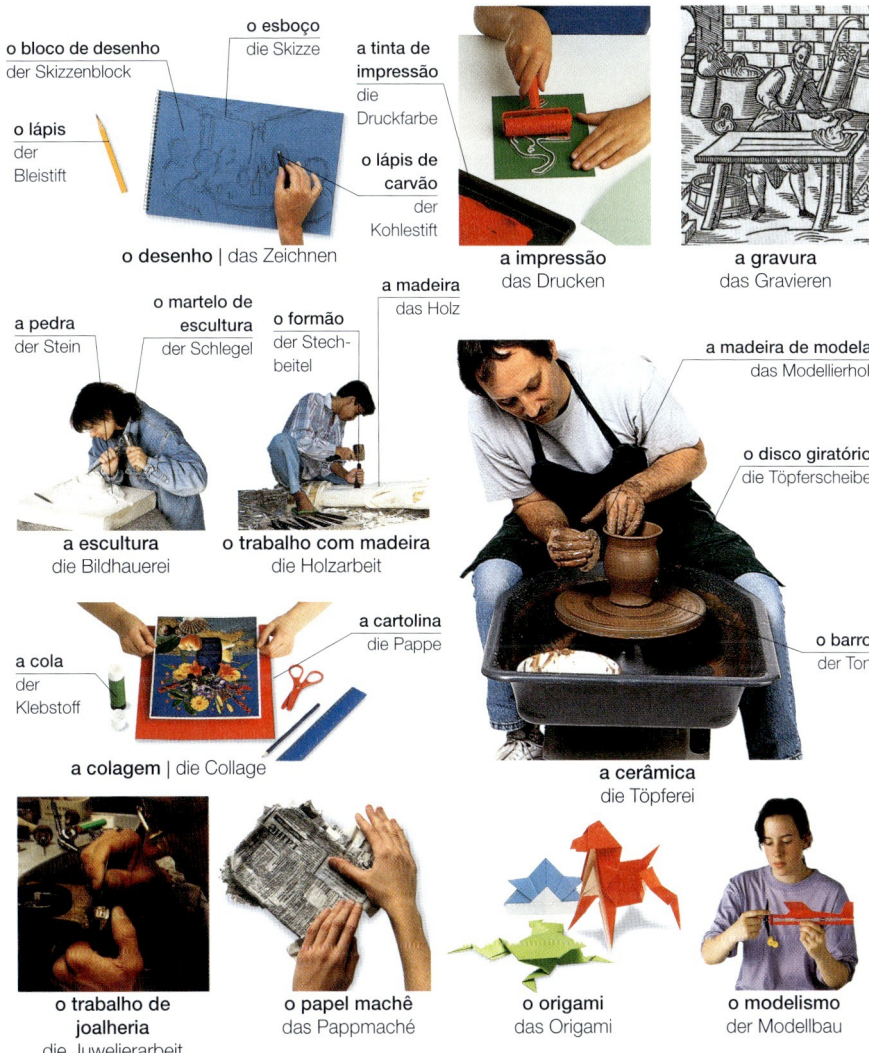

o bloco de desenho — der Skizzenblock
o esboço — die Skizze
o lápis — der Bleistift
o lápis de carvão — der Kohlestift
o desenho | das Zeichnen

a tinta de impressão — die Druckfarbe
a impressão — das Drucken

a gravura — das Gravieren

a pedra — der Stein
o martelo de escultura — der Schlegel
o formão — der Stechbeitel
a madeira — das Holz
a escultura — die Bildhauerei
o trabalho com madeira — die Holzarbeit

a madeira de modelar — das Modellierholz
o disco giratório — die Töpferscheibe
o barro — der Ton
a cerâmica — die Töpferei

a cola — der Klebstoff
a cartolina — die Pappe
a colagem | die Collage

o trabalho de joalheria — die Juwelierarbeit

o papel machê — das Pappmaché

o origami — das Origami

o modelismo — der Modellbau

português • deutsch

O TEMPO LIVRE • DIE FREIZEIT

os trabalhos manuais 2 • das Kunsthandwerk 2

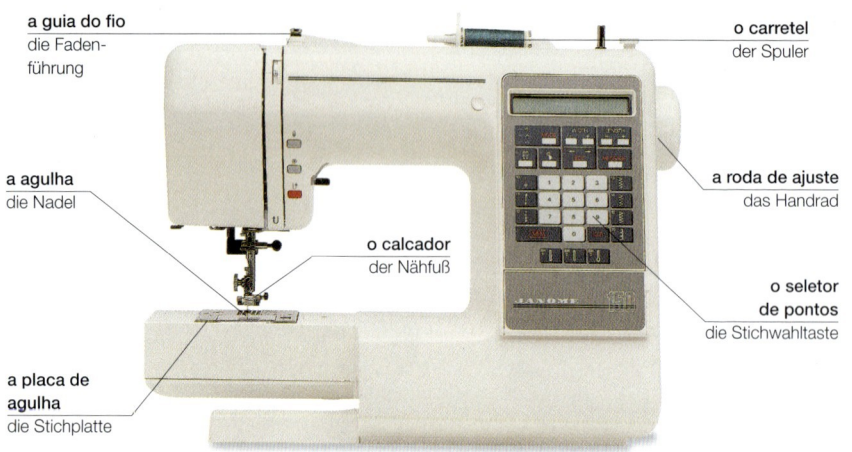

a guia do fio / die Fadenführung
o carretel / der Spuler
a agulha / die Nadel
o calcador / der Nähfuß
a roda de ajuste / das Handrad
o seletor de pontos / die Stichwahltaste
a placa de agulha / die Stichplatte

a máquina de costura | die Nähmaschine

a tesoura / die Schere

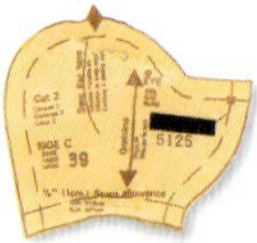

o molde / das Schnittmuster

o alfineteiro / das Nadelkissen

a fita métrica / das Zentimetermaß

o tecido / der Stoff

o alfinete / die Stecknadel

o cesto de costura | der Nähkorb

o fio / das Garn

o olhal / die Öse

a bobina / die Spule

o gancho / der Haken

o dedal / der Fingerhut

o giz / die Schneiderkreide

o manequim / die Schneiderpuppe

português • deutsch

O TEMPO LIVRE • DIE FREIZEIT

enfiar (v) einfädeln

o ponto der Stich
costurar (v) nähen

encher (v) stopfen

prender (v) heften

cortar (v) schneiden

a tapeçaria die Tapisserie

o bordado die Stickerei

a agulha de croché der Häkelhaken
o croché das Häkeln

o macramé das Makramee

o patchwork das Patchwork

o bilro der Klöppel

o tear der Webstuhl

o acolchoado das Wattieren

a renda de bilros die Spitzenklöppelei

a tecelagem die Weberei

a agulha de tricô die Stricknadel

o tricô | das Stricken

a meada | der Strang

a lã die Wolle

vocabulário • Vokabular

separar (v) auftrennen

o tecido der Stoff

o algodão die Baumwolle

o linho das Leinen

o poliéster das Polyester

o náilon das Nylon

a seda die Seide

o designer de moda der Modedesigner

a moda die Mode

o zíper der Reißverschluss

português • deutsch

o meio ambiente
die Umwelt

O MEIO AMBIENTE • DIE UMWELT

o espaço • der Weltraum

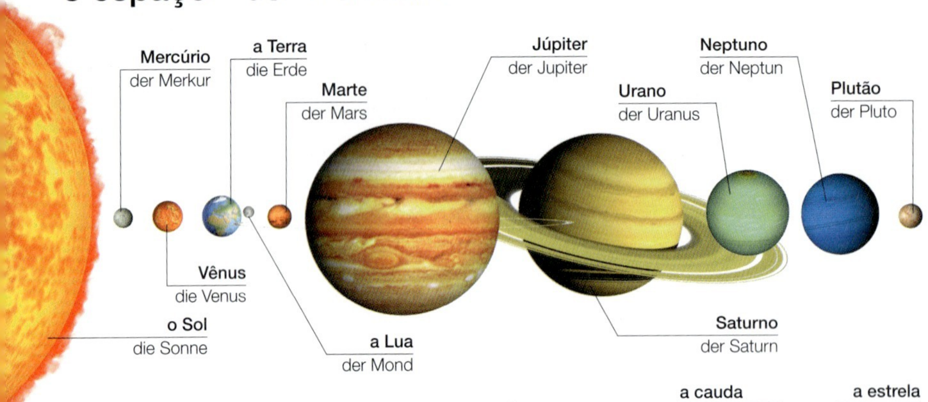

Mercúrio der Merkur
a Terra die Erde
Marte der Mars
Júpiter der Jupiter
Urano der Uranus
Neptuno der Neptun
Plutão der Pluto
Vênus die Venus
o Sol die Sonne
a Lua der Mond
Saturno der Saturn

o sistema solar | das Sonnensystem

a cauda der Schweif
a estrela der Stern

a galáxia
die Galaxie

a nebulosa
der Nebelfleck

o asteróide
der Asteroid

o cometa
der Komet

vocabulário • Vokabular

o planeta	o Universo	a lua cheia
der Planet	das Universum	der Vollmond
o meteoro	a órbita	a lua nova
der Meteor	die Umlaufbahn	der Neumond
a gravidade	o buraco negro	a lua crescente
die Schwerkraft	das Schwarze Loch	die Mondsichel

o eclipse | die Finsternis

português • deutsch

O MEIO AMBIENTE • DIE UMWELT

a exploração espacial • die Raumforschung

o foguete de direcionamento
die Steuerrakete

o radar
der Radar

a nave espacial
die Raumfähre

a escotilha
die Besatzungsluke

o traje espacial
der Raumanzug

o acelerador
der Booster

o astronauta | der Astronaut

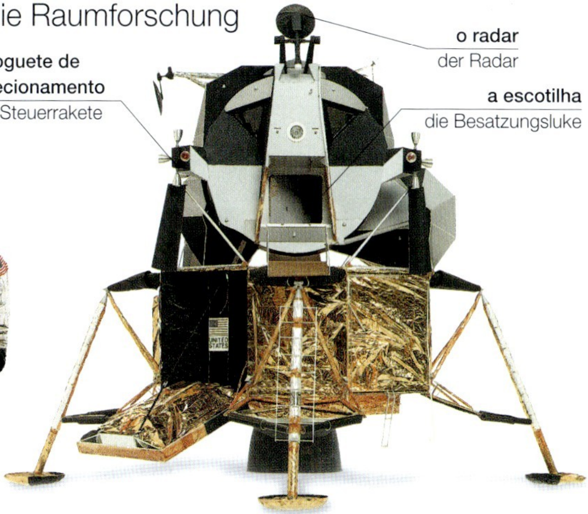

o módulo lunar | die Mondfähre

a rampa de lançamento
die Abschussrampe

o lançamento
der Abschuss

o satélite
der Satellit

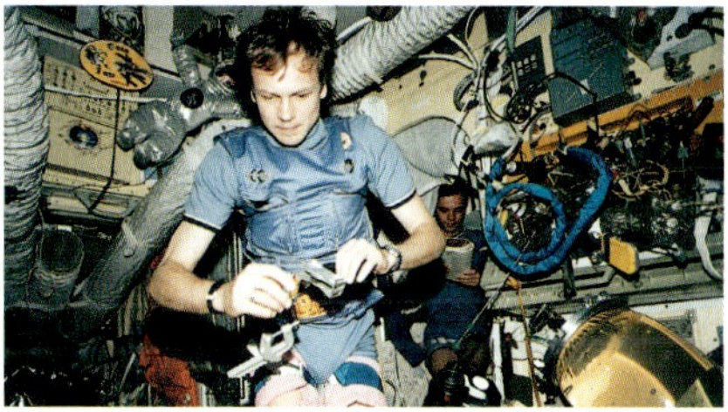

a estação espacial
die Raumstation

a astronomia • die Astronomie

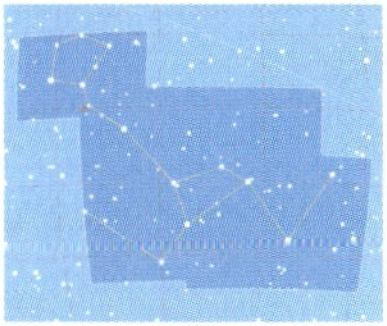

o telescópio
das Teleskop

o tripé
das Stativ

a constelação
das Sternbild

os binóculos
das Fernglas

português • deutsch

O MEIO AMBIENTE • DIE UMWELT

a Terra • die Erde

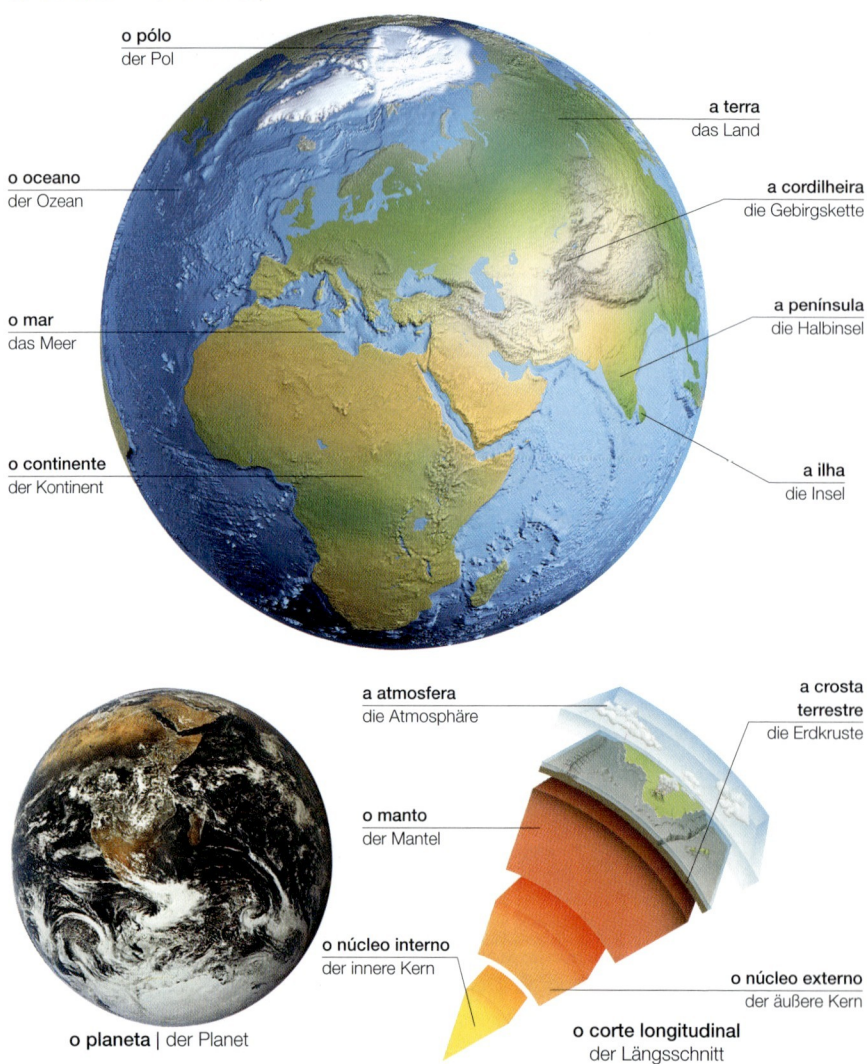

o pólo / der Pol

a terra / das Land

o oceano / der Ozean

a cordilheira / die Gebirgskette

o mar / das Meer

a península / die Halbinsel

o continente / der Kontinent

a ilha / die Insel

o planeta | der Planet

a atmosfera / die Atmosphäre

a crosta terrestre / die Erdkruste

o manto / der Mantel

o núcleo interno / der innere Kern

o núcleo externo / der äußere Kern

o corte longitudinal / der Längsschnitt

O MEIO AMBIENTE · DIE UMWELT

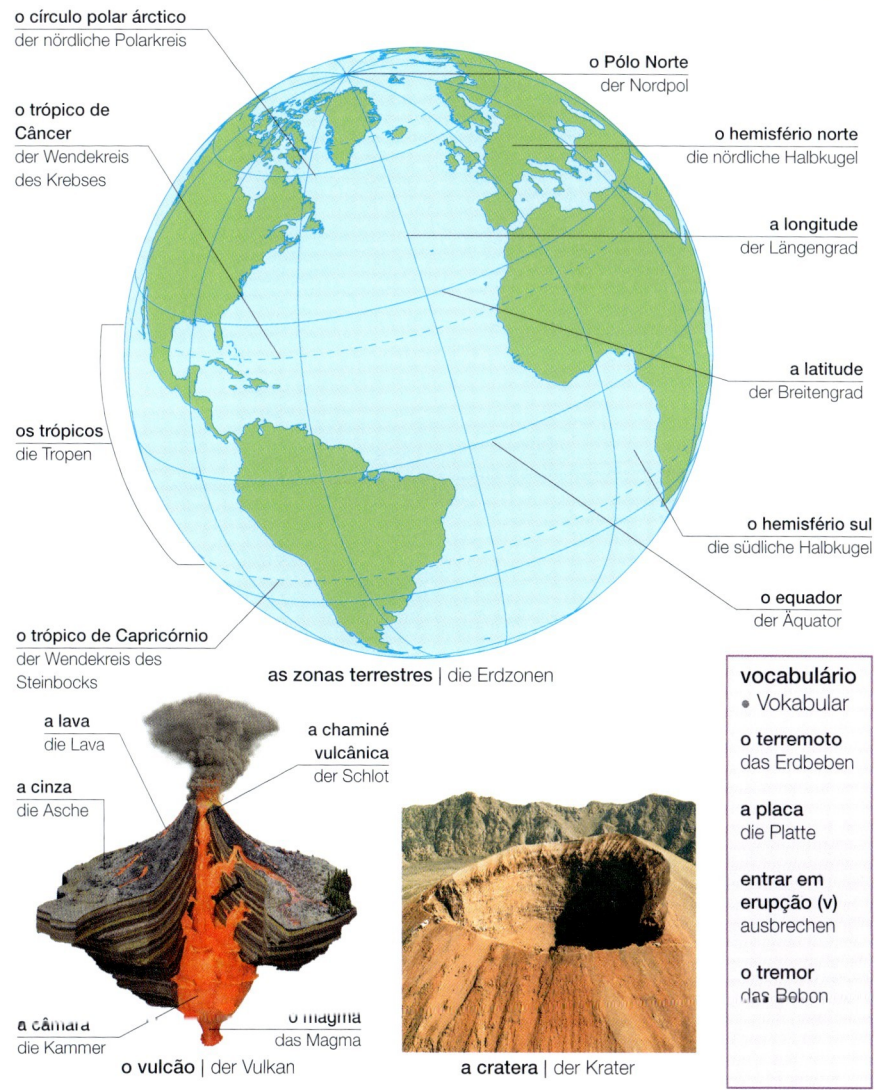

- o círculo polar árctico / der nördliche Polarkreis
- o trópico de Câncer / der Wendekreis des Krebses
- o Pólo Norte / der Nordpol
- o hemisfério norte / die nördliche Halbkugel
- a longitude / der Längengrad
- a latitude / der Breitengrad
- os trópicos / die Tropen
- o hemisfério sul / die südliche Halbkugel
- o equador / der Äquator
- o trópico de Capricórnio / der Wendekreis des Steinbocks

as zonas terrestres | die Erdzonen

- a lava / die Lava
- a cinza / die Asche
- a chaminé vulcânica / der Schlot
- a câmara / die Kammer
- o magma / das Magma

o vulcão | der Vulkan

a cratera | der Krater

vocabulário
• Vokabular

o terremoto
das Erdbeben

a placa
die Platte

entrar em erupção (v)
ausbrechen

o tremor
das Beben

português • deutsch

O MEIO AMBIENTE • DIE UMWELT

a paisagem • die Landschaft

a montanha / der Berg

a ladeira / der Hang

a margem / das Ufer

o rio / der Fluss

a água branca / die Stromschnellen

as rochas / die Felsen

a geleira
der Gletscher

o vale | das Tal

a colina
der Hügel

o planalto
das Plateau

o desfiladeiro
die Schlucht

a gruta
die Höhle

português • deutsch

O MEIO AMBIENTE • DIE UMWELT

a planície | die Ebene

o deserto | die Wüste

a floresta | der Wald

o bosque | der Wald

a floresta tropical
der Regenwald

o pântano
der Sumpf

o pasto
die Wiese

o campo
das Grasland

a cachoeira
der Wasserfall

o riacho
der Bach

o lago
der See

o géiser
der Geysir

a costa
die Küste

o penhasco
die Klippe

o recife de coral
das Korallenriff

a foz do rio
die Flussmündung

português • deutsch

O MEIO AMBIENTE • DIE UMWELT

o clima • das Wetter

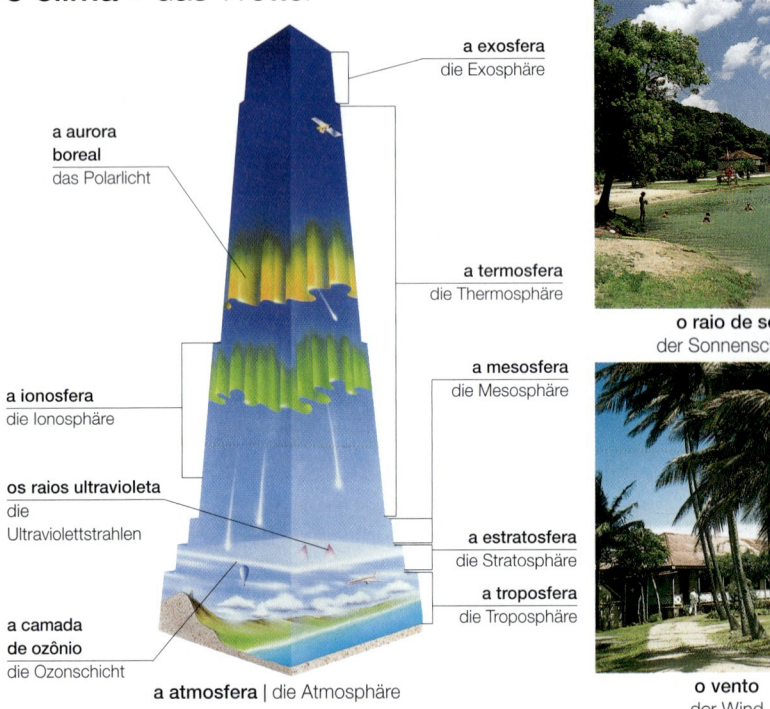

a exosfera / die Exosphäre

a aurora boreal / das Polarlicht

a termosfera / die Thermosphäre

a mesosfera / die Mesosphäre

a ionosfera / die Ionosphäre

os raios ultravioleta / die Ultraviolettstrahlen

a estratosfera / die Stratosphäre

a troposfera / die Troposphäre

a camada de ozônio / die Ozonschicht

a atmosfera | die Atmosphäre

o raio de sol / der Sonnenschein

o vento / der Wind

vocabulário • Vokabular					
a saraiva / der Schneeregen	a chuva / der Schauer	quente / heiß	seco / trocken	ventoso / windig	Tenho calor/frio. / Mir ist heiß/kalt.
o granizo / der Hagel	ensolarado / sonnig	frio / kalt	chuvoso / nass	o temporal / der Sturm	Está chovendo. / Es regnet.
o trovão / der Donner	nublado / bewölkt	morno / warm	úmido / feucht	a temperatura / die Temperatur	São... graus. / Es sind ... Grad.

português • deutsch

O MEIO AMBIENTE • DIE UMWELT

a nuvem
die Wolke

a chuva
der Regen

o relâmpago
der Blitz

a tempestade
das Gewitter

a neblina
der feine Nebel

o nevoeiro denso
der dichte Nebel

o arco-íris
der Regenbogen

a neve
der Schnee

a geada
der Raureif

o gelo
das Eis

a estalactite de gelo
der Eiszapfen

a geada
der Frost

o furacão
der Hurrikan

o tornado
der Tornado

a monção
der Monsun

a inundação
die Überschwemmung

português • deutsch

O MEIO AMBIENTE • DIE UMWELT

as rochas • das Gestein

magmáticas • eruptiv

o granito
der Granit

a obsidiana
der Obsidian

o basalto
der Basalt

a pedra-pome
der Bimsstein

sedimentar • sedimentär

o arenito
der Sandstein

o calcário
der Kalkstein

o giz
die Kreide

o sílex
der Feuerstein

o conglomerado
das Konglomerat

o carvão
die Kohle

metamórfico • metamorph

a ardósia
der Schiefer

o xisto
der Glimmerschiefer

o gnaisse
der Gneis

o mármore
der Marmor

as gemas • die Schmucksteine

o rubi
der Rubin

a água-marinha
der Aquamarin

a ametista
der Amethyst

o diamante
der Diamant

o jade
der Jade

o azeviche
der Gagat

a esmeralda
der Smaragd

a opala
der Opal

a safira
der Saphir

a turmalina
der Turmalin

a pedra da lua
der Mondstein

a granada
der Granat

o topázio
der Topas

O MEIO AMBIENTE • DIE UMWELT

os minerais • die Mineralien

o quartzo — der Quarz
a mica — der Glimmer
o enxofre — der Schwefel
a hematite — der Hämatit
a calcite — der Kalzit

a malaquite — der Malachit
a turquesa — der Türkis
o ônix — der Onyx
a ágata — der Achat
a grafite — der Graphit

os metais • die Metalle

o ouro — das Gold
a prata — das Silber
a platina — das Platin
o níquel — das Nickel
o ferro — das Eisen

o cobre — das Kupfer
o estanho — das Zinn
o alumínio — das Aluminium
o mercúrio — das Quecksilber
o zinco — das Zink

português • deutsch

O MEIO AMBIENTE • DIE UMWELT

os animais 1 • die Tiere 1
os mamíferos • die Säugetiere

o bigode / die Schnurrhaare

a cauda / der Schwanz

o coelho / das Kaninchen

o hamster / der Hamster

o rato / die Maus

a ratazana / die Ratte

o porco-espinho / der Igel

o esquilo / das Eichhörnchen

o morcego / die Fledermaus

o guaxinim / der Waschbär

a raposa / der Fuchs

o lobo / der Wolf

o filhote de cachorro / der Welpe

o gatinho / das Kätzchen

a cria / das Junge

o cão / der Hund

o gato / die Katze

a lontra / der Otter

a foca / die Robbe

a barbatana / die Flosse

o orifício nasal / das Atemloch

o leão-marinho / der Seelöwe

a morsa / das Walross

a baleia / der Wal

o golfinho / der Delphin

português • deutsch

O MEIO AMBIENTE • DIE UMWELT

os animais 2 • die Tiere 2
as aves • die Vögel

a cauda / der Schwanz

o canário — der Kanarienvogel
o pardal — der Spatz
o colibri — der Kolibri
a andorinha — die Schwalbe
o corvo — die Krähe

a pomba — die Taube
o pica-pau — der Specht
o falcão — der Falke
a coruja — die Eule
a gaivota — die Möwe

a águia — der Adler

o pelicano — der Pelikan
o flamingo — der Flamingo
a cegonha — der Storch

a garça — der Kranich
o pinguim — der Pinguin
a avestruz — der Strauß

português • deutsch

O MEIO AMBIENTE • DIE UMWELT

os animais 3 • die Tiere 3
os anfíbios • die Amphibien

a rã
der Frosch

o sapo
die Kröte

o girino
die Kaulquappe

a salamandra
der Salamander

os peixes • die Fische

a enguia
der Aal

o tubarão
der Haifisch

o cavalo-marinho
das Seepferd

a raia oirega
der Glattrochen

a raia
der Rochen

o peixe dourado
der Goldfisch

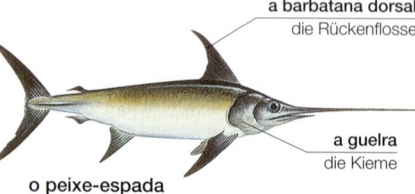

a barbatana dorsal
die Rückenflosse

a barbatana peitoral
die Brustflosse

a guelra
die Kieme

o peixe-espada
der Schwertfisch

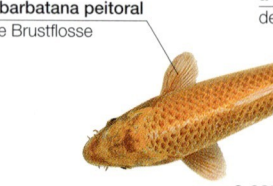

a cauda
der Schwanz

a escama
die Schuppe

a carpa chinesa
der Koikarpfen

português • deutsch

O MEIO AMBIENTE • DIE UMWELT

os invertebrados • die Wirbellosen

a formiga
die Ameise

o cupim
die Termite

a abelha
die Biene

a vespa
die Wespe

o escaravelho
der Käfer

a barata
die Schabe

a traça
der Nachtfalter

a antena
der Fühler

a borboleta
der Schmetterling

o casulo
der Kokon

a lagarta
die Raupe

o grilo
die Grille

o gafanhoto
die Heuschrecke

o louva-a-deus
die Gottesanbeterin

o ferrão
der Stachel

o escorpião
der Skorpion

a centopéia
der Tausendfüßer

a libelinha
die Libelle

a mosca
die Fliege

o mosquito
die Stechmücke

a joaninha
der Marienkäfer

a aranha
die Spinne

a lesma
die Nacktschnecke

o caracol
die Schnecke

a minhoca
der Wurm

a estrela-do-mar
der Seestern

o mexilhão
die Muschel

o caranguejo
der Krebs

a lagosta
der Hummer

o polvo
der Krake

a lula
der Tintenfisch

a água-viva
die Qualle

português • deutsch

O MEIO AMBIENTE • DIE UMWELT

as plantas • die Pflanzen

a árvore • der Baum

O MEIO AMBIENTE • DIE UMWELT

a planta de flor • die blühende Pflanze

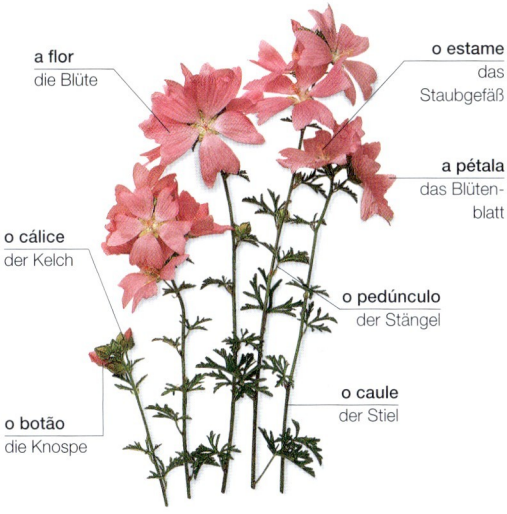

a flor
die Blüte

o cálice
der Kelch

o botão
die Knospe

o estame
das Staubgefäß

a pétala
das Blütenblatt

o pedúnculo
der Stängel

o caule
der Stiel

o ranúnculo
der Hahnenfuß

a margarida
das Gänseblümchen

o cardo
die Distel

o dente-de-leão
der Löwenzahn

a urze
das Heidekraut

a papola
der Klatschmohn

a dedaleira
der Fingerhut

a madressilva
das Geißblatt

o girassol
die Sonnenblume

o trevo
der Klee

o jacinto
die Hyazinthe

a prímula
die Schlüsselblume

os lupinos
die Lupinen

a urtiga
die Nessel

português • deutsch

O MEIO AMBIENTE • DIE UMWELT

a cidade • die Stadt

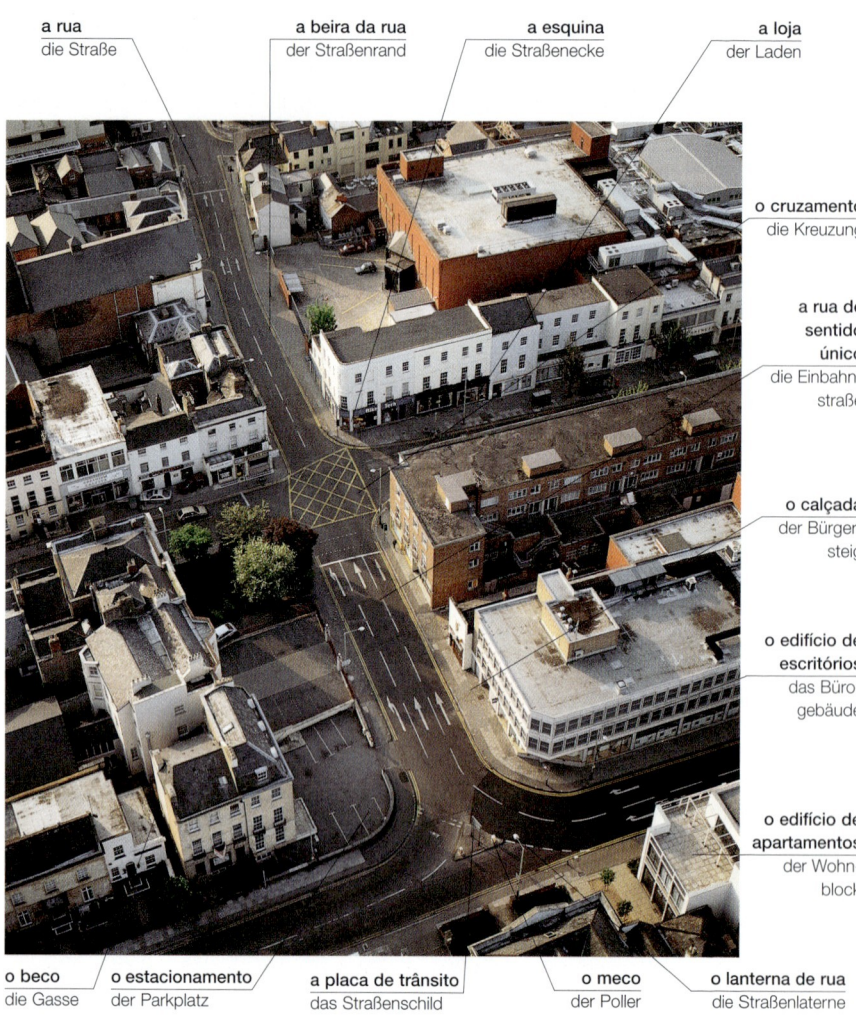

- a rua / die Straße
- a beira da rua / der Straßenrand
- a esquina / die Straßenecke
- a loja / der Laden
- o cruzamento / die Kreuzung
- a rua de sentido único / die Einbahnstraße
- o calçada / der Bürgersteig
- o edifício de escritórios / das Bürogebäude
- o edifício de apartamentos / der Wohnblock
- o beco / die Gasse
- o estacionamento / der Parkplatz
- a placa de trânsito / das Straßenschild
- o meco / der Poller
- o lanterna de rua / die Straßenlaterne

português • deutsch

O MEIO AMBIENTE • DIE UMWELT

os edifícios • die Gebäude

a prefeitura
das Rathaus

a biblioteca
die Bibliothek

o cinema
das Kino

o teatro
das Theater

a universidade
die Universität

as áreas • die Gebiete

a zona industrial
das Industriegebiet

a cidade
die Innenstadt

a escola
die Schule

o arranha-céus
der Wolkenkratzer

o subúrbio
die Vorstadt

a aldeia
das Dorf

---

vocabulário • Vokabular

a zona de pedestres die Fußgängerzone	**a rua transversal** die Seitenstraße	**o bueiro** der Kanalschacht	**a valeta** der Rinnstein	**a igreja** die Kirche
a avenida die Allee	**a praça** der Platz	**o ponto de ônibus** die Bushaltestelle	**a fábrica** die Fabrik	**o esgoto** der Kanal

---

português • deutsch

O MEIO AMBIENTE • DIE UMWELT

a arquitetura • die Architektur

os edifícios e estruturas • die Gebäude und Strukturen

o florão
die Kreuzblume

o pináculo
die Turmspitze

a torre de cerca
der Mauerturm

o fosso
der Burggraben

o arranha-céus
der Wolkenkratzer

o castelo
die Burg

o frontão
der Giebel

a cúpula
die Kuppel

a torre
der Turm

a igreja
die Kirche

a mesquita
die Moschee

a abóbada
das Gewölbe

a cornija
das Gesims

o templo
der Tempel

a sinagoga
die Synagoge

a barragem
der Staudamm

a ponte
die Brücke

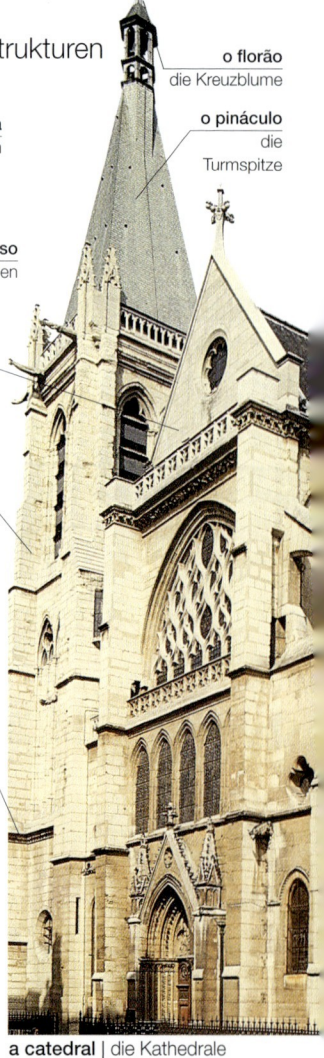

a catedral | die Kathedrale

português • deutsch

os estilos • die Baustile

gótico
gotisch

a arquitrave
der Architrav

renascentista
Renaissance

barroco
barock

o arco
der Bogen

o friso
der Fries

o coro
der Chor

rococó
Rokoko

o frontão
das Giebeldreieck

a coluna
die Säule

o contraforte
der Strebepfeiler

neoclássico
klassizistisch

a arte nova
der Jugendstil

art déco
Art-déco

português • deutsch

a informação
die Information

A INFORMAÇÃO • DIE INFORMATION

o horário • die Uhrzeit

o ponteiro dos minutos
der Minutenzeiger

o ponteiro das horas
der Stundenzeiger

o relógio
die Uhr

vocabulário • Vokabular		
a hora die Stunde	agora jetzt	vinte minutos zwanzig Minuten
o minuto die Minute	mais tarde später	quarenta minutos vierzig Minuten
o segundo die Sekunde	uma meia hora eine halbe	um quarto de hora eine Viertelstunde

Que horas são?   São três horas.
Wie spät ist es? Es ist drei Uhr.

uma e cinco
fünf nach eins

uma e dez
zehn nach eins

uma e quinze
Viertel nach eins

uma e vinte
zwanzig nach eins

o ponteiro dos segundos
der Sekundenzeiger

uma e vinte cinco
fünf vor halb zwei

uma e meia
ein Uhr dreißig

duas e trinta e cinco
fünf nach halb zwei

vinte para as duas
zwanzig vor zwei

quinze para as duas
Viertel vor zwei

quinze para as duas
zehn vor zwei

cinco para as duas
fünf vor zwei

duas horas
zwei Uhr

português • deutsch

A INFORMAÇÃO • DIE INFORMATION

a noite e o dia • die Nacht und der Tag

a meia-noite
die Mitternacht

o amanhecer
der Sonnenaufgang

a aurora
die Morgendämmerung

a manhã
der Morgen

o pôr do Sol
der Sonnenuntergang

o meio-dia
der Mittag

o anoitecer
die Abenddämmerung

a noite
der Abend

a tarde
der Nachmittag

vocabulário • Vokabular

cedo früh	Você chegou cedo. Du bist früh.	Por favor, seja pontual. Sei bitte pünklich.	A que horas acaba? Wann ist es zu Ende?
pontualmente pünktlich	Você chegou tarde. Du hast dich verspätet.	Até logo. Bis später.	Quanto tempo durará? Wie lange dauert es?
tarde spät	Eu logo chegarei lá.. Ich werde bald dort sein.	A que horas começa? Wann fängt es an?	Está ficando tarde. Es ist schon spät.

português • deutsch

A INFORMAÇÃO • DIE INFORMATION

o calendário • der Kalender

o mês / der Monat

o ano / das Jahr

Janeiro / Januar
2014

o dia / der Tag

o dia útil / der Werktag

segunda--feira	terça--feira	quarta--feira	quinta--feira	sexta--feira	sábado	domingo
Montag	Dienstag	Mittwoch	Donnerstag	Freitag	Samstag	Sonntag
1	2	3	4	5	6	7
8	9	10	11	12	13	14
15	16	17	18	19	20	21

a semana / die Woche

a data / das Datum

ontem / gestern

hoje / heute

amanhã / morgen

o fim-de--semana / das Wochenende

---

vocabulário • Vokabular

Janeiro Januar	**Março** März	**Maio** Mai	**Julho** Juli	**Setembro** September	**Novembro** November
Fevereiro Februar	**Abril** April	**Junho** Juni	**Agosto** August	**Outubro** Oktober	**Dezembro** Dezember

português • deutsch

A INFORMAÇÃO • DIE INFORMATION

os anos • die Jahre

1900 **mil e novecentos** • neunzehnhundert

1901 **mil novecentos e um** • neunzehnhunderteins

1910 **mil novecentos e dez** • neunzehnhundertzehn

2000 **dois mil** • zweitausend

2001 **dois mil e um** • zweitausendeins

as estações do ano • die Jahreszeiten

a primavera
der Frühling

o verão
der Sommer

o outono
der Herbst

o inverno
der Winter

---

vocabulário • Vokabular

o século
das Jahrhundert

a década
das Jahrzehnt

o milênio
das Jahrtausend

a quinzena
vierzehn Tage

esta semana
diese Woche

a semana passada
letzte Woche

a próxima semana
nächste Woche

anteontem
vorgestern

depois de amanhã
übermorgen

semanal
wöchentlich

mensal
monatlich

anual
jährlich

Que dia é hoje?
Welches Datum haben wir heute?

Sete de Fevereiro.
Heute ist der siebte Februar.

português • deutsch

A INFORMAÇÃO • DIE INFORMATION

os números • die Zahlen

0	zero • null	20	vinte • zwanzig
1	um • eins	21	vinte e um • einundzwanzig
2	dois • zwei	22	vinte e dois • zweiundzwanzig
3	três • drei	30	trinta • dreißig
4	quatro • vier	40	quarenta • vierzig
5	cinco • fünf	50	cinquenta • fünfzig
6	seis • sechs	60	sessenta • sechzig
7	sete • sieben	70	setenta • siebzig
8	oito • acht	80	oitenta • achtzig
9	nove • neun	90	noventa • neunzig
10	dez • zehn	100	cem • hundert
11	onze • elf	110	cento e dez • hundertzehn
12	doze • zwölf	200	duzentos • zweihundert
13	treze • dreizehn	300	trezentos • dreihundert
14	catorze • vierzehn	400	quatrocentos • vierhundert
15	quinze • fünfzehn	500	quinhentos • fünfhundert
16	dezesseis • sechzehn	600	seiscentos • sechshundert
17	dezessete • siebzehn	700	setecentos • siebenhundert
18	dezoito • achtzehn	800	oitocentos • achthundert
19	dezenove • neunzehn	900	novecentos • neunhundert

português • deutsch

A INFORMAÇÃO • DIE INFORMATION

1 000 — **mil** • tausend
10 000 — **dez mil** • zehntausend
20 000 — **vinte mil** • zwanzigtausend
50 000 — **cinqüenta mil** • fünfzigtausend
55 500 — **cinqüenta e cinco mil e quinhentos** • fünfundfünfzigtausend-fünfhundert
100 000 — **cem mil** • hunderttausend
1 000 000 — **um milhão** • eine Million
1 000 000 000 — **um bilhão** • eine Milliarde

primeiro — erster
segundo — zweiter
terceiro — dritter

quarto • vierter
quinto • fünfter
sexto • sechster
sétimo • siebter
oitavo • achter
nono • neunter

décimo • zehnter
décimo primeiro • elfter
décimo segundo • zwölfter
décimo terceiro • dreizehnter
décimo quarto • vierzehnter
décimo quinto • fünfzehnter

décimo sexto
• sechzehnter

décimo sétimo
• siebzehnter

décimo oitavo
• achtzehnter

décimo nono
• neunzehnter

vigésimo
• zwanzigster

vigésimo primeiro
• einundzwanzigster

vigésimo segundo
• zweiundzwanzigster

vigésimo terceiro
• dreiundzwanzigster

trigésimo
• dreißigster

quadragésimo
• vierzigster

quinquagésimo
• fünfzigster

sexagésimo
• sechzigster

septuagésimo
• siebzigster

octogésimo
• achtzigster

nonagésimo
• neunzigster

centésimo
• hundertster

português • deutsch

A INFORMAÇÃO • DIE INFORMATION

os pesos e as medidas • die Maße und Gewichte

a área • die Fläche

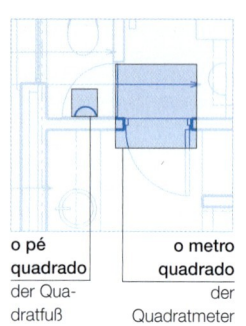

o pé quadrado
der Quadratfuß

o metro quadrado
der Quadratmeter

a distância • die Entfernung

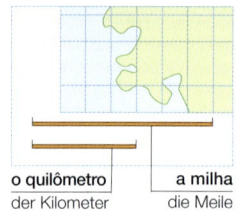

o quilômetro
der Kilometer

a milha
die Meile

a bandeja
die Waagschale

a libra
das Pfund

o quilograma
das Kilogramm

a onça
die Unze

o grama
das Gramm

a balança | die Waage

vocabulário • Vokabular		
a jarda das Yard	a tonelada die Tonne	medir (v) messen
o metro der Meter	o miligrama das Milligramm	pesar (v) wiegen

o comprimento • die Länge

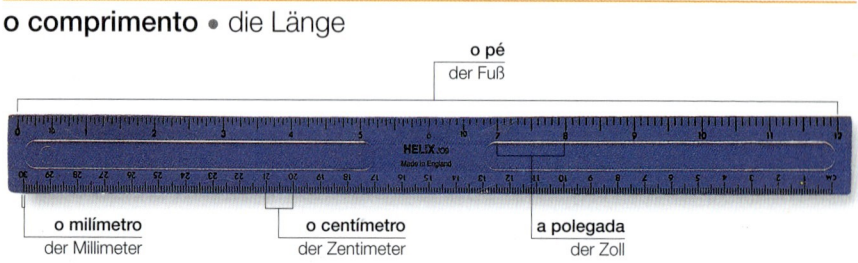

o pé
der Fuß

o milímetro
der Millimeter

o centímetro
der Zentimeter

a polegada
der Zoll

A INFORMAÇÃO • DIE INFORMATION

a capacidade de armazenagem
• das Fassungsvermögen

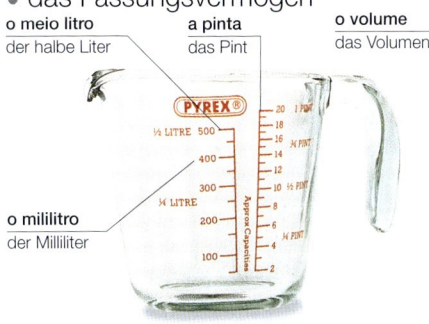

o meio litro / der halbe Liter
a pinta / das Pint
o volume / das Volumen
o mililitro / der Milliliter

o copo medidor / der Messbecher

a capacidade líquida / das Flüssigkeitsmaß

vocabulário
• Vokabular

o galão / die Gallone

o litro / der Liter

o metro cúbico / der Kubikmeter

o recipiente • der Behälter

a embalagem tetra pak / die Tüte

o pacote / das Päckchen

a garrafa / die Flasche

o saco / der Beutel

a caixa | die Dose

o frasco | das Glas

a lata | die Dose

o pulverizador / der Sprühbehälter

a barra / das Stück
o tubo / die Tube

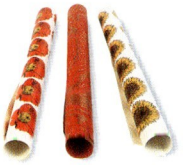
o rolo / die Rolle

o maço / das Päckchen

a lata de spray / die Sprühdose

português • deutsch

A INFORMAÇÃO • DIE INFORMATION

o mapa-múndi • die Weltkarte

A INFORMAÇÃO • DIE INFORMATION

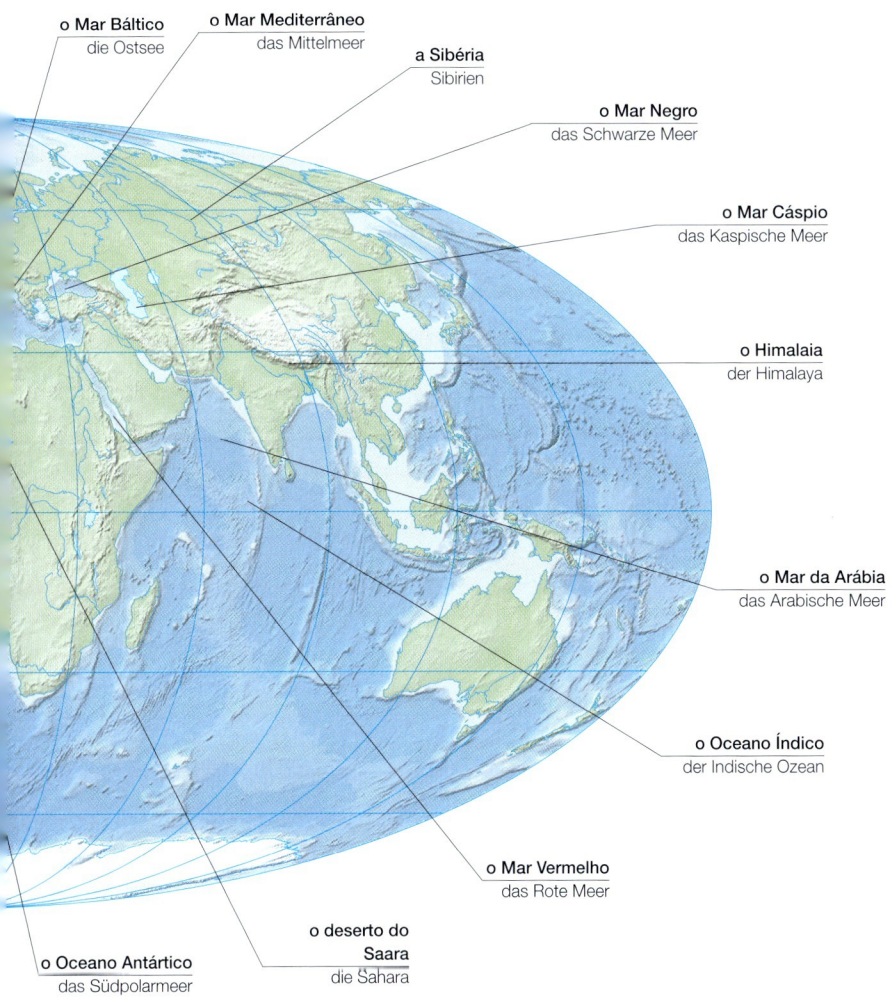

A INFORMAÇÃO • DIE INFORMATION

América do Norte e Central • Nord- und Mittelamerika

Havai
Hawaii

1 **Alasca** • Alaska
2 **Canadá** • Kanada
3 **Groenlândia** • Grönland
4 **os Estados Unidos da América**
  • die Vereinigten Staaten
5 **México** • Mexiko
6 **Guatemala** • Guatemala
7 **Belize** • Belize
8 **El Salvador** • El Salvador
9 **Honduras** • Honduras
10 **Nicarágua** • Nicarágua
11 **Costa Rica** • Costa Rica
12 **Panamá** • Panamá
13 **Cuba** • Kuba
14 **as Bahamas** • die Bahamas
15 **Jamaica** • Jamaika
16 **Haiti** • Haiti
17 **a República Dominicana**
  • die Dominikanische Republik
18 **Porto Rico** • Puerto Rico
19 **Barbados** • Barbados
20 **Trindade e Tobago** • Trinidad und Tobago
21 **S. Cristóvão e as Nevis** • Saint Kitts und Nevis
22 **Antígua e Barbuda** • Antigua und Barbuda
23 **Dominica** • Dominica
24 **S.ta Lucia** • Saint Lucia
25 **S. Vicente e as Granadinas**
  • Saint Vincent und die Grenadinen
26 **Granada** • Grenada

A INFORMAÇÃO • DIE INFORMATION

América do Sul • Südamerika

1 **Venezuela** • Venezuela
2 **Colômbia** • Kolumbien
3 **Equador** • Ecuador
4 **Peru** • Peru
5 **as Ilhas Galápagos**
 • die Galapagosinseln
6 **Guiana** • Guyana
7 **Suriname** • Suriname
8 **Guiana Francesa**
 • Französisch-Guayana
9 **Brasil** • Brasilien
10 **Bolívia** • Bolivien
11 **Chile** • Chile
12 **Argentina** • Argentinien
13 **Paraguai** • Paraguay
14 **Uruguai** • Uruguay
15 **as Malvinas** • die Falklandinseln

vocabulário • Vokabular

o estado der Staat	a colonia die Kolonie	a zona die Zone
o país das Land	a província die Provinz	a região die Region
a nação die Nation	o território das Territorium	o distrito der Bezirk
o continente der Kontinent	o principado das Fürstentum	a capital die Hauptstadt

A INFORMAÇÃO • DIE INFORMATION

Europa • Europa

1. Irlanda • Irland
2. o Reino Unido
   • das Vereinigte Königreich
3. Portugal • Portugal
4. Espanha • Spanien
5. as Ilhas Baleares
   • die Balearen
6. Andorra • Andorra
7. França • Frankreich
8. Bélgica • Belgien
9. Holanda
   • die Niederlande
10. Luxemburgo • Luxemburg
11. Alemanha • Deutschland
12. Dinamarca • Dänemark
13. Noruega • Norwegen
14. Suécia • Schweden
15. Finlândia • Finnland
16. Estônia • Estland
17. Letônia • Lettland
18. Lituânia • Litauen
19. Kaliningrado
    • Kaliningrad
20. Polônia • Polen
21. República Checa
    • die Tschechische Republik
22. Áustria • Österreich
23. Liechtenstein
    • Liechtenstein
24. Suíça
    • die Schweiz
25. Itália • Italien
26. Mônaco
    • Monaco
27. Córsega • Korsika
28. Sardenha • Sardinien
29. San Marino • San Marino
30. a Cidade do Vaticano
    • die Vatikanstadt
31. Sicília • Sizilien
32. Malta • Malta
33. Eslovênia • Slowenien
34. Croácia • Kroatien
35. Hungria • Ungarn
36. Eslováquia • die Slowakei
37. Ucrânia • die Ukraine
38. Bielo-Rússia • Weißrussland
39. Moldávia • Moldawien
40. Romênia • Rumänien
41. Sérvia • Serbien
42. Bósnia-Herzogovina
    • Bosnien und Herzegowina
43. Albânia • Albanien
44. Macedônia • Mazedonien
45. Bulgária • Bulgarien
46. Grécia • Griechenland
47. Kosovo • Kosovo
48. Montenegro • Montenegro
49. Turquia • Türkei

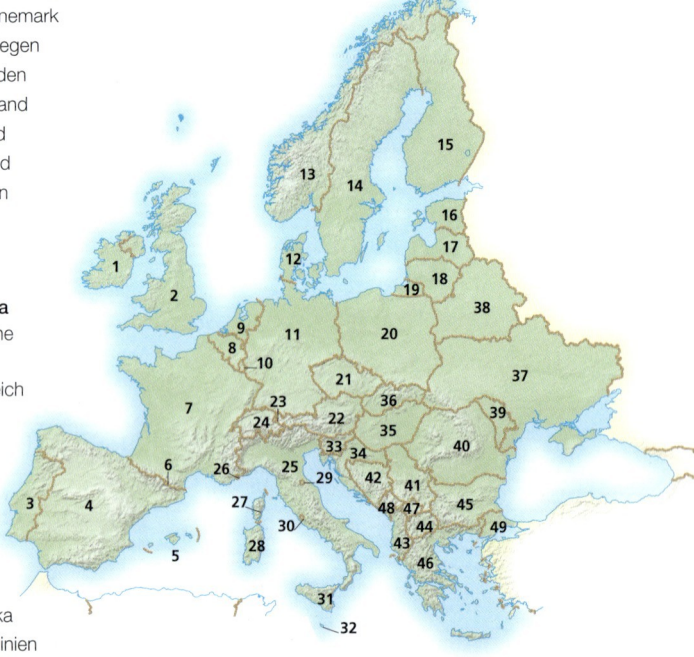

316

A INFORMAÇÃO • DIE INFORMATION

África • Afrika

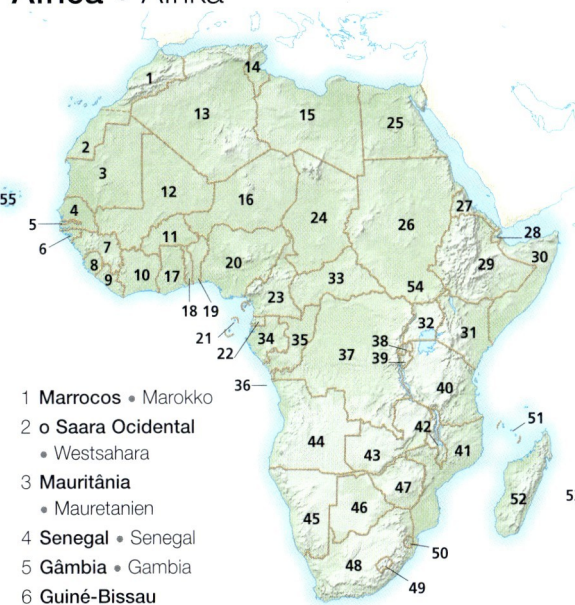

1 **Marrocos** • Marokko
2 **o Saara Ocidental**
  • Westsahara
3 **Mauritânia**
  • Mauretanien
4 **Senegal** • Senegal
5 **Gâmbia** • Gambia
6 **Guiné-Bissau**
  • Guinea-Bissau
7 **Guiné** • Guinea
8 **Serra Leoa** • Sierra Leone
9 **Libéria** • Liberia
10 **Costa do Marfim**
  • Elfenbeinküste
11 **Burkina Faso** • Burkina Faso
12 **Mali** • Mali
13 **Argélia** • Algerien
14 **Tunísia** • Tunesien
15 **Líbia** • Libyen
16 **Níger** • Niger
17 **Gana** • Ghana
18 **Togo** • Togo
19 **Benin** • Benin
20 **Nigéria** • Nigeria
21 **São Tomé e Príncipe**
  • São Tomé und Príncipe
22 **Guiné Equatorial**
  • Äquatorialguinea
23 **Camarões** • Kamerun
24 **Chade** • Tschad
25 **Egito** • Ägypten
26 **Sudão** • der Sudan
27 **Eritreia** • Eritrea
28 **Djibouti** • Dschibuti
29 **Etiópia** • Äthiopien
30 **Somália** • Somalia
31 **Quênia** • Kenia
32 **Uganda** • Uganda
33 **República Centro-Africana**
  • die Zentralafrikanische Republik
34 **Gabão** • Gabun
35 **Congo** • Kongo
36 **Cabinda** • Kabinda
37 **República Democrática do Congo** • die Demokratische Republik Kongo
38 **Ruanda** • Ruanda
39 **Burundi** • Burundi
40 **Tanzânia** • Tansania
41 **Moçambique** • Mosambik
42 **Malawi** • Malawi
43 **Zâmbia** • Sambia
44 **Angola** • Angola
45 **Namíbia** • Namibia
46 **Botswana** • Botsuana
47 **Zimbábue** • Simbabwe
48 **África do Sul** • Südafrika
49 **Lesoto** • Lesotho
50 **Suazilândia** • Swasiland
51 **as Comoros** • die Komoren
52 **Madagáscar** • Madagaskar
53 **Maurícias** • Mauritius
54 **Sudão do Sul** • Südsudan
53 **Cabo Verde** • Kap Verde

A INFORMAÇÃO • DIE INFORMATION

Ásia • Asien

1 **Turquia** • die Türkei
2 **Chipre** • Zypern
3 **a Federação Russa**
   • die Russische Föderation
4 **Geórgia** • Georgien
5 **Armênia** • Armenien
6 **Azerbaidjão** • Aserbaidschan
7 **Irã** • der Iran
8 **Iraque** • der Irak
9 **Síria** • Syrien
10 **Líbano** • der Libanon
11 **Israel** • Israel
12 **Jordânia** • Jordanien
13 **Arábia Saudita** • Saudi-Arabien
14 **Kuwait** • Kuwait
15 **Bahrein** • Bahrain
16 **Catar** • Katar
17 **os Emirados Árabes Unidos**
   • die Vereinigten Arabischen Emirate
18 **Omã** • Oman
19 **Iêmen** • der Jemen
20 **Cazaquistão** • Kasachstan
21 **Usbequistão** • Usbekistan
22 **Turcomenistão** • Turkmenistan
23 **Afeganistão** • Afghanistan
24 **Tajiquistão** • Tadschikistan
25 **Quirguistão** • Kirgisistan
26 **Paquistão** • Pakistan
27 **Índia** • Indien
28 **as Maldivas** • die Malediven
29 **Sri Lanka** • Sri Lanka
30 **China** • China
31 **Mongólia** • die Mongolei
32 **Coreia do Norte** • Nordkorea
33 **Coreia do Sul** • Südkorea
34 **Japão** • Japan
35 **Nepal** • Nepal
36 **Butão** • Bhutan
37 **Bangladeche** • Bangladesch
38 **Myanmar (Birmânia)**
   • Myanmar (Birma)
39 **Tailândia** • Thailand
40 **Laos** • Laos
41 **Vietnã** • Vietnam
42 **Camboja** • Kambodscha

A INFORMAÇÃO • DIE INFORMATION

Austrália e Oceania • Australien und Ozeanien

1 **Austrália** • Australien
2 **Tasmânia** • Tasmanien
3 **Nova Zelândia** • Neuseeland

43 **Malásia** • Malaysia
44 **Singapura** • Singapur
45 **Indonésia** • Indonesien
46 **Brunei** • Brunei
47 **Filipinas** • die Philippinen
48 **Timor Leste** • Timor-Leste
49 **Papuásia-Nova Guiné** • Papua-Neuguinea
50 **as Ilhas Salomão** • die Salomonen
51 **Vanuatu** • Vanuatu
52 **Fiji** • Fiji

português • deutsch

A INFORMAÇÃO • DIE INFORMATION

partículas e antônimos • Partikeln und Antonyme

para	de, desde	para	em direção de
zu, nach	von, aus	für	zu

por cima	debaixo	ao longo de	através
über	unter	entlang	über

em frente de	por trás de	com	sem
vor	hinter	mit	ohne

sobre	dentro de	antes	depois
auf	in	vor	nach

em	fora	antes de	até
in	aus	bis	bis

acima de	por baixo de	cedo	tarde
über	unter	früh	spät

dentro	fora	agora	mais tarde
innerhalb	außerhalb	jetzt	später

acima	abaixo	sempre	nunca
hinauf	hinunter	immer	nie

em	além	muitas vezes	raramente
an, bei	jenseits	oft	selten

através de	em volta de	ontem	amanhã
durch	um	gestern	morgen

em cima de	ao lado de	primeiro	último
auf	neben	erste	letzte

entre	diante de	cada	alguns
zwischen	gegenüber	jede	etwas

perto	longe de	cerca de	exatamente
nahe	weit	gegen	genau

aqui	ali	um pouco	muito
hier	dort	ein wenig	viel

português • deutsch

A INFORMAÇÃO • DIE INFORMATION

grande
groß

pequeno
klein

quente
heiß

frio
kalt

largo
breit

estreito
schmal

aberto
offen

fechado
geschlossen

alto
groß

baixo
kurz

satisfeito
voll

vazio
leer

comprido
hoch

curto
niedrig

novo
neu

velho
alt

grosso
dick

fino
dünn

claro
hell

escuro
dunkel

leve
leicht

pesado
schwer

fácil
leicht

difícil
schwer

duro
hart

macio
weich

livre
frei

ocupado
besetzt

molhado
nass

seco
trocken

forte
stark

fraco
schwach

bom
gut

mau
schlecht

gordo
dick

magro
dünn

rápido
schnell

lento
langsam

jovem
jung

velho
alt

correto
richtig

incorreto
falsch

melhor
besser

pior
schlechter

limpo
sauber

sujo
schmutzig

preto
schwarz

branco
weiß

bonito
schön

feio
hässlich

interessante
interessant

entediado
langweilig

caro
teuer

barato
billig

doente
krank

bem
wohl

silencioso
leise

barulhento
laut

início
der Anfang

fim
das Ende

português • deutsch

A INFORMAÇÃO • DIE INFORMATION

frases úteis • praktische Redewendungen

frases essenciais
• wesentliche Redewendungen

Sim
Ja

Não
Nein

Talvez
Vielleicht

Por favor
Bitte

Obrigado(a)
Danke

De nada
Bitte sehr

Desculpa
Entschuldigung

Lamento
Es tut mir Leid

Não
Nicht

OK
Okay

Muito bem
In Ordnung

Está bem
Das ist richtig

Está mal
Das ist falsch

saudações
• Begrüßungen

Olá
Guten Tag

Adeus
Auf Wiedersehen

Bom dia
Guten Morgen

Boa tarde
Guten Tag

Boa noite
Guten Abend

Boa noite
Gute Nacht

Como está?
Wie geht es Ihnen?

O meu nome é ...
Ich heiße ...

Como se chama?
Wie heißen Sie?

Como é que ele/ela se chama?
Wie heißt er/sie?

Apresento-lhe ...
Darf ich ... vorstellen

Este(a) é ...
Das ist ...

Encantado(a)
Angenehm

Até logo
Bis später

sinais • Schilder

Posto de turismo
Touristen-Information

Entrada
Eingang

Saída
Ausgang

Saída de emergência
Notausgang

Empurre
Drücken

Perigo
Lebensgefahr

Proibido fumar
Rauchen verboten

Fora de serviço
Außer Betrieb

Horário de abertura
Öffnungszeiten

Entrada livre
Eintritt frei

Oferta especial
Sonderangebot

Reduzido
Reduziert

Saldos
Ausverkauf

Bater antes de entrar
Bitte anklopfen

Proibido pisar a relva
Betreten des Rasens verboten

socorro • Hilfe

Você pode me ajudar?
Können Sie mir helfen?

Não compreendo
Ich verstehe nicht

Não sei
Ich weiß nicht

Fala inglês, alemão ...?
Sprechen Sie Englisch, Deutsch ...?

Falo inglês, português ...
Ich spreche Englisch, Portugiesisch ...

Por favor, fale mais devagar
Sprechen Sie bitte langsamer

Pode, por favor, escrever?
Schreiben Sie es bitte für mich auf

Perdi ...
Ich habe ... verloren

322 português • deutsch

A INFORMAÇÃO • DIE INFORMATION

indicações
• Richtungsangaben

Estou perdido(a)
Ich habe mich verlaufen

Onde fica …?
Wo ist der/die/das …?

Onde fica o(a) … mais próximo(a)?
Wo ist der/die/das nächste …?

Onde é o banheiro?
Wo sind die Toiletten?

Como vou para …?
Wie komme ich nach …?

À direita
Nach rechts

À esquerda
Nach links

A direito
Geradeaus

A que distância …?
Wie weit ist …?

sinais de trânsito
• die Verkehrsschilder

Abrandar
Langsam fahren

Cuidado
Achtung

Proibida a entrada
Keine Zufahrt

Desvio
Umleitung

Circular pela direita
Rechts fahren

Auto-estrada
Autobahn

Proibido estacionar
Parkverbot

Rua sem saída
Sackgasse

Sentido único
Einbahnstraße

Ceder passagem
Vorfahrt gewähren

Apenas moradores
Anlieger frei

Obras
Baustelle

Curva perigosa
gefährliche Kurve

alojamento
• Unterkunft

Tem vagas?
Haben Sie Zimmer frei?

Tenho uma reserva
Ich habe ein Zimmer reserviert

Onde fica a sala de jantar?
Wo ist der Speisesaal?

A que horas é o pequeno-almoço?
Wann gibt es Frühstück?

Voltarei às … horas
Ich bin um … Uhr wieder da

Parto amanhã
Ich reise morgen ab

comida e bebida
• Essen und Trinken

Está delicioso/péssimo
Es ist köstlich/scheußlich

Não bebo/fumo
Ich trinke/rauche nicht

Não como carne
Ich esse kein Fleisch

Para mim chega, obrigado(a)
Nichts mehr, danke

Posso repetir?
Könnte ich noch etwas mehr haben?

Traz-me a conta, por favor?
Wir möchten bitte zahlen

Dá-me recibo?
Ich hätte gerne eine Quittung

Área para não-fumadores
Nichtraucherbereich

Saúde!
Zum Wohl!

saúde
• die Gesundheit

Não me sinto bem
Ich fühle mich nicht wohl

Tenho náuseas
Mir ist schlecht

Pode arranjar-me um médico?
Können Sie einen Arzt holen?

Ele(a) ficará bem?
Wird er/sie sich wieder erholen?

Dói-me aqui
Es tut hier weh

Tenho febre
Ich habe Fieber

Estou grávida de … meses
Ich bin im … Monat schwanger

Preciso de uma receita para …
Ich brauche ein Rezept für …

Normalmente tomo …
Ich nehme normalerweise …

Sou alérgico a …
Ich bin allergisch gegen …

português • deutsch

índice português • portugiesisches Register

A
a bomba de combustível 199
a chamada a cobrar 99
a consultoria jurídica 180
a dividir por 165
à la carte 152
a próxima semana 307
a semana passada 307
abacate 128
abacaxi 128
abajur 62, 70
abastecimento de água 61
abdômen 12
abdominal 16, 251
abelha 295
aberto 260
abertura 256
abóbada 300
abóbora-chila 124
abóbora-menina 125
aborrecido 25
aborto espontâneo 52
abridor de latas 68
abrigo 197
Abril 306
absolvido 181
absorvente 108
absorvente íntimo 108
acácia 110
academia de dança 169
açafrão 132
acaju 39
acampar (v) 266
Ação de Graças 27
acelerador 200, 204, 281
acelga 123
acendalha 266
acesso a cadeiras de rodas 197
acessórios 36, 38
acidente 46
acidente de automóvel 203
aço galvanizado 79
aço inoxidável 79
ações 97
acolchoada 277
acompanhamento 153
acontecimentos da vida 26
acordar (v) 71
açucena 110
acupressão 55
acupuntura 55
acusação 94, 180

acusado 180, 181
adesivo 47
admitido 48
adolescente 23
adormecer (v) 71
adulto 23
adversário 236
advogado 180, 190
aeróbica 251
aerobus 197
aeronaves 210
aeroporto 212
Afeganistão 318
afiador de facas 68
afogar-se (v) 239
África do Sul 317
aftershave 73
agachamento 251
ágata 289
agência de viagens 114
agência imobiliária 115
agenda 173, 175
agente da bolsa 97
agente de polícia 94
agente de viagens 190
agente imobiliário 189
aglomerado 79
agora 304
Agosto 306
agressão 94
agrião 123
agricultor 189
água 144, 238
água da torneira 144
água de colônia 41
água engarrafada 144
água mineral 144
água tônica 144
água-marinha 288
aguarelas 274
aguarrás 83
águia 292
agulha 109, 276
agulha de croché 277
agulha de tricô 277
aikido 236
aileron 210
aipo 122
aipo-vermelho 124
air-bag 201
ajudante 152
alarme anti-roubo 58
alarme de incêndio 95
Alasca 314
alavanca 61, 150
alavanca de emergência 209

Albânia 316
álbum de fotografias 271
alça 46
alcachofra 124
alcaçuz 113
alcaparras 143
alcaravia 131
alcofa 74, 75
alças 37
alcofa de viagem 75
aldeia 299
Alemanha 316
alergia 44
alface 123
alfafa 184
alfaiate 115, 191
alfândega 212, 216
aftershave 73
alfinete 276
alfinete de gravata 36
alfinete de peito 36
alfinete de segurança 47
alfineteiro 276
algemas 94
algodão 184, 277
alho 125, 132
alho-francês 125
alicate de corte 81
alicate de pontas finas 80
alicate para descarnar 81
alicate universal 80
alimentar (v) 183
alimentos 118
alimentos engarrafados 134
alinhavar (v) 277
alisar (v) 39
almoço 64
almoço de negócios 175
almofada 15, 62, 70, 173
almofariz 68, 167
almôndegas 158
alojamento e café da manhã 101
alongamento 251
alpendre 58, 126
alpinas 87
alta 48
alternador 203
altitude 211
alto falante 176
altura 165
alugar 58
aluguel 58
aluguel de automóveis 213
alumínio 289

aluno 162
alvo 249, 273
amaciador da roupa 76
amamentação 53
amamentar 53
amanhã 306
amanhecer 305
amarelo 274
amargo 124, 127
amarrar (v) 217
amarras 217
amassar (v) 138
Amazônia 312
ambiente de trabalho 177
ambulância 94
amêijoa 121
ameixa 126
ameixa seca 129
amêndoa 129
amêndoas 151
amendoim 129
amendoins 151
ametista 288
amigo 24
amniocentese 52
amolador 118
amora 127
amora-framboesa 127
ampere 60
ampliação 271
ampliar (v) 172
amplificador 268
analgésico 109
analgésicos 47
análise 49
análise do sangue 48
anca 12
ancinho 88
âncora 214, 240
ancorar (v) 217
andaime 186
andar 58
andar de bicicleta (v) 207
Andes 312
andorinha 292
Andorra 316
anel 36
anelar 15
anestesia epidural 52
anestesista 48
anexo (v) 177
anfíbios 294
anfiteatro 169
anfitriã 64
anfitrião 64
Angola 317

ângulo 164
anho 118
anilha 80
anilhas 89
anis 133
aniversário 26, 27
ano 306
Ano Novo 27
anoitecer 305
anoraque 31, 33
antebraço 12
antena 295
antena de rádio 214
antena parabólica 269
anteontem 307
antiaderente 69
anticongelante 199
Antígua e Barbuda 314
antiinflamatório 109
antiquário 114
anti-rugas 41
anti-séptico 47
anual 86, 307
anzol 244
ao vapor 159
apagar (v) 141
apaixonar-se (v) 26
apanha-bolas 231
apanhar (v) 220, 227, 245
apanhar com a rede (v) 245
apanhar com rede (v) 227
aparador de relva 88
aparar (v) 39
aparas 118
aparelhagem 268
aparelho 50, 83
aparência 30
apartamento 59
apêndice 18
aperitivo 153
aperitivos 151
aplainar (v) 79
aplaudir (v) 255
aplicação 176
apoio 207
apoio de braço 200
apoio de braços 210
apoio de cabeça 200
apontador de lápis 163
apontar (v) 227
aposta 273
aprender (v) 163
apresentação 174
apresentador 178, 191
aquecedor 60

português • deutsch

ÍNDICE PORTUGUÊS • PORTUGIESISCHES REGISTER

aquecedor de convecção 60
aquecer (v) 251
ar condicionado 200
Arábia Saudita 318
arame 79, 89
arando 127
aranha 295
arar (v) 183
árbitro 222, 225, 226, 227, 229, 230
arbusto de flor 87
arco 85, 164, 226, 249, 301
arco plantar 15
arco-íris 287
ardósia 288
área 165, 310
área de estacionamento 212
areia 264
arejar (v) 91
arena 243
arenoso 85
arenque 157
Argélia 317
Argentina 315
argiloso 85
argola de guardanapo 65
argolas 235
aritmética 165
armação 51
armário 62, 66, 239
armário de gavetas 172
armário de medicamentos 72
armário embutido 71
armário para reciclagem 61
armazém 216
Armênia 318
aromaterapia 55
arquiteto 190
arquitetura 300
arquitrave 301
arquivador 172
arquivo suspenso 173
arrancar (v) 82
arranha-céus 299, 300
arranhão 46
arranjar emprego (v) 26
arranjos 111
arreios 243
arroz 130, 158, 184
arroz branco 130
arroz integral 130
arroz selvagem 130
arroz-doce 140
art déco 301
arte 162
arte nova 301

artéria 19
artes marciais 237
artigos de esporte 105
artigos infantis 107
árvore 86, 296
ás 230
Ás 273
asa 119, 210, 293
asas de raia 120
asfalto 187
Ásia 318
asma 44
aspersor 89
aspirador 77, 188
assado 158
assado no forno 159
assalto 237
assar (v) 67
assar no forno (v) 67
assento 61, 64, 204, 209, 210
assento de criança 198, 207
assento traseiro 204
assinatura 96, 98
assistente 24
assistente de bordo 210
assistente de vendas 104
assistir (v) 174
assustado 25
asteróide 280
astigmatismo 51
astronauta 281
astronomia 281
ata 174
ataque 220
até o joelho 34
atendente de chamadas 99
atender (v) 99
atendimento ao cliente 104
aterrar (v) 211
atirar (v) 227
atividades 162, 183, 245
atividades ao ar livre 262
atleta 191, 234
atletismo 234
atmosfera 282, 286
ato de derrubar 237
ator 191, 254
atores 179
atração turística 260
atracar (v) 217
atrações 261
atraso 209
atrelado 266
átrio 104
atriz 254
atum 120

aula 163
auricular 99
aurora 286, 305
Australásia 319
Austrália 319
Áustria 316
autobronzeador 41
autodefesa 237
autoestrada 194, 195
automático 200
automobilismo 249
automóvel 198
avalanche 247
avanço 222
avaria 203
AVC 44
aveia 130
avelã 129
avenida 299
avental 30, 38, 50, 69
aventura 255
aves 119, 292
avestruz 292
avião comercial 210, 212
avião leve 211
avião supersônico 211
aviário 183
avô 22
avô 22
avós 23
axila 13
ayurveda 55
azeda 123
azeite 134, 142
azeite aromatizado 134
azeitona preta 143
azeitona verde 143
azeitonas 151
azeitonas recheadas 143
Azerbaijão 318
azeviche 288
azevinho 296
azul 274

B

babador 30
bacalhau 120
bacalhau seco 121
backswing 233
baço 18
bacon 118, 157
badejo 120
badminton 231
bagageiro para teto 198
bagagem 100, 198, 213
bagagem de mão 211, 213
bagas e melões 127
bagel 139
baguete 138
Bahamas 314

Bahrein 318
bailarina 191
bainha 34
baixista 258
baixo 258
balança 45, 53, 69, 98, 118, 166, 310
balança de mola 166
balanço 263
balão 231
balão de ar quente 211
balaústre 59
balcão 66, 96, 98, 100, 142, 150, 254
balcão de sanduíches 143
balde 77, 82, 265
balde de gelo 150
balé 255
baleia 290
baliza 223, 224
balsa 215, 216
bambu 86, 122
banana 39, 128
banco 96, 229, 250, 262
banco traseiro 200
bandeira 152, 172, 210, 221, 310
bandeirola 232
bandeja de entrada 172
bandeja de saída 172
Bangladesh 318
banheira 72, 74
banheiro 104, 266
bar 150, 152
bar mitzvah 26
baralho 273
barata 295
Barbados 314
barbante 89
barbatana 239, 290
barbatana dorsal 294
barbatana peitoral 294
barbeiro 39, 188
barco 214
barco a motor 241
barco a remos 214
barco de pesca 217
barco salva-vidas 214, 240
barman 150, 191
barra 207, 222, 250, 251, 256, 311
barra de ferramentas 177
barra de menus 177
barra fixa 235
barraca 85
barraca de praia 264
barragem 300
barras 74

barras de chocolate 113
barreira 222
barreira de acesso 209
barreira de segurança 195, 246
barreiras 235
barriga da perna 13
barrigueira 242
barro 275
barroco 301
basalto 288
base 40, 99, 164, 228
base de copos 150
basebol 228
basquetebol 226
bastão 225, 246
bastidores 254
batata 124
batata nova 124
batata-doce 125
batatas fritas 113, 151, 154
batedor 68, 228
batente 59
bater (v) 67, 225, 229
bater um recorde (v) 234
bateria 78, 202, 258
baterista 258
batimento inválido 228
batimentos 231
batizado 26
batom 40
batuta 256
baunilha 132
bebê 23, 30
bebida de malte 144
bebida em lata 144
bebidas 107, 156
bebidas alcoólicas 145
bebidas quentes 144
beco 298
beiral 58
beleza 40
Bélgica 316
Belize 314
bemol 256
Benin 317
berbigão 121
berço 74
beringela 125
berma 194, 298
besugo 120
beterraba 125
betoneira 186
betume 83
bexiga 20
biátlon 247
biblioteca 168, 299
bibliotecária 168
bibliotecário 190
bicicleta 206, 250

ÍNDICE PORTUGUÊS • PORTUGIESISCHES REGISTER

bicicleta de corrida 206
bicicleta de estrada 206
bicicleta de passeio 206
bicípites 16
bico 293
bico da mangueira 89
bico de Bunsen 166
bico do fogão 67
bidé 72
Bielo-Rússia 316
bienal 86
bife de alcatra 119
bifocal 51
bigodes 290
bilhar 249
bilhete 209, 213
bilhete com recomendações 173
bilhete de entrada 260
bilheteira 209, 216, 255
bilhetes de loteria 112
bilro 277
binóculos 281
biologia 162
biológico 91, 122
biológicos 118
biplano 211
biquíni 264
Birmânia 318
bispo 272
bisturi 167
blazer 33
bloco de cimento 187
bloco de desenho 275
bloco de notas 173
bloco de partida 234, 238
bloquear (v) 227
bloqueio 237
bloqueio com ataque 237
blues 259
blusa 34
blush 40
bob para cabelo 38
bobina 276
bobsleigh 247
boca 14
bocal 242
bocejar (v) 25
bochecha 14
body 30
body pump 251
bóia 217, 240, 265
boiar (v) 239
bola 149, 220, 221, 222, 224, 226, 228, 230
bola ao ar 226
bola com efeito 230
bola de boliche 249
bola de borracha 244

bola de críquete 225
bola de golfe 233
bola de praia 265
bolacha 113, 141
bolas de algodão 41
bolbo 86
bolha 46
boliche 249
Bolívia 315
bolo 140
bolo de aniversário 141
bolo de chocolate 140
bolo de noiva 141
bolos e sobremesas 140
bolos para celebrações 141
bolsa 37, 169, 291
bolsa da câmera 271
bolsa de valores 97
bolsa do correio 98
bolso 32
bomba 207
bomba de ar 199
bomba de combustível 199
bomba de extração 53
bomba de gasolina 199
bombardeiro 211
bombeiro 189
bombeiros 95
bombom 113
boné 36
boné de montaria 242
boneca 75
boneco de pelúcia 75
bongos 257
boquilha 112
borboleta 295
borda 246
bordado 277
bordo 296
borracha 163
Bósnia-Herzegovina 316
bosque 285
bossa 291
bota 220
bota de esqui 246
bota de montar 242
botão 32, 48, 111, 297
botão das luzes 201
botão de ajuste 167
botão de parada 197
botão de punho 36
botão do obturador 270
botas de borracha 89, 267
botas de montanha 37
bote inflável 215
Botswana 317
boutique 115
boxe 236

braçada 239
braçadeiras 238
braço 13, 95, 258
branco 39, 145, 272, 274
brandy 145
Brasil 315
bridge 273
brie 142
brilhante 83
brincar 75
brinco 36
brinquedo 75
brinquedos 105
brioche 157
broa 139
broca 50, 78
broca de maçonaria 80
broca de segurança 80
broca manual 78, 81
broca para madeira 80
broca para metal 80
brocas 80
brócoli 123
bronze 235
bronzeado 41
bronzear 264
browser 177
bruços 239
Brunei 319
bueiro 299
buffet 152
buffet de café da manhã 156
buggy 232
bule 65
Bulgária 316
bungalow 58
bungee jumping 248
bunker 232
buque 111
buraco 232
buraco negro 280
Burkina Faso 317
burro 185
Burundi 317
bússola 240, 312
Butão 318
buzina 201, 204
bytes 176

C

cabaça 125
cabeça 12, 19, 78, 80, 230
cabeçalho 173
cabecear (v) 222
cabeceira 70
cabeçote 202
cabeleireira 38
cabeleireiro 115, 188

cabelo 14, 38
Cabinda 317
cabine 95, 210, 254
cabine do maquinista 208
cabine telefônica 99
cabo 36, 79, 187, 207
cabo de alimentação 176
cabo do leme 240
cabos 60
cabra 185
cabrito 185
caça 119, 211
caçarola 69
cacau em pó 148
cacetete 94
cachecol 31
cachorro 290
cachorro-quente 155
cactus 87
caddy 233
cadeado 207
cadeira 64, 150, 254
cadeira alta 75
cadeira de dentista 50
cadeira de passeio 75
cadeira de rodas 48
cadeira giratória 172
caderno 163, 172
cadinho 166
café 144, 148, 153, 156, 184, 262
café com leite 148
café da manhã 64, 156
café da manhã inglês 157
café de filtro 148
café gelado 148
café moído 144
café preto 148
cágado 293
caiaque 241
cãibra 239
cãibras 44
caimão 293
cais 217
caixa 51, 96, 106, 311
caixa da embreagem 202, 204
caixa de água 61, 72
caixa de areia 263
caixa de correio 99
caixa de entrada 177
caixa de ferramentas 80
caixa de fusíveis 60, 203
caixa de lenços 70
caixa de material 244
caixa de meia esquadria 81
caixa do correio 58

caixa eletrônico 97
caixa registadora 106, 150
caixa torácica 17
caixas de bombons 113
caju 129, 151
calcador 276
calcanhar 13, 15
calcário 85, 288
calças 32, 34
calças de montar 242
calças de treino 33
calças jeans 31
cálcio 109
calcite 289
calções 30, 33
calções de banho 238
calculadora 165
caldo 158
calendário 306
cálice 297
calvo 39
cama 70
cama de bronzeamento artificial 41
cama de campanha 266
cama de casal 71
cama de solteiro 71
camada de ozônio 286
câmara 178, 207, 238
câmara APS 270
câmara digital 270
câmara escura 271
câmara municipal 299
câmara SLR 270
camarão-tigre 121
Camarões 317
camarões descascados 120
camarote 214
Camboja 318
camembert 142
câmera de filmar 260, 269
câmera descartável 270
camião 194
caminhada 263
caminhão basculante 187
caminho 58, 85, 262
camisa 32
camiseta 30, 33
camisola 31, 35
camisola de alças 33
campainha 59, 197
campari 145
campeonato 230
campismo 266
campo 168, 182, 226, 227, 228, 234
campo de futebol 222

326 português • deutsch

ÍNDICE PORTUGUÊS • PORTUGIESISCHES REGISTER

campo de futebol americano 220
campo de golfe 232
campo de râguebi 221
campo esportivo 168
campo exterior 229
campo exterior direito 229
campo exterior esquerdo 228
cana 91
cana de pesca 244
Canadá 314
cana-de-açúcar 184
canal 178
canal deferente 21
canal ejaculador 21
canalização 61
canário 292
canas 89
canção 259
cancela para escadas 75
caneca 65
caneca para beber 75
canela 12, 133
caneleira 58, 220, 225
canelura 139
caneta 163
canguru 291
canino 50
cano 61
cano de abastecimento 61
canoa 214, 241
canteiro 85, 90
cantil 267
canto 223
cantora 191
cão 290
capacete 95, 186, 204, 206, 220, 228, 236
capacho 59
capacidade 311
capacidade líquida 311
capital 315
capitão 214
capitão do porto 217
capô 198
capoeira 237
capota 75
cápsulas 109
capuchino 148
caracol 295
carambola 128
caramelo 113
caranguejo 121, 295
carapaça 293
carapins 30
carapuço 31
caravana 266
carcás 249

cardamomo 132
cardápio 148, 153, 154
cardápio de almoço 152
cardápio de jantar 152
cardápio de vinhos 152
cardápio infantil 152
cardigan 32
cardiologia 49
cardiovascular 19
cardo 297
carga 216
cáries 50
carimbo 173
carimbo postal 98
Carnaval 27
carne 118
carne branca 118
carne cozinhada 118
carne e aves 107
carne fresca 142
carne magra 118
carne picada 119
carne vermelha 118
carpa koi 294
carpinteiro 188
carregar (v) 76
carretel 244, 245, 276
carreto 271
carrinho 100, 106, 75
carrinho de bagagens 212
carrinho de lanches 154
carrinho de mão 88
carro antigo 199
carro compacto 199
carro de bombeiros 95
carro de golfe 233
carro de polícia 94
carro de sobremesas 152
carro esportivo 199
carta 98
carta registada 98
cartão amarelo 223
cartão de biblioteca 168
cartão de crédito 96
cartão de débito 96
cartão vermelho 223
cartas 273
cartaz 255
carteira 37, 97, 162
carteiro 98, 190
cartilagem 17
cartolina 275
carvalho 296
carvão 266, 275, 288
casa 58, 272
casa base 228
casa de bonecas 75
casa de brincar 75
casa de câmbios 97

casa de campo 182
casa do botão 32
casa geminada 58
casa independente 58
casaco 32, 34
casaco esportivo 33
casal 24
casamento 26
casar-se (v) 26
casca 126, 127, 129, 130, 136, 137
cascata 285
casco 214, 240, 242, 291
casino 261
caso 180
caspa 39
casquilho 60
casquilhos 80
cassete 269
castanha 129
castanha de água 124
castanha-do-maranhão 129
castanho 39, 274
castelo 300
castelo de areia 265
casulo 295
catálogo 168
catamarã 215
catarata 51
catatua 293
catedral 300
catéter 53
catorze 308
cauda 210, 242, 280, 290, 292, 294
caule 111, 297
cavala 120
cavaleiro 242
cavalete 174, 274
cavalo 185, 235, 242, 272
cavalo com alças 235
cavalo de corrida 243
cavalo-marinho 294
cavar (v) 90
Cazaquistão 318
cebola 124
cebolinho 133
cebolo 125
cedo 305
cedro 296
cegonha 292
ceifeira combinada 182
cela 94, 181
celebração 140
celeiro 182
cem 308
cem mil 309
cenário 178, 179, 254

cenoura 124
centésimo 309
centímetro 310
cento e dez 308
centopeia 295
centrifugadora 76
centrifugar (v) 76
centro 164, 273
centro de saúde 168
centro do campo 228
cera 77
cerca de herbáceas 85
cercado 243
cereais 107, 130, 156
cereais e leguminosas 130
cereais processados 130
cérebro 19
cereja 126
cerimônia de graduação 169
certidão de nascimento 26
cerveja 145, 151
cerveja amarga 145
cerveja preta 145
cérvix 20, 52
cesariana 52
cesta 257, 263
cesta de jardineiro 88
cesto 95, 106, 226
cesto da roupa suja 76
cesto de brinquedos 75
cesto de costura 276
cesto de fruta 126
cesto de roupa para passar 76
cesto do lixo 172
cesto suspenso 84
cevada 130, 184
chá 144, 149, 156, 184
chá com leite 149
chá com limão 149
chá de camomila 149
chá de hortelão 149
chá gelado 149
chá preto 149
chá verde 149
Chade 317
chalota 125
chaminé 58, 214, 283
champanhe 145
champô 38
chão 71
chapéu 30, 36, 265
chapéu de cozinheiro 190
charuto 112
chassis 203
chave 203, 207
chave allen 80

chave de estrela 80
chave de parafusos 80
chave do quarto 100
chave mista 80
chave para desmontar pneus 207
chave para tubos 81
chave-inglesa 80
check-in 213
check-up 50
cheddar 142
chefe 24, 152, 190
chegadas 213
cheio 64, 266
cheque 96
chicória 122
Chile 315
China 318
chinelo de praia 37
Chipre 318
chiriva 125
chocado 25
choco 121
chocolate branco 113
chocolate de leite 113
chocolate preto 113
chocolate quente 144, 156
choque 47
choque eléctrico 46
chorar (v) 25
choupo 296
chouriço 143
chumaços 35
chumbo 244
churrasco 267
chutar (v) 221, 223
chuteira 223
chutney 135
chuva 287, 286
chuveiros 266
chuvoso 286
ciclismo 263
ciclovia 206
cidade 299
Cidade do Vaticano 316
ciências 162, 166
cientista 190
cigarros 112
cilindro 61, 164
címbalos 257
cimento 186
cinco 308
cinema 255, 299
cinqüenta 308
cinqüenta e cinco mil e quinhentos 309
cinqüenta mil 309
cinta de ligas 35
cinta para pés 241
cinta refletora 205

português • deutsch   327

ÍNDICE PORTUGUÊS • PORTUGIESISCHES REGISTER

cinto 32, 36
cinto de ferramentas 186
cinto de pesos 239
cinto de segurança 198, 211
cintura 12, 35
cinturão 236
cinza 283
cinzeiro 150
cinzel 275
cinzento 274
circuito 164, 251
círculo central 226
círculo final 224
círculo polar árctico 283
circunferência 164
cirurgia 49
cirurgia plástica 49
cirurgião 48
cisne 293
citrinos 126
claquete 179
claquista 220
clara 137
clarinete 257
clarinete baixo 257
claro 41
classe executiva 211
classe turística 211
clave de fá 256
clave de sol 256
clavícula 17
clementina 126
cliente 38, 96, 104, 106, 152, 175, 180
clima 286
clínica 48
clipe 173
clítoris 20
clube 232
coador 68
coala 291
coalhada de limão 134
coberta 240
cobertor 71, 74
cobertor eléctrico 71
cobertura 85, 141
cobertura de chocolate 140
cobertura do solo 87, 267
cobra 293
cobrar (v) 97
cobre 289
cobrir a terra (v) 91
cóccix 17
cockpit 210
cocktail 151
coco 129
côdea 139
código 96

código de barras 106
código postal 98
codorniz 119
coelho 118, 290
coentro 133
cogumelo 125
coito 20
cola 144, 275
cola para madeira 78
cola para papel de parede 82
colagem 275
colar 36
colar cervical 46
colar de pérolas 36
colarinho 33
colcha 70, 71, 74
colchão 70, 235
colchão de ar 267
colchão de mudas 74
colchonete 267
colega 24
colegial 162
colete 33
colete salva-vidas 240
colheita 183
colher (v) 65, 91, 183
colher de café 153
colher de pau 68
colher de servir 68
colher de sopa 65, 68
colher de sorvete 68
colher de trolha 187
colher medidora 109
colibri 292
colina 284
collants 34, 35, 251
colocar (v) 82
colocar azulejos (v) 82
colocar papel de parede (v) 82
colocar turfa (v) 90
Colômbia 315
colónia 315
coluna 268, 300
coluna vertebral 17
colunas 258
colza 184
com aros 35
com chumbo 144, 199
com gelo 151
com molho 159
com pele 129
comando 269
comandos 201, 204
comandos de aquecimento 201
combate 237
combinação 35
combinado 67

comédia 255
comemorações 27
comer (v) 64, 75
comer fora 148
comer no local 154
cometa 280
comida 149
comida para animais 107
comida pré-cozinhada 107
comida rápida 154
cominho 132
comissão 97
comissão bancária 96
comissário 94
cômoda 70
Comoros 317
compact disc 269
compactador 187
companheiro 23
compasso 165
complexo habitacional 58
complexo vitamínico 109
composto 88
compota 156
compota de framboesa 134
compras 104, 136
comprido 32, 34, 130
comprimento 165, 310
comprimento de onda 179
comprimido para a garganta 109
comprimidos 109
computador 172, 176
comunicações 98
conceber 20
concepção 52
concerto 255, 258
concerto de rock 258
concha 265
concurso 178
concurso de saltos 243
condicionador 38
condimentos 135
conduzir (v) 195
cone 164, 187
cone cervical 21
confeitaria 107
confiante 25
confuso 25
congelado 121, 124
congelador 67
congelados 107
congelar (v) 67
conglomerado 288
Congo 317
conhecido 24
conífera 86

conselheira financeira 97
conservante 83
conservatório de música 169
consola 269
constelação 281
constipação 44
construção 186
construir (v) 186
construtor 186, 188
consulta 45
consultório 45
conta 152
conta corrente 96
conta do correio 177
conta poupança 96
contabilista 97, 190
contador de eletricidade 60
conta-gotas 109, 167
contar (v) 165
conta-quilômetros 201, 204
conta-rotações 201
contentor 216
continente 282, 315
contrabaixo 256
contração 52
contracepção 52
contrafagote 257
contraforte 301
contraplacado 79
controle de passaportes 213
conversível 199
convés 214
convidado 64
convocatória 180
copas 273
co-piloto 211
copo 65, 66, 152
copo de vinho 65
copo medidor 311
copo-d'água 26
copos 65, 150
cor anglais 257
cor de laranja 274
coração 18, 119, 122, 127
corda 230, 248, 258, 266
corda para estender a roupa 76
cordame 215, 240
cordão 37
cordão umbilical 52
cordas 256
cordas vocais 19
cordeiro 185
cor-de-rosa 274
cordilheira 282

Coreia do Norte 318
Coreia do Sul 318
cores 39, 274
corinto 129
córnea 51
cornija 63, 300
corno 291
coro 301
coroa 50, 111
corpete 35
corpete com ligas 35
corpo 12
correia 206
correia da ventoinha 203
correia do disco 203
correia do pedal 207
correio rápido 99
corrente 36, 59
corrente alternada 60
corrente contínua 60
corrente elétrica 60
correr (v) 229
correr no lugar (v) 251
correspondente 24
corretor 40, 106, 210, 212, 254
corrida 234
corrida a trote 243
corrida com obstáculos 243
corrida de carroças 243
corrida de cavalos 243
corrida sem obstáculos 243
corrimão 59
Córsega 316
cortar (v) 38, 67, 79, 277
cortar as flores mortas (v) 91
cortar relva (v) 90
corta-tubos 81
corta-unhas 41
corta-vento 33
corte 91
corte elétrico 60
cortes 119, 296
cortina 63, 254
cortina de chuveiro 72
cortinado 63
coruja 292
corvo 292
coser (v) 277
costa 285
Costa do Marfim 317
Costa Rica 314
costas 13, 239
costela 17, 119
costelas 155
costeleta 119
costura 34
costureira 191

ÍNDICE PORTUGUÊS • PORTUGIESISCHES REGISTER

cotovelo 13
country 259
courgette 125
couro 119
couro cabeludo 39
couve 123
couve frisada 123
couve-chinesa 123
couve-de-bruxelas 123
couve-flor 124
couve-galega 123
couve-nabo 125
couve-rábano 123
covinha 15
coxa 12, 119
cozinha 66, 152, 214
cozinhar (v) 67, 138
cozinhar a vapor (v) 67
CPU 176
crânio 17
cratera 283
cravinho 133
cravo 110
crawl 239
creme 109
creme chantili 137
creme de chocolate 135
creme de rosto 73
créme fraîche 137
creme hidratante 41
creme para assaduras 74
creme pasteleiro 140
crepes 155, 157
cria 290
criança 23, 31
criança pequena 30
crime 94
criminoso 181
crina 242, 291
críquete 225
crisântemo 110
cristalino 51
cristaloterapia 55
Croácia 316
crocante 127
croché 277
crocodilo 293
croissant 156
cronometragem 203
cronómetro 166, 234
cross-country 247
cru 124
crusta 282
cruzamento 298
cruzeta 70
Cuba 314
cúbito 17
cubo 164
cubo de gelo 151
cueca boxer 233

cuecas 33, 35
cuecas de plástico 30
cuidado da pele 108
cuidados com o bebé 74
cuidar (v) 91
culpado 181
cultivador 182
cultivar (v) 91
culturas 184
cunhada 23
cunhado 23
cunho 240
cúpula 300
curado 118, 143, 159
curativo 47
curcuma 132
curling 247
curral 182
curry 158
curry em pó 132
curso 163
curto 32, 39, 130
curva 165
cuscuz 130
cutelo 68
cutícula 15
cútis 41

D

dado 272
dama 272
dança 259
dar (v) 273
dardos 273
data 306
data de devolução 168
data do processo 180
de cozedura fácil 130
de folha caduca 86
de folha perene 86
de nádegas 52
de quinta 118
de vidro 69
débito direto 96
década 307
décimo 309
décimo nono 309
décimo oitavo 309
décimo primeiro 309
décimo quarto 309
décimo quinto 309
décimo segundo 309
décimo sétimo 309
décimo sexto 309
décimo terceiro 309
declaração 180
decorador 82
dedal 276
dedaleira 297
dedo do pé 15

dedo grande do pé 15
dedo pequeno do pé 15
defender (v) 223, 229
defesa 181, 220, 223
defumado 118, 121, 143, 159
deitar (v) 67
deitar-se (v) 71
deltóide 16
denominador 165
dentadura postiça 50
dente 50, 125
dente-de-leão 123, 297
dentista 50, 189
departamento 169
departamento de atendimento ao cliente 175
departamento de contabilidade 175
departamento de marketing 175
departamento de recursos humanos 175
departamento de vendas 175
departamento jurídico 175
departamentos 49
dependência 182
depilação com cera 41
depilação facial 41
depois de amanhã 307
dermatologia 49
descamado 121
descaroçador de maçãs 68
descartável 109
descascador 68
descascar (v) 67
descoberto 85
descolar (v) 211
descongelar (v) 67
desconto de tempo 220
desembarcar (v) 217
desenhar (v) 91, 162, 275
desenhos animados 178, 255
desenrolador 173
desentupidor 81
deserto 285
deserto do Sara 313
desfiladeiro 284
desfile 27
desfocado 271
designer 191, 277
desligar 00, 141
desligar a televisão (v) 269
deslizar (v) 229
desmaiar (v) 25, 44

desodorizante 73
desodorizantes 108
despertador 70
destinatário 98
destino 213
desvio 195
detector de fumaça 95
detenção 94
detergente 77
detetive 94
deveres 163
devolução de moedas 99
dez 308
dez mil 309
Dezembro 306
dezenove 308
dezasseis 308
dezassete 308
dezoito 308
dia 306
Dia das Bruxas 27
dia e noite 305
dia útil 306
diabetes 44
diafragma 19, 21
diagonal 164
diamante 288
diâmetro 164
diarréia 44, 109
dicionário 163
diesel 199
digestivo 19
digital 269
dilatação 52
dimensões 165
Dinamarca 316
dinamo 207
dinheiro 97
dioptria 51
dióspiro 128
diploma 169
direita 231, 260
direito 169, 180
diretor 163, 174, 254
diretor-geral 175
discman 268
disco 176, 224
disco de compensação 270
disco de controle do obturador 270
disco duro 176
discutir (v) 163
dispensatório 108
disposição do lugar 65
disposição dos pratos 152
dissertação 169
dissolvente 83
distintivo 94
distribuidor 203

distrito 315
DIU 21
dividendos 97
dividir (v) 165
divisas 97
divisória 173
divórcio 26
Diwali 27
DJ 179
Djibouti 317
doca 214, 216
doca seca 217
doce 124, 127, 155
doce de amêndoa,-gelatina e natas 141
doce de laranja 134, 156
doces e compotas 134
doces sortidos 113
documentário 178
doença 44
doença sexualmente transmitida 20
dois 308
domingo 306
Dominica 314
dominó 273
dor de cabeça 44
dor de dentes 50
dores de estômago 44
dormir 74
dosagem 109
doutoramento 169
downhill 247
download (v) 177
doze 308
drenagem 91
dressage 243
driblar (v) 222
drogaria 114
dromedário 291
drop shot 230
duche 72
duodeno 18
duplo 151
duro 129
duzentos 308
DVD 268

E

éclair 140
eclipse 280
ecografia 48, 52
economia 169
ecoponto doméstico 61
eczema 44
edam 142
edifício 59
edifício de apartamentos 298
edifício de escritórios 298

ÍNDICE PORTUGUÊS • PORTUGIESISCHES REGISTER

edifício histórico 261
edifícios e estruturas 300
edredão 71
educação física 162
efeito 230
efeitos secundários 109
Egito 317
eglefim 120
eixo 205, 206
eixo de transmissão 202
El Salvador 314
elástico 173
elástico de cabelo 39
eléctrico 196, 208
elefante 291
elenco 254
eletricidade 60
eletricista 188
eletrodo negativo 167
eletrodo positivo 167
eletrodomésticos 66, 105, 107
elevador 59, 100, 104, 177
eliminação de lixo 61
elixir 72
elo 36
e-mail 177
embalagem 111
embalagem de leite 136
embalagem tetrabrick 311
embaralhar 273
embarcar (v) 217
embreagem 200, 204
embrião 52
emergência 46
emigrar (v) 26
Emiratos Árabes Unidos 318
emissão 179
emitir (v) 178
emoções 25
empada 158
empate 223
empena 186
empilhadora 186
empregada de loja 188
empregada de mesa 191
empregado 148, 152
empregado de limpeza 188
empregadora 24
empresa 175
empréstimo 96, 168
encanador 188
encaracolado 39
encerar (v) 77
enchimento 50
enciclopédia 163
encomenda 98, 99

encore 255
encosto 64, 210
endívia 123
endócrino 19
endocrinologia 49
endossar (v) 96
endro 133
enfarte do miocárdio 44
enfermaria 45, 48, 189
enfermeira 52
enfiar (v) 277
engarrafamento 195
engenharia 169
engessar (v) 82
enguia 294
enlatados 107
enrolador de mangueira 89
ensaio 200, 221
ensino superior 168
enteada 23
enteado 23
entorse 46
entrada 59, 61, 153, 228
entrar em erupção (v) 283
entrega 98
entretenimento 268
entrevistador 179
entusiasmado 25
envasar (v) 91
envelope 98, 173
envenenamento 46
envergonhado 25
enviar (v) 177
enxaguar (v) 38
enxaqueca 44
enxertar (v) 91
enxofre 289
epidural 52
epiglote 19
epilepsia 44
episiotomia 52
equação 165
equador 283
Equador 315
equipa 220, 229
equipamento 165, 222, 238, 245
equipamento de escritório 172
equipamento de futebol 31
equipamento de râguebi 221
equitação 242, 263
Eritreia 317
erupção cutânea 44
ervas aromáticas 86, 134
ervas aromáticas e especiarias 132

ervas daninhas 86
ervilha 122
ervilhas quebradas 131
esboço 275
escada 95, 186
escadaria 59
escadas rolantes 104
escadote 82
escala 256
escalada 247, 248
escalfado 159
escalfar (v) 67
escalpelo 81
escama 121, 294
escamas 293
escaravelho 295
escareador 80
escavadora 187
escola 299
escola de Belas Artes 169
escorpião 295
escorredor 67, 68
escorrega 263
escota 241
escotilha 281
escova 77, 82
escova de costas 73
escova de dentes 72
escova para as sobrancelhas 40
escovar (v) 38
escovar os dentes (v) 50
escrever (v) 162
escritório 24, 63, 172
escritório de advogado 180
escroto 21
esculpir (v) 79
escultor 191
escultura 275
escumadeira 68
esfera 164
esfigmomanómetro 45
esfoliar (v) 41
esfomeado 64
esfregar (v) 77
esfregona 77
esgoto 299
esgrima 249
Eslováquia 316
Eslovénia 316
esmagado 132
esmagador de alhos 68
esmalte 50
esmeralda 288
esófago 19
espaço 280
espada 236
espadas 273
Espanha 316

espantalho 184
espargo 124
esparguete 158
espartilho 35
espátula 68, 82, 167
espátula de borracha 68
especialista 49
espectadores 233
espelho 40, 63, 71, 167
esperma 20
espetada 155, 158
espeto 68
espinafre 123
espinha 121
espirro 44
esplanada 148
esponja 40, 73, 74, 83
esportes 220
esportes aquáticos 241
esportes de combate 246
esportes de inverno 247
esportivo 34, 200
esposa 22
espuma 148
espuma de barbear 73
esquadra de polícia 94
esquadro 165
esqueleto 17
esquerda 231, 260
esqui 241, 246
esqui alpino 247
esqui aquático 241
esquiador aquático 241
esquiadora 246
esquilo 290
esquina 298
esta semana 307
estabilizador 210
estábulo 185, 243
estaca 90
estaca da tenda 266
estação 209
estação de autocarro 197
estação de rádio 179
estação espacial 281
estacar (v) 91
estacionamento 298
estacionamento para deficientes 195
estacionar (v) 195
estações 307
estádio 223
estado 315
Estados Unidos da América 314
estafetas 235
estaleiro 217
estame 297
estanho 289

estante 63, 168
estantes 66
estátua 260
este 312
este lado para cima 98
esteira para bagagens 212
estender (v) 67, 251
estenógrafa 181
estéreo 269
esterilizado 47
esterno 17
estetoscópio 45
estilete 80, 82
estilos 39, 301
estilos de jardins 84
estojo 163
estojo de lentes 51
estojo de primeiros socorros 47
estômago 18
Estónia 316
estória em quadrinhos 112
estrada de acesso 216
estradas 194
estragão 133
estratosfera 286
estrela 254
estrela 280
estrela-do-mar 295
estribilho 31
estribo 242
estrutura 267
estrutura para trepar 263
estuário 285
estudante 169
esta semana 307
estúdio de gravação 179
estúdio de televisão 178
estudo 162
estufa 85
Etiópia 317
etiqueta 172
etiquetas 89
eucalipto 296
exame 163
exame médico 45
exame ocular 51
exaustor 66
excesso de bagagem 212
executivo 174
exercício de bicípites 251
exercício de pernas 251
exercícios no solo 235
exosfera 286
exploração espacial 281
exposição 261, 271
expresso 148
expulsão 223
extensão 78

ÍNDICE PORTUGUÊS • PORTUGIESISCHES REGISTER

extintor 95
extração 50
eyeliner 40

F

fábrica 299
faca 65
faca de cozinha 68
faca de pão 68
fagote 257
faia 296
fairway 232
faisão 119, 293
faixa 234
faixa central 194
faixa da direita 194
faixa da esquerda 194
faixa preta 237
falcão 292
falta 223, 226, 230
família 22
fardo 184
faringe 19
farinha branca 138
farinha de mistura 138
farinha de osso 88
farinha integral 138
farmacêutica 189
farmacêutico 108
farmácia 108
farol 198, 205, 207, 217
farol traseiro 204, 207
farpa 46, 244
fãs 258
fase 23, 60
fases 23
fasquia 235
fast forward 269
fatia 119, 139, 140
fatinho sem pernas 30
fava 122
favas 131
favo de mel 134
fax 98, 172
fazer a barba 73
fazer a cama (v) 71
fazer amigos (v) 26
fazer marcação (v) 223, 227
fazer marcha atrás (v) 195
fazer o check-in (v) 212
fazer pão 138
fazer um chip (v) 233
fazer um drive (v) 233
fazer um putt (v) 233
fazer um swing (v) 233
fazer um tee off (v) 233
fazer um testamento (v) 26
fazer uma fogueiro (v) 266

fazer uma mise (v) 38
febre 44
febre-dos-fenos 44
fechado 260
fechadura 59
fecho 36, 37
fecho de segurança 75
fecho duplo 266
fecho éclair 277
Federação Russa 318
feijão 122
feijão aduki 131
feijão branco 131
feijão branco pequeno 131
feijão catarino 131
feijão de soja 131
feijão frade 131
feijão mungo 131
feijão verde 122
feijão vermelho 131
feijão-de-lima 130
feijoa 128
feira popular 262
feliz 25
feminino 20
fêmur 17
fenacho 132
feng shui 55
feno 184
férias 212
ferimento 46, 138
ferradura 242
ferramenta para modelar 275
ferramentas 187
ferramentas de jardim 88
ferrão 295
ferrinhos 257
ferro 109, 233, 289
ferro de engomar 76
ferro de frisar 38
ferro de soldar 81
ferrolho 59
fértil 20
fertilização 20, 91
fertilizar (v) 91
ferver (v) 67
festa de aniversário 27
Festividades 27
feto 52, 86
Fevereiro 306
fiança 181
fibra 127
fibra natural 31
ficção científica 255
ficha 60
ficha do paciente 48

figo 129
figo-do-inferno 128
Fiji 319
fila 210, 254
filamento 60
filatelia 273
filete 121
filetes de halibute 120
filha 22
filho 22
filhos 23
Filipinas 319
filme 271
filme de terror 255
filosofia 169
filtro 270
filtro de ar 202, 204
filtro de papel 167
fim-de-semana 306
finanças 97
Finlândia 316
fio 276
fio dental 50, 72
fio-de-prumo 82
firme 124
fiscal de linha 223
fisialis 128
física 162, 169
fisioterapia 49
fita 27, 39, 111, 141
fita adesiva 173
fita de protecção 83
fita isoladora 81
fita métrica 80, 276
fitness 250
fivela 36
flamingo 292
flash eletrônico 270
flauta 257
flautim 257
flecha 249
flectir 251
flexão 251
flexão com alongamento 251
flocos 132
flor 297
florão 300
florentina 141
flores 110
floresta 285
floresta tropical 285
florete 249
florinha 122
florista 110, 188
flutuador 61, 200, 244
foca 290
focaccia 139
focar (v) 271
focinheira 242
focinho 293

foco 50, 178, 259
fogueira 266
foguete luminoso 240
folha 122, 296
folha de ordenado 175
folhagem 110
folhas de chá 144
folhas secas 111
folheto de viagens 212
folhetos 96
folículo 20
folk 259
fone de ouvido 268
fonte 85, 177
fora 225, 228
fora de jogo 223
fora de linha 226
fora de pista 247
fórceps 53, 167
forma de bolo 69
forma ondulada 69
forma redonda 69
formação espontânea 221
formação ordenada 221
formão 81
formas 164
formas de tratamento 23
formiga 295
fornecedor de serviço 177
forno 66, 112
forquilha 88, 89, 207
forro 32
fósforos 112
fosso 300
fosso da orquestra 254
foto da chegada 234
fotocopiar (v) 172
fotografar (v) 271
fotografia 271
fotógrafo 191
fotômetro 270
fração 165
frágil 98
fralda 75
fralda de felpo 30
fralda descartável 30
framboesa 127
framboesa-silvestre 127
França 316
frango 119
frango arranjado 119
frango frito 155
franquia 98
trasco 134, 166, 311
frasco de vidro 166
frasco hermético 135
fratura 46
freios 242
freqüência 179

fresco 121, 127, 130
frésia 110
frigideira 69
frigorífico 67
frio 286
friso 301
fritar (v) 67
frito 159
frito com muito azeite 159
frito com pouco azeite 159
fronha 71
frontal 16
frontão 300, 301
fruta 107
fruta de conserva 135
fruta fresca 157
fruta-pão 124
frutaria 114
frutas 126
frutas com caroço 126
frutas cristalizadas 129
fruto 296
frutos secos 151, 156
frutos tropicais 129
fumar 112
fumo 95
funcho 122, 133
funcionário 24
funcionário de tribunal 180
funcionário dos correios 98
fundo 177
funeral 26
funil 166
furacão 287
furadeira a bateria 78
furadeira elétrica 78
furador 173
furar (v) 79
furo 207
fuselagem 210
fusível 60
futebol 222
futebol americano 220
futebolista 222

G

Gabão 317
gabardina 32
gabinete do diretor 266
gado 182, 185
gafanhotos 295
gaivota 292
galão 311
galáxia 280
galeria 254
galinha 185
galinheiro 185

ÍNDICE PORTUGUÊS • PORTUGIESISCHES REGISTER

galo 185
galochas 31
galope 243
galope leve 243
gamão 272
Gâmbia 317
Gana 317
gancho 118, 166, 187, 266
ganchos 38
gangorra 263
ganhar (v) 273
ganso 119, 293
garagem 58, 199
garça 292
garfo 65, 68, 153
garganta 19
garra 291
garrafa 61, 70, 135, 267, 311
garrafa de água 206
garrafa de ar comprimido 239
garrafa-térmica 267
garrafeira 115
gasolina 199
gasosa 144
gatinho 290
gato 290
gaveta 66, 70, 172
gaveta de legumes 67
gaze 47
geada 287
géiser 285
gel 38, 109
gel de banho 73
gel duche 73
gelo 120, 287
gelo e limão 151
gema 137, 157
gémeos 23
gémeos da perna 16
gengibre 125, 133
gengiva 50
genitais 12
genro 22
geografia 162, 165
Geórgia 318
geração 23
gerador 60
gerbera 110
gerente do banco 96
gesso 83
gin 145
gin tônica 151
ginásio 101, 250
ginasta 235
ginástica 235
ginástica rítmica 235
ginecologia 49
ginecologista 52

gipsófila 110
gira-discos 268
girafa 291
girassol 184, 297
girino 294
giz 162, 276, 288
glaciar 284
gladíolo 110
glândula 19
glândula tiroideia 18
gloss 40
glúteo 16
gnaisse 288
goiaba 128
goivo 110
gola 34
gola em (v) 33
gola redonda 33
golfinho 290
golfista 232
golo 221, 222
golpe 46, 237
goma 113
gomo 126
gongo 257
gordura 119
gorila 291
gorjeta 152
gotas 109
gótico 301
grade para lareira 63
grafite 289
grama 310
graminho 78
grampeador 173
grampo 78
grampos 173
granada 288
Granada 314
grande área 223
grande dorsal 16
grandes armazéns 105
graneleiro 215
granito 288
granizo 286
grão 122, 130
grão-de-bico 131
grãos 144
gravador de minidisc 268
gravar 269
gravata 32
grávida 52
gravidade 280
gravidez 52
gravilha 88
gravura 275
Grécia 316
green 232
grelha 69
grelhado 159
grelhador 69

grelhar (v) 67
grés 288
grilo 295
grinalda 111
gripe 44
grisalho 39
gritar (v) 25
Gronelândia 314
groselha-branca 127
groselha-preta 127
groselha-vermelha 127
grua 187, 216
gruta 284
guarda costeira 217
guarda-chuva 36
guarda-lamas 205
guardanapo 65, 152
guardanapo de papel 154
guardar (v) 177
guarda-redes 222, 224
guardas prisionais 181
guarda-sol 148, 264
guarda-vestidos 70
Guatemala 314
guaxinim 290
guelra 294
guia 104
guia de papel 172
guia do fio 276
guia turística 260
guia turístico 260
guiador 207
Guiana 315
Guiana Francesa 315
guião 254
guiar (v) 91
Guiné 317
Guiné Equatorial 317
Guiné-Bissau 317
guisado 158
guitarra eléctrica 258
guitarrista 258
guloseimas 113

H

há lugares vagos 266
Haiti 314
hall 59
hambúrguer 154, 155
hambúrguer com batatas fritas 154
hambúrguer de frango 155
hambúrguer vegetariano 155
hamburgueria 154
hamster 290
handicap 233
hardware 176
harpa 256
haste 291

hatch médio 199
Havaí 314
heavy metal 259
hélice 211, 214
helicóptero 211
hematite 289
hematoma 46
hemisfério norte 283
hemisfério sul 283
hemorragia 44
hemorragia nasal 44
herbalismo 55
herbicida 91, 183
hexágono 164
hidrante 95
hidroavião 211
hidroflutuador 215
hidroterapia 55
high dive 239
higiene dentária 108
higiene feminina 108
Himalaias 313
hipermetropia 51
hipnoterapia 55
hipoalergênico 41
hipódromo 243
hipopótamo 291
hipoteca 96
hipotenusa 164
história 162
história de arte 169
hoje 306
hole in one 233
homem 12, 23
homem de negócios 175
homeopatia 55
homogeneizado 137
Honduras 314
hóquei 224
hóquei em campo 224
hóquei no gelo 224
hora 304
hora de ponta 209
horário 197, 209, 261
horário de visita 48
horas 261
horizontal 271
hormona 20
horta 85
hortelã 133
horto 115
hóspede 100
hospedeira 190
hospital 48
hotel 100, 264
hovercraft 215
Hungria 316

I

iate 215, 240
ícone 177

lêmen 318
igneo 288
ignição 200
igreja 299, 300
igual a 165
iguana 293
Ilhas Baleares 316
Ilhas Galápagos 315
Ilhas Salomão 319
ilhó 37
iluminação 105
íman 167
imigração 212
imobilização 237
impermeável 31, 245
impostos 96
impotente 20
imprensa 178
impressão 275
impressão digital 94
impresso de levantamento 96
impressora 172, 176
impressos 96
imprimir (v) 172
inalador 109
incêndio 95
incisivo 50
incomodado 25
inconsciente 47
incubadora 53
Índia 318
indicações 260
indicador 15
indicador de gasolina 201
indicador de temperatura 201
índigo 274
individual 64
Indonésia 319
induzir o parto (v) 53
infecção 44
infértil 20
informação 168, 213
informações telefônicas 99
ingredientes 155
inhame 125
injeção 48
inocente 181
inoculação 45
inquilino 58
insonia 71
instalar (v) 177
instruções 109
instrumentos 256
instrutor 54
insulina 109
integral 130

português • deutsch

ÍNDICE PORTUGUÊS • PORTUGIESISCHES REGISTER

inteiro 129, 132
interceptar e
 devolver (v) 225
intercomunicador 59, 75
intercostal 16
interior 200
internet 177
interruptor 59
intervalo 223, 254
intestino delgado 18
intestino grosso 18
inundação 287
Inverno 31, 307
invertebrados 295
investigação 94, 169
investimento 97
ioga 54
iogurte 137
iogurte de fruta 157
ionosfera 286
ir para a escola (v) 26
Irão 318
Iraque 318
iris 51
Irlanda 316
irmã 22
irmão 22
isca 244
iscar (v) 245
isco 244
isolamento 61
isqueiro 112
isquiotibial 16
Israel 318
Itália 316
itinerário 260

J

jacinto 297
jade 288
Jamaica 314
Janeiro 306
janela 58, 96, 98, 177, 186, 197, 209, 210
janela de sótão 58
janela indicadora 270
jantar 64, 158
Japão 318
jarda 310
jardim 84
jardim aquático 84
jardim campestre 84
jardim de ervas 84
jardim de rochas 84
jardim formal 84
jardim zoológico 262
jardinagem 90
jardineiras 30
jardineiro 188
jardins formais 262

jarra 63, 65, 111, 151
jarro medidor 69
jato de água 95
jato privado 211
jazz 259
jerimu 125
joalharia 114, 275
joalheiro 188
joaninha 295
joelheira 205, 227
joelho 12
jogador 273
jogador de basquete 226
jogador de críquete 225
jogador de futebol 220
jogador de hóquei no gelo 224
jogar (v) 229, 273
jogging 251, 263
jogo 230, 273
jogos 272
jogos de raquete 231
jogos de tabuleiro 272
jóias 36
Joker 273
Jordânia 318
jornal 112
jornalista 191
juba 291
judo 236
Jugoslávia 316
juiz 180
juiz de linha 220, 230
Julho 306
junco 86
Junho 306
junta 61
Júpiter 280
jurados 180
justo 35

K

Kalininigrado 316
karatê 236
kendo 236
ketchup 135, 154
kickboxing 236
kit de reparação 207
kiwi 128
KO 237
Kosovo 316
kumquat 126
kung fu 236
Kuwait 318

L

lã 277
lábio 14, 20
laboratório 166
laço 36
lacrosse 249

lacticínios 136
lactose 137
ladeira 284
lado 164
lagarta 295
lagarto 293
lago 85, 232, 285
lagosta 121
lagostim de rio 121
lágrima 51
lamela 167
lâmina 60, 66, 78, 89
lâmina de barbear 73
lâmina descartável 73
lâmpada 60, 217
lâmpada de parede 62
lampião 298
lançador 225, 229
lançamento 223, 281
lançamento do dardo 234
lançamento do disco 234
lançar (v) 221, 225, 227, 229, 245
lance 226
lancha 214
lanterna 267
Laos 318
lapela 32
lápis 163, 275
lápis de cor 163
lápis para as sobrancelhas 40
lápis para os lábios 40
laranja 126
laranjada 144
laranja-toranja 126
lareira 63
largada 239
largura 165
laricio 296
laringe 19
lascas de madeira 78
lata 145, 311
lata de lixo 61, 67, 266
lata de spray 311
lata de tinta 83
latitude 283
lava 283
lavagante 295
lavagem 76
lavagem automóvel 199
lavandaria 76, 115
lavar (v) 38, 77
lavatório 50, 72
laxante 109
leão 291
leão-marinho 290
leggings 31
legumes 107, 122

leguminosas 131
leitão 185
leite 156
leite condensado 136
leite de cabra 136
leite de limpeza 41
leite de ovelha 137
leite de vaca 136
leite em pó 137
leite gordo 136
leite magro 136
leite meio-gordo 136
leite-creme 140
leitor de cassetes (v) 269
leitor de CD 268
leitor de DVD 268
leitor de MP3 268
leitor de raios X 45
leitor óptico 106
leme 210, 241
leme de inclinação 210
lenço 36
lenço de papel 108
lençol 71, 74
lente 51
lente objetiva 167, 270
lentes de contacto 51
lentilha castanha 131
lentilha vermelha 131
ler (v) 162
lesão 46
lesão cerebral 46
lesão na cabeça 46
lesão no pescoço 46
lesma 295
Lesoto 317
let 230
Letónia 316
letra 259
levantamento de pesos 251
levantar (v) 251
levantar-se (v) 71
levar emprestado (v) 168
levedar (v) 139
Líbano 318
libelinha 295
liberdade condicional 181
Libéria 317
Líbia 317
libra 310
licença de pesca 245
licenciada 169
licenciar-se (v) 26
licenciatura 169
lichia 128
licor 145
Liechetenstein 316
liga 223
ligação 212

ligadura 47
ligamento 17
ligar (v) 177
ligar a televisão (v) 269
ligar o despertador (v) 71
ligas 35
lima 41, 81, 126
limão 126
limite de velocidade 195
limonada 144
limonete 133
limpa pára-brisas 198
limpar (v) 77
limpar o pó 77
limpeza facial 41
limpo 121
limusina 199
linfático 19
lingerie 35, 105
língua 19, 37, 118
linguado 120
línguas 162
linha 244
linha de baliza 223, 224
linha de banda 220, 221
linha de campo do bate- dor 225
linha de falta 229
linha de flutuação 214
linha de fundo 221, 225, 226, 230
linha de golo 220
linha de jogo 233
linha de lance-livre 226
linha de meta 234
linha de partida 234
linha de serviço 230
linha de três pontos 226
linha lateral 226, 230
linhas 165
linho 184, 277
lintel 186
líquido 77
líquido amniótico 52
líquido de limpeza 51
líquido limpa-vidros 199
lírio 110
liso 39
lista de leituras 168
literatura 162, 169
litro 311
Lituânia 316
livraria 115
livro 163, 168
livro de cheques 96
lixa 81, 83
lixadeira 78
lixar (v) 82
lixívia 77
lixo orgânico 61
lobby 100

português • deutsch 333

ÍNDICE PORTUGUÊS • PORTUGIESISCHES REGISTER

lobo 290
loção corporal 73
loção pós-solar 108
loção solar 265
locomotiva 208
locutora 179
lodoso 85
logotipo 31
loiro 39
loja 298
loja de animais 115
loja de arte 115
loja de artigos usados 115
loja de discos 115
loja de fotografia 115
loja de guloseimas 113
loja de mobílias 115
loja de presentes 114
loja de produtos naturais 115
loja duty-free 213
lombo 119, 121
lombo de vaca 119
longa metragem 269
longitude 283
lontra 290
louça 64
louça e talheres 65
louro 133
louva-a-deus 295
Lua 280
Lua cheia 280
Lua nova 280
lua-de-mel 26
lufa 73
lugar 266
lugar do motorista 196
lugares 254
luge 247
lula 121, 295
lupinos 297
luta livre 236
luva 224, 228, 233, 236, 46
luva de forno 69
luvas 30, 36, 89
luvas de boxe 237
Luxemburgo 316
luz de leitura 210
luz do alpendre 58
luzes 94
luzes de emergência 201

M

maçã 126
maca 48, 94
macacão 83
macacão para bebé 30
macaco 203, 291
macadâmia 129

maçã-de-adão 19
maçaneta 242
maçapão 141
Macedónia 316
machado 95
macis 132
maço 187, 275, 311
maço de cigarros 112
macramé 277
Madagáscar 317
madalena 140
madeira 79, 187, 233, 275
madeira dura 79
madeira nobre 79
madeiras 257
madeixa 39
madrasta 23
madressilva 297
maduro 129
mãe 22
maestro 256
magma 283
magnésio 109
maiô 238, 265
Maio 306
maionese 135
mais 165
mais tarde 304
mala 198
malaquite 289
malas 37
Malásia 318
Malawi 317
Maldivas 318
Mali 317
Malta 316
Malvinas 315
mamadeira 75
mamilo 12
manada 183
manchego 142
mandado 180
mandíbula 14, 17
mandioca 124
manequim 276
manete de marchas 207
manete de velocidades 201
manete do chuveiro 72
manete do travão 207
manga 34, 128
manga inflável 45
mangostão 128
mangueira 89, 95
manhã 305
manicure 41
manjedoura 183
manjericão 133
manjerona 133
manteiga 137, 156

manteiga de amendoim 135
manto 282
manual 200
mão 13, 15
mapa 195, 261
mapa do metropolitano 209
mapa-mundi 312
maqueta 190
maquilhagem 40
máquina de barbear 73
máquina de café 148, 150
máquina de cortar 139
máquina de cortar relva 88, 90
máquina de costura 276
máquina de cross 250
máquina de exercícios 250
máquina de gelo 67
máquina de lavar 66, 76
máquina de lavar e secar 76
máquina de raios X 212
máquina de remo 250
máquina de secar 76
máquina de step 250
máquina fotográfica 260
maquinaria 187
mar 264, 282
mar Báltico 313
mar Cáspio 313
Mar da Arábia 313
mar das Antilhas 312
mar do Norte 312
mar Mediterrânico 313
Mar Negro 313
Mar Vermelho 313
maracas 257
maracujá 128
maratona 234
marcação 45, 175
marcar (v) 99, 227
marcar golo (v) 223
Março 306
marco do correio 99
margarida 110, 297
margarina 137
margem 284
marido 22
marina 217
marinado 143, 159
marinheiro 189
mariposa 239
marisco 121
marmelo 128
mármore 288
Marrocos 317
marshmallow 113

marsúpio 75
Marte 280
martelar (v) 79
martelo 68, 80
martelo pneumático 187
martini 151
más 306
máscara 40, 189, 228, 236, 239, 249
máscara facial 41
masculino 21
massa 140, 158
massa de choux 140
massa filo 140
massa folhada 140
massagem 54
mástique 83
mastro 240
mate 83, 271
matemática 162, 164
materiais 79, 187
materiais de escritório 173
maternidade 48, 49
matrícula 198
mau passe 220
Maurícias 317
Mauritânia 317
MDF 79
meada 277
mecânica 202
mecânico 188, 203
meco 298
medalhas 235
medicação 109
medicamento 109
medicamentos para o enjoo 109
medicina 169
médico 45, 189
medida 151
medidas 165
medidor 150
medidor de altura 45
médio 15, 39
medir (v) 310
meditação 54
medula 126
medusa 295
meia-noite 305
meia-pensão 101
meias 33
meias de liga 35
meio campo 222, 224, 226
meio litro 311
meio-campo 226
meio-dia 305
meios de comunicação 178
mel espesso 134

mel líquido 134
melancia 127
melão 127
melodia 259
memória 176
Menina 23
menino 23
menos 165
mensagem de texto 99
mensagem de voz 99
mensagens 100
mensal 307
menstruação 20
mercado 115
mercearia 114
merceeiro 188
merengue 140
Mercúrio 280
mercúrio 289
mergulhador 238
mergulhar (v) 238
mergulho 239
mesa 64, 82, 148
mesa de mistura 179
mesa de pequeno-almoço 156
mesa de piquenique 266
mesa de trabalho 78
mesa-de-cabeceira 70
mesinha 62
mesosfera 286
mesquita 300
mestrado 169
metacarpo 17
metais 289
metal 79
metamórfico 288
metatarso 17
meteorito 280
metralhadora 189
metro 310
metro quadrado 310
metropolitano 208
mexer (v) 67
México 314
mexilhões 121, 295
mica 289
microfone 176, 179, 258
microondas 66
microscópio 167
mil 309
mil milhões 309
milénio 307
milha 310
milhão 309
milho 130, 184
milho-doce 122
milho-miúdo 130
miligrama 310
mililitro 311
milímetro 310

ÍNDICE PORTUGUÊS • PORTUGIESISCHES REGISTER

milkshake 137
milkshake de café 149
milkshake de chocolate 149
milkshake de morango 149
mindinho 15
minerais 289
minhoca 295
mini-bar 101
minibus 197
minivan 199
minuto 304
miopia 51
mirtilo 127
míssil 211
misturador 150
misturadora 66
misturar (v) 67, 138
mobile 74
mobiliário 105
Moçambique 317
mocassim 37
mochila 31, 37, 267
moço de estrebaria 243
moda 277
modalidades 243, 247
modelismo 275
modelo 169
modem 176
módulo lunar 281
moeda 97
moído 132
mola 71, 173
mola da roupa 76
molar 50
molas 30
Moldávia 316
molde 276
moldura 62
mole 129
molhe 216, 217
molho 135, 143, 155
molinete 214
Mónaco 316
monção 287
Mongólia 318
monitor 53, 172, 176
monocarril 208
monopólio 272
monovolume 199
monta-cargas 216
montanha 284
montanha russa 262
Montanhas Rochosas 312
montar a tenda (v) 266
monte de composto 85
monte do lançador 228
Montenegro 316
monumento 261

morango 127
morcego 290
morcela 157
mordida 46
moreno 41
morno 286
morrer (v) 26
morsa 290
mosca 244, 295
mosquito 295
mostarda 155
mostarda alemã 135
mostarda doce 135
mostarda em grão 131, 135
mota de pista 205
mota todo-o-terreno 205
moto aquática 241
moto de estrada 205
moto de neve 247
motocicleta 204
motociclismo 249
motocross 249
motor 88, 210, 215
motorista 196
motorista de autocarro 190
motorista de caminhão 190
motos 202, 204
mountainbike 206
mousse 141
móvel 268
movimento de pernas 239
movimentos 227, 233
mozarela 142
muda de fraldas 104
mudanças 206
mudar (v) 209
mudar de canal (v) 269
mudar de velocidade (v) 207
mulher 12, 22, 23
mulher de negócios 175
multiplicar (v) 165
músculos 16
museu 261
museu de arte 261
música 162
música clássica 255, 259
musical 255
músico 191

N

nabo 124
nação 315
nadador 238
nadar (v) 238
nádega 13

naipe 273
Namíbia 317
namorada 24
namorado 24
não dobrar (v) 98
não pasteurizado 137
narciso 111
narina 14
nariz 14, 210
nascer (v) 26
nascimento 52
nassa 245
nata 137
nata líquida 137
nata para bater 137
natação 238
natação sincronizada 239
Natal 27
natas 140, 157
natural 256
naturopatia 55
náusea 44
navalheira 121
navegação por satélite 201
navegar (v) 177, 240
navio de guerra 215
navio porta--contentatores 215
neblina 287
nebulosa 280
nectarina 126
negativo 271
négligé 35
negócio 175
negócios 175
neoclássico 301
Nepal 318
Neptuno 280
nervo 19, 50
nervo óptico 51
nervoso 19, 25
neta 22
netos 23
neurologia 49
neutro 60
neve 287
nevoeiro 287
Nicarágua 314
Níger 317
Nigéria 317
níquel 289
nível 88, 187
nó 15
noite 305
noiva 24
noivo 24
noivos 24
nonagésimo 309
nono 309

nora 22
normal 39
norte 312
Noruega 316
nota 97, 163, 256
notação 256
notas 175, 191
noticiário 178
Nova Zelândia 319
nove 308
novecentos 308
Novembro 306
noventa 308
noz 129
noz-moscada 132
noz-pecã 129
nublado 286
nuca 13
núcleo externo 282
núcleo interno 282
nuggets de frango 155
numerador 165
número 196, 226
número da plataforma 208
número da porta de embarque 213
número de conta 96
número de voo 212
número do quarto 100
nuvem 287
nylon 277

O

oboé 257
obra 186
obras 187, 195
obsidiana 288
obstetra 52
oceano 282
oceano Árctico 312
oceano Atlântico 312
oceano Austral 313
oceano Índico 313
oceano Pacífico 312
octogésimo 309
octógono 164
óculo 167, 269
óculos 51, 238, 247
óculos de proteção 81, 167
óculos de sol 51, 265
ocupado 99
oeste 312
oficial de tribunal 180
oficina 78
oftalmologia 49
oftalmologista 51
oitavo 309
oitenta 308
oito 308

oitocentos 308
oleaginosas 129
óleo 199
óleo de amêndoa 134
óleo de amendoim 135
óleo de avelã 134
óleo de colza 135
óleo de girassol 134
óleo de grainhas de uva 134
óleo de milho 135
óleo de noz 134
óleo de pressão a frio 135
óleo de sésamo 134
óleo vegetal 135
óleos e azeites 134
óleos essenciais 55
oleoso 39, 41
olho 14, 244, 276
olhos vermelhos 271
olmo 296
Omã 318
ombreira 224
ombro 13
omeleta 158
omoplata 17
onça 310
oncologia 49
onda 241, 264
onda curta 179
onda larga 179
onda média 179
ônibus 196
ônibus de dois andares 196
ônibus de viagem 196
ônibus escolar 196
ônibus turístico 197, 260
ônix 289
online 177
ontem 306
onze 308
opala 288
ópera 255
operação 48
operador 99
operador de câmara 178
operador de som 179
orador 174
órbita 280
orça 241
ordem do dia 174
ordem judicial 180
ordenhar (v) 183
orégão 133
orelha 14
órgãos internos 18
órgãos reprodutores 20
orgulhoso 25
orifício nasal 290

ÍNDICE PORTUGUÊS • PORTUGIESISCHES REGISTER

origami 275
ornamental 87
ornamentos para jardim 84
ornitologia 263
orquestra 254, 256
orquídea 111
ortopedia 49
osso 17, 119
osteopatia 54
ostra 121
otorrinolaringologia 49
ouriço-cacheiro 290
ouro 235, 289
ouros 273
Outono 31, 307
outras embarcações 215
outras lojas 114
Outubro 306
oval 164
ovário 20
oveiro 65, 137
ovelha 185
over par 233
ovo cozido 137, 157
ovo de codorniz 137
ovo de galinha 137
ovo de gansa 137
ovo de pata 137
ovo estrelado 157
ovos 137
ovos mexidos 157
ovulação 20, 52
óvulo 20

P

pá 88, 187, 265
pá de mão 77
pá transplantadora 89
paciente 45
paciente externo 48
pacote 311
padaria 107, 114, 138
padeiro 139
padrasto 23
pães e farinhas 138
pagamento 96
pagar (v) 153
página web 177
pai 22
painel de ferramentas 78
pais 23, 315
paisagem 284
Países Baixos 316
palato 19
palco 254
paleta 274
palete 186
palha-d'aço 81
palhinha 144, 154
palitos la reine 141

palma 15
palmeira 86, 296
palmito 122
palmtop 175
pálpebra 51
Panamá 314
pâncreas 18
panda 291
pandeireta 257
pano de fundo 254
pano do pó 77
pântano 285
pantufas 31
pão 139, 155, 157
pão alentejano 139
pão ázimo 139
pão branco 139
pão com passas 139
pão com sementes 139
pão de centeio 138
pão de milho 139
pão de mistura 139
pão estaladiço 139
pão fermentado 139
pão integral 139, 149
pão naan 139
pão pitta 139
pão ralado 139
pão redondo 139
pãozinho 143
papagaio 293
papaia 128
papas de aveia 157
papeira 44
papel com relevo 83
papel de parede 82
papel de revestimento 83
papel higiénico 72
papel machê 275
papelaria 105
papoila 297
Papuásia-Nova Guiné 319
paquete 100
Paquistão 318
par 233
pára-brisas 198, 205
pára-choques 198
parafuso 80
parafusos 203
paragem de táxis 213
Paraguai 315
paralela 165
paralelas 235
paralelas assimétricas 235
paralelograma 164
paramédico 94
parapente 248
pára-quedas 248
pára-quedismo 248

parar 269
pára-vento 265
pardal 292
parede 58, 186, 230
parentes 23
parmesão 142
parque 75, 261, 262
parque de atrações 262
parque de campismo 266
parque infantil 263
parque nacional 261
parquímetro 195
parteira 53
partida 230
partidas 213
partitura 255, 256
parto 52, 53
parto assistido 53
Páscoa 27
Páscoa judaica 27
passa 129
passadeira 195, 250
passageiro 216
passagem inferior 194
passajar (v) 277
passaporte 213
passar (v) 220, 221, 223
passar a ferro (v) 76
passar o pano (v) 77
passar por água (v) 76
passarela 214
passe 226
passeio 298
passeio marítimo 265
passo 243
pasta 37, 162, 172, 177
pasta de argolas 173
pasta de arquivo 173
pasta de dentes 72
pastéis 140, 274
pastéis de carne 143
pastel 149
pastelaria 69, 114
pasteurizado 137
pastilha elástica 113
pasto 182
pata 119
patamar 59
patchwork 277
patê 142, 156
patim 247, 249
patim de gelo 224
patinagem 249
patinagem artística 247
patinagem de velocidade 247
patinagem em linha 263
patinagem no gelo 247
patinar (v) 224
patinho 185

pátio 58, 84
pato 185
patologia 49
paus 133, 273
pausa 256, 269
pauta 256
pavão 293
pay per view 269
pé 12, 15, 310
pé da cama 71
pé quadrado 310
peão 272
peça 254, 272
peças 272
pedal 61, 206, 207
pedal do travão 205
pedalar (v) 207
pediatria 48, 49
pedicure 41
pedir (v) 153
pedra 36, 275
pedra da lua 288
pedra de amolar 81
pedra-pomes 73, 288
pedúnculo 297
pega 88, 106
pegão 214
peito 12, 119
peito do pé 15
peitorais 251
peitoral 16
peixaria 114
peixe 107, 120
peixe com batatas fritas 155
peixe defumado 143
peixe dourado 294
peixe-espada 120, 294
peixeira 188
peixes 294
pele 14, 119, 128
pelicano 292
pélvis 17
pena 231, 293
penálti 223
peneira 89
peneirar (v) 91, 138
penhasco 285
península 282
pénis 21
pensão-completa 101
penso rápido 47
pentágono 164
pentear (v) 38
peónia 111
pepino 125
pepita de chocolate 141
pequena área 223
pêra 126
perca 120
percentagem 165

percussão 257
perdedor 273
perder (v) 273
perene 86
perfil do pneu 207
perfumado 130
perfumaria 105
perfume 41
pérgula 84
pergunta 163
perguntar (v) 163
perigo 195
periódico 168
permanente 39
perna 12, 64
pernil 119
perónio 17
perpendicular 165
perseguir (v) 229
peru 119, 185, 293
Peru 315
peruca 39
pesar (v) 310
pesca 244
pesca com arpão 245
pesca com mosca 245
pesca de água doce 245
pesca desportiva 245
pesca em alto mar 245
pesca na praia 245
pescador 189, 244
pescaria 120
pescoço 12
peso 166, 251
peso à nascença 53
pesos 250
pesos e medidas 310
pêssego 126, 128
pessoal 175
pessoas 12
pestana 14
pesticida 82, 183
pétala 297
petroleiro 215
pia 38, 61, 66
piaçaba 72
piano 256
picada 46
picante 124
pica-pau 292
picar (v) 90, 245
picareta 187
pick-up 258
pijama 30, 33
pilão 68, 167
Pilates 251
pilha 167, 260
piloto 190, 211, 249
pílula 21
pimenta 64, 152
pimenta da Jamaica 132

ÍNDICE PORTUGUÊS • PORTUGIESISCHES REGISTER

pimenta em grão 132
pimentão 124, 132, 143
pimento 124
pin 173
pináculo 300
pinça 40, 47, 167
pinça de crocodilo 167
pinça para nariz 238
pincel 40, 69, 82, 274
pincel para lábios 40
pingalim 242
pingente 36
pingente de gelo 287
pingue-pongue 231
pingüim 292
pinhão 129
pinheiro 296
pinho 79
pino 60, 249
pino de ligação à terra 60
pintado 39
pintar (v) 83
pinto 185, 311
pintora 191, 274
pipeta 167
pipocas 255
piquenique 263
pirâmide 164
pirulito 113
pisca 198, 204
piscina 101, 238, 250
piscina de plástico 263
pista 212, 234, 238, 246
pista de esqui 246
pista para cavalos 263
pistácio 129
pistola 94
pistola de cola 78
pitch 225
pitões 233
piza 154, 155
pizaria 154
placa 67, 283
placa bacteriana 50
placa da agulha 276
placa de identificação 189
placa vitrocerâmica 66
placar (v) 220, 221
placenta 52
plaina 81
planador 211, 248
planalto 284
planeta 280, 282
planície 285
planta 261
planta de sombra 87
planta do pé 15
planta envasada 87
plantar (v) 183

plantas aquáticas 86
plantas de jardim 86
plataforma 167, 208
plateia 254
platina 289
play 269
Plutão 280
pneu 198, 205, 206
pneu sobresselente 203
pó 40, 77, 109
pó compacto 40
pó de talco 73
pocilga 185
podar (v) 90, 91
pódio 235, 256
podre 127
Polaroid 270
polegada 310
polegar 15
polícia 94, 189
polícia sinaleiro 195
poliéster 277
política 169
pólo 243, 282
pólo aquático 239
Pólo Norte 283
Polónia 316
polpa 124, 127, 129
poltrona 63
polvo 121, 295
pomada 4, 109
pomar 183
pomba 292
ponta 122, 163, 246
pontapé 237
pontapé livre 222
pontas espigadas 39
ponte 214, 258, 300
ponteira 36
ponteiro das horas 304
ponteiro dos minutos 304
ponto 220, 273, 277
ponto de ônibus 197, 299
ponto eléctrico 266
ponto/corrida 228
pontos 52
pontuação 273
pop 259
popa 214, 240
pôquer 273
pôr a mesa (v) 64
por avião 98
pôr de molho (v) 130
pôr do Sol 305
porão 58, 215
porção 64
porcas 80
porcelana 105
porco 118, 185

poro 15
porta 176, 196, 198, 209
porta automática 196
porta da frente 58
porta da mala 198
porta do chuveiro 72
porta-aviões 215
porta-bagagem 204, 209
porta-bagagens 196, 210
portada 58
porta-documentos 37
porta-dossiers 173
portagem 194
porta-jóias 36
porta-lápis 172
porta-moedas 37
portão 85, 182
porta-retratos 271
portátil 175, 176
porto 214, 217
porto de passageiros 216
porto de pesca 217
Porto Rico 314
Portugal 316
pós-graduação 169
postal 27, 112
poste 220, 222, 245, 247
posto de turismo 261, 322
posto dos correios 98
postura 232
pote 74
pot-pourri 111
potro 185
poupanças 96
praça 299
pradaria 285
prado 285
praia 264
prancha 238, 241
prancha de surf 241
prata 235, 289
prateleira 106
prateleira de lareira 63
praticar o swing 233
prato 65
prato de Petri 166
prato de sopa 65
prato do pão 65
prato ladeiro 65
prato para gratinar 69
prato principal 153
pratos 153
pratos do dia 152
prazo de validade 109
preçário 154
preço 152, 199
preencher (v) 82

prego 80
prematuro 52
pré-molar 50
pré-natal 52
preocupado 25
preparado de carne 143
preparar a terra (v) 90
prepúcio 21
presas 291
presente 27
preservativo 21
presidir (v) 174
pressão dos pneus 203
presunto 119, 143, 156
preto 39, 272, 274
Primavera 307
primeira de mão 83
primeiro 309
primeiro andar 104, 141
primeiros socorros 47
primo 22
prímula 297
principado 315
prisão 181
proa 214, 240
processador 176
procurar (v) 177
produtor 254
produtos de beleza 41, 105
produtos de higiene 107
produtos de limpeza 77, 107
produtos gourmet 107, 142
produtos lácteos 107
professor 169
professora 162, 190
profissões 188
profundidade 165
programa 176, 254, 269
programação 178
proibido parar e estacionar 195
proibido virar à direita 195
projeção 237
projetor 174
prolongamento 58, 223
promoções 106
propagar (v) 91
proposta 174
proprietário 58
propulsor 281
próstata 21
proteção 83
proteção lateral de berço 74
proteção total 108, 265
protetor 88
protetor de dentes 237

protetor facial 225
protetor solar 108
prova 181
provadores 104
proveta 167
província 315
psicoterapia 55
psiquiatria 49
publicidade 269
público 254
pudim flã 141
pulmão 18
pulôver 33, 251
pulsação 47
pulseira 36
pulseira de identificação 53
pulso 13, 15
pulverizador 89, 311
pulverizar (v) 91
punho 15, 32, 230, 237
punk 259
pupila 51
puré 159
putter 233
puxador 200
puxo 39
puzzle 273

Q

Qatar 318
quadra de tênis 230
quadrado 164
quadragésimo 309
quadricípites 16
quadro 62, 162, 173, 206, 261, 274
quadro de resultados 225
quadro eléctrico 60
quarenta 308
quarenta e um 230
quarta-feira 306
quartel de bombeiros 95
quarto 58, 70, 100, 309
quarto crescente 280
quarto de banho 72
quarto de casal 100
quarto de crianças 74
quarto de galão 311
quarto duplo 100
quarto privado 48
quarto privativo 100
quarto single 100
quartzo 289
quatro 308
quatro portas 200
quatrocentos 308
queda 237
queda livre 248
queijo 136, 156

português • deutsch 337

ÍNDICE PORTUGUÊS • PORTUGIESISCHES REGISTER

queijo azul 136
queijo cremoso 136
queijo curado 136
queijo de cabra 142
queijo fresco 136
queijo ralado 136
queijo semi-cremoso 136
queijo semi-curado 136
queijo-creme 136
queimador 61
queimadura 46
queimadura solar 46
queixa 94
queixo 14
Quénia 317
quente 286
queque 140
quiabo 122
quiche 142
quilha 214
quilograma 310
quilômetro 310
química 162
quinhentos 308
quinoa 130
quinquagésimo 309
quinta 182
quinta de gado ovino 183
quinta de gado porcino 183
quinta-feira 306
quinto 309
quinze 308
quinzena 307
Quirguistão 318
quiroprática 54

R
rã 294
rabanada 157
rábano 124
rábano branco 125
rábano-picante 124
rabo 121
rabo-de-cavalo 39
radar 214, 281
radiador 60, 202
radicchio 123
rádio 17, 179, 201, 268
rádio-despertador 70
radiografia 48, 50
radiologia 49
rafting 241
râguebi 221
raia 120, 294
raia oblíqua 194
rainha 272
Rainha 273
raio 164, 207

raio X dentário 50
raios ultravioleta 286
raiz 50, 124, 296
raiz de inhame 124
raízes 39
ralador 68
ralar (v) 67
rally 230, 249
ralo 72, 89
RAM 176
Ramadão 27
ramequim 69
ramo 111, 296
ramo de ervas 132
rampa de lançamento 281
ranhura para inserir cartão 97
ranúnculo 297
rap 259
rápidos 241, 284
raposa 290
rappel 248
raquete 230, 231
raquetebol 231
raspar (v) 77
rastejante 87
ratazana 290
rato 176, 290
reanimação 47
reaquecer (v) 154
rebanho 183
rebentar as águas 52
rebentos de soja 122
rebocador 215
rebocar (v) 195
reboque 203
rebuçado 113
rebuçado com recheio 113
rebuçados 113
rebuçados de mentol 113
receber (v) 177, 227, 229
recém-nascido 53
recepção 100
recepcionista 100, 190
receptor 229
recheado 159
recheio 140, 155
recibo 152
reciclagem 177
recife de coral 285
recipiente 311
recolha 98
recolha de bagagens 213
recolher (v) 245
recordações 260
recorde 234
recorde pessoal 234

recta 165
rectângulo 164
recto 21
recurso 181
redação 163
redatora 191
rede 176, 217, 222, 226, 231, 244, 266
rede ferroviária 209
rede para capturas 244
rédeas 242
redil 185
reduzir (v) 172
refeição 64
refeitório 168
refletor 204, 207
reflexologia 54
reformar-se (v) 26
refrigerante 154
refrigerantes 144
rega 89
regador 89
regar (v) 90, 183
reggae 259
região 315
região lombar 13
região plantar 15
registo 100
registo criminal 181
régua 163, 165
regulador 239
rei 272
Rei 273
reiki 55
Reino Unido 316
relacionamentos 24
relâmpago 287
relatório 174
relaxamento 55
relógio 36, 62, 304
relógio solar 262
relva 87, 262
relvado 85, 90
remador 241
remar (v) 241
rematar (v) 223, 224
remédios herbais 108
remendo 207
remetente 98
remo 241
removedor de verniz 41
renascentista 301
renda de bilros 277
renovar (v) 168
repelente de insectos 267
repelente de mosquitos 108

répteis 293
República Centro-africana 317
República Checa 316
República Democrática do Congo 317
República Dominicana 314
requeijão 136
rés-do-chão 104
reservar (v) 168
reservar um voo (v) 212
reservatório do limpa pára-brisas 202
reservatório do líquido de arrefecimento 202
reservatório do óleo dos travões 202
resfriado 44
residência universitária 168
resistência 61
resistente ao calor 69
respiração 47
respiratório 19
responder (v) 163
resposta 163, 231
ressaca 241
ressaltar (v) 227
ressalto 226
ressonar (v) 71
restaurante 101, 152
resultado 49
retina 51
retirar ervas daninhas (v) 91
reto 260
retranca 240
retrato-robô 181
retroprojetor 163
retrosaria 105
retrovisor 198, 198
retrovisor lateral 198
reunião 174
revelar (v) 271
revestimento 66, 187
revisor 209
revista 112, 168
revistas 107
rewind 269
ribeiro 285
rim 18, 119
ringue de boxe 237
ringue de hóquei no gelo 224
rinoceronte 291
rio 284
rir (v) 25
ritmo 259
robô de cozinha 66
roca 74

rochas 284, 288
rococó 301
roda 198, 207, 235
roda de ajuste 276
roda dentada 206, 207
roda dianteira 196
roda traseira 197
rodapé da cama 71
rodas de apoio 207
rodeio 243
rolha 134
rolo 83, 139, 260, 311
rolo da massa 69
romã 128
romance 255
rombo 164
Romênia 316
roquete 80
rosa 110
rosca chata 80
rosé 145
rosmaninho 133
rosto 14
rótula 17
rótulo 173
rotunda 195
roubo 94
rough 232
roulotte 266
roupa 32, 205
roupa de cama 74
roupa de casa 105
roupa de couro 205
roupa de dormir 31
roupa de esqui 246
roupa de homem 32, 105
roupa de mergulho 239
roupa de mulher 34, 105
roupa de treino 31, 32
roupa desportiva 33
roupa espacial 281
roupa impermeável 267
roupa interior 32
roupa isotérmica 267
roupa limpa 76
roupa para a neve 30
roupa suja 76
roupão 31, 32
roupão de banho 73
rua 298
rua de sentido único 194, 298
rua transversal 299
Ruanda 317
rubi 288
rúcula 123
ruga 15
ruibarbo 127
ruína famosa 261
ruivo 39

338   português • deutsch

ÍNDICE PORTUGUÊS • PORTUGIESISCHES REGISTER

rum 145
rum com cola 151

S
S. Cristóvão e as Nevis 314
S. Vicente e as Granadinas 314
S.ta Lúcia 314
sábado 306
sabão 73
saboneteira 73
saca-rolhas 150
sacho 88
saco 311
saco de areia 237
saco de chá 144
saco de compras 106
saco de golfe 233
saco de muda 75
saco de pasteleiro 69
saco de plástico 122
saco de praia 264
saco de recolha 88
saco de viagem 37
saco postal 190
saco-cama 267
safari park 262
safira 288
saia 30, 34
saída 61, 194, 210
saída de emergência 95, 210
saídas 75
sal 64, 152
sala de aula 162
sala de embarque 213
sala de espera 45
sala de estar 62
sala de jantar 64
sala de leitura 168
sala de máquinas 214
sala de operações 48
sala de reuniões 174
sala de tribunal 180
sala de urgências 48
salada 149
salada mista 158
salada verde 158
salamandra 294
salame 142
salário 175
salgado 121, 129, 137, 143, 155, 296
salmão 120
salmonete 120
salsa 133
salsicha 155, 157
salsichão 142
salsichão picante 142
salsichas 118

saltar (v) 227
saltar à corda (v) 251
salteado 158
saltear (v) 67
salto 235, 237, 243, 247
salto à vara 234
salto em altura 235
salto em comprimento 235
salto mortal 235
salva 133
salva-vidas 239, 265
salvo 228
San Marino 316
sandália 37
sandália de plataforma 37
sandálias 31
sanduíche 155
sanduíche aberta 155
sanduíche club 155
sanduíche torrada 149
sanita 61
São Tomé e Príncipe 317
sapataria 114
sapatilha 37
sapatilhas 31, 251
sapato de cordões 37
sapato de golfe 233
sapato de homem 37
sapato de pele 37
sapato de tacão 37
sapatos 34, 37
sapatos de pele 32
sapo 294
Sara Ocidental 317
saraiva 286
sarampo 44
sarda 15
Sardenha 316
sardinha 120
satélite 281
satsuma 126
Saturno 280
saúde 44
sauna 250
saxofone 257
sazonal 129
scâner 176
scooter 205
scrabble 272
sebe 90, 182
secador 38
seção 282
seção de bagagens 104
seção de sapataria 104
seção infantil 104
secas (v) 76
secar com o secador (v) 38
seco 39, 41, 129, 130, 145, 286

secretaria 168, 172
século 307
sedã 199
seda 277
sedativo 109
sede 175
sedimentar 288
segunda-feira 306
segundo 304, 309
segundo andar 104
segurança 75, 189, 212, 240
seguro 203
seio 12, 19
seiscentos 308
sela 242
sela de senhora 242
seletor de pontos 276
selim 206, 242
selo 98
selos 112
sem alças 34
sem capota 260
sem chumbo 199
sem costas 35
sem espinhas 121
sem gás 144
sem gelo 151
sem gordura 137
sem mangas 34
sem pele 121
sem sal 137
sem sementes 127
semáforo 194
semana 306
semanal 307
semear (v) 90, 183
semente 127, 128, 130
semente de abóbora 131
semente de girassol 131
semente de sésamo 131
sementeira 91
sementes 88
sementes de funcho 133
sementes de papoila 138
semolina 130
Senegal 317
senha de autocarro 197
Senhor 23
Senhora 23
sensível 41
sentença 181
sentido proibido 195
separador central 194
separar (v) 277

serra de recortes 78, 81
serra de costas 81
Serra Leoa 317
serra para metal 81
serrar (v) 79
serrote 81
Sérvia 316
serviço 231
serviço de empréstimo 168
serviço de lavandaria 101
serviço de limpeza 101
serviço de quarto 101
serviço incluído 152
serviço não incluído 152
serviços 94, 101
servidor 176
servir (v) 64
sessenta 308
set 230
sete 308
setecentos 308
Setembro 306
setenta 308
sétimo 309
sexagésimo 309
sexta-feira 306
sexto 309
shaker 150
shiatsu 54
Sibéria 313
Sicília 316
sida de água 61
sidra 145
silenciador 203, 204
sílex 288
silo 183
sinagoga 300
sinais de trânsito 195
sinal 14, 209
sinal de trânsito 298
sinalização horizontal 194
sinfonia 256
Singapura 319
single 151
singulares 230
sintético 31
sintonizar (v) 179
sintonizar o rádio (v) 269
sirene 94
Síria 318
sistema 176
sistema de altifalante 209
sistema solar 280
sistemas do corpo 19
sistemas internos 60
skate 249
skateboard 249, 263

slalom 247
slalom gigante 247
smash 231
snack-bar 148
snooker 249
snowboard 247
soalho 62
sobrancelha 14, 51
sobremesa 153
sobretudo 31
sobrexposição 271
sobrinha 23
sobrinho 23
sócia 24
soco 237
sofá 62
sofá-cama 63
software 176
sogra 23
sogro 23
Sol 280, 286
sola 37
solarengo 286
solda 79, 81
soldado 189
soldar (v) 79
soletrar (v) 162
solha 120
sólidos 164
solo 85
soltar (v) 245
solução desinfectante 51
solúvel 109
Somália 317
somar (v) 165
sombra 40
sonata 256
sonda 50
sonífero 109
sopa 153, 158
soro de leite 137
sorriso 25
sorvete 141
sótão 58
soufflé 158
spray 109
sprinter 234
squash 231
Sri Lanka 318
stêncil 83
stick 224, 249
stress 55
strike 228
stump 225
Suazilândia 317
subexposição 271
subir (v) 139
submarino 215
subsolo 91
substituição 223
subtrair (v) 165

ÍNDICE PORTUGUÊS • PORTUGIESISCHES REGISTER

subúrbio 299
suco 127, 237
suco de abacaxi 149
suco de frutas 156
suco de laranja 149
suco de maçã 149
suco de tomate 144, 149
suco de uva 144
sucos e batidas 149
suculentas 87
sucursal 175
Sudão 317
Suécia 316
sufocar (v) 47
Suíça 316
sul 312
sulco 183
sultana 129
sumarento 127
supermercado 105, 106
suplemento 55
suplente 223
suporte 88, 166, 205, 268
suporte da câmara 178
suporte de bicicletas 207
suporte de folhas 174
suporte de papel 173
suporte de selim 206
suporte do gancho 166
supositório 109
surf 241
surfista 241
Suriname 315
surpreendido 25
suspeito 94, 181
suspensão 203, 205
suspirar (v) 25
sustenido 256
sutiã 35
sutiã de amamentação 53
sutiã esportivo 35
sweatshirt 33

T
tabacaria 112
tabaco 112, 184
tabela 226
tablete de chocolate 113
tablier 201
tábua de corte 68
tábua de passar 76
tabuleiro 83, 154
tabuleiro de café da manhã 101
tabuleiro de forno 69
tabuleiro de queques 69
tabuleiro de sementes 89
tabuleiro de xadrez 272

tabuleta 104
taça 65
taça para soufflé 69
tacada 233
tacão 37
tacho 69
tacho de barro 69
taco 155, 228
tacos de golfe 233
taekwondo 236
tai-chi 237
Tailândia 318
Taiwan 319
Tajiquistão 318
take-away 154
tala 47
talão 96
talha 275
talhante 118, 188
talheres 64
talho 114
talo 122
tâmara 129
tambor 258
tambor pequeno 257
tamboril 120
tampa 61, 66
tampa da lente 270
tampa da sanita 72
tampão 72, 108, 166, 202
tandem 206
tangerina 126
tanque 61
tanque de água 61
Tanzânia 317
tapeçaria 277
tapete 54, 63, 71
tapete de banho 72
tapete rolante 106
tarde 305
tarifa 197, 209
tartaruga 293
Tasmânia 319
tatuagem 41
taxa de juro 96
taxas de câmbio 97
taxista 190
tear 277
teatro 254, 299
tecelagem 271
tecido 276, 277
tecla 176
teclado 97, 99, 172, 176, 258
técnicas 79, 159
técnico de óptica 189
técnico de som 179
tecto 62
tecto de abrir 202
tee 233

teeing ground 232
tejadilho 203
tela 274
teleférico 246
teleférico de cadeira 246
telefone 99
telefone de cartões 99
telefone de emergência 195
telefone de moedas 99
telefone sem fios 99
telegrama 98
telemóvel 99
telenovela 178
teleobjetiva 270
telescópio 281
teletexto 179
televisão 269
televisão de ecrã panorâmico 269
televisão por cabo 269
telha 58, 187
telhado 58
telhado ajardinado 84
têmpera 274
temperado 159
temperatura 286
tempestade 287
templo 300
tempo 234, 304
têmpora 14
temporal 286
tempos livres 254
tenaz 150, 167
tenda 267
tendão de Aquiles 16
tênis 230, 231
tenista 231
tensão 17
tensão arterial 44
tequila 145
ter um filho (v) 26
terapeuta 55
terapia de grupo 55
terapias alternativas 54
terça-feira 306
terceiro 309
terebentina 83
terminal 212
terminal de ferry 216
térmitas 295
termômetro 45, 167
termosfera 286
termóstato 61
Terra 280, 282
terra 85
terra arável 183
terra firme 282
terraço 84, 85
terramoto 283
terrenos agrícolas 182

território 315
tese 169
tesoura 41, 47, 82, 188, 276
tesoura de aparar 88, 89
tesoura de poda 89
testa 14
teste de gravidez 52
testeira 242
testemunha 180
testemunho 235
testículo 21
testo 69
tetina 75
thriller 255
tia 22
tiara 38
tíbia 17
tiebreack 230
tigela 69
tigre 291
tijolo 187
tília 296
tímido 25
timing 203
Timor Leste 319
tinta 83, 275
tinta acrílica 274
tinta de água 83
tinta de cabelo 40
tinta para madeira 79
tintas 274
tintas de óleo 274
tinto 145
tio 22
tipos 205
tipos de autocarros 196
tipos de câmaras 270
tipos de comboios 208
tipos de pesca 245
tipos de plantas 86
tipos de quintas 183
tira-cápsulas 68, 150
tiro 249
tiro com arco 249
tisana 149
título 168
toalha 64
toalha de banho 73
toalha de praia 265
toalha de rosto 73
toalhas 73
toalheiro 72
toalhete 108
toalhete esterilizado 47
toalhita 74
todo-o-terreno 199
toga 169
Togo 317
toldo 148
tom 256

tomada 60
tomar banho (v) 72
tomar notas (v) 163
tomar uma ducha (v) 72
tomate 125, 157
tomate-cereja 124
tomilho 133
tonalidade 41
tonelada 310
tônico 41
top 35
topázio 288
topiaria 87
topinambo 125
toranja 126
tornado 287
tornear (v) 79
torneio 233
torneira 61, 66
torneira de água fria 72
torneira de água quente 72
torneira de cerveja 150
torno 78
torno de oleiro 275
tornozelo 13, 15
torrada 157
torradeira 66
torrão 71
torre 215, 272, 300
torre de controlo 212
torre de vigilância 265
torreão 300
torta de chantili 141
torta de frutas 140
tosse 44
tosta 138, 156
totós 39
touca 238
toucador 71
toucinho 119
touro 185
trabalho 172
traça 295
tráfego 194
trajo 255
trampolim 235
trança 39
transferência bancária 96
transferidor 165
transformador 60
transmissão 202
transplantar (v) 91
transportes 194
trapézio 16, 164
traqueia 18
traste 258
tratamentos de beleza 41
trator 182
travão 200, 204, 206, 207

português • deutsch

ÍNDICE PORTUGUÊS • PORTUGIESISCHES REGISTER

travão de mão 203
travar (v) 207
trave 235
traveller's cheque 97
treinador 250
treinar (v) 251
treino 237
trekking 243
treliça 84
trem de aterragem 210
trem dianteiro 210
tremor 283
trenó 247
trenó com cães 247
trepadeira 87
três 308
três portas 200
trevo 297
treze 308
trezentos 308
triângulo 164
tribuna 254
tribuna de jurados 180
tricípites 16
tricô 277
trigésimo 309
trigo 130, 184
trigo integral 130
trigo partido 130
trilha sonora 255
trilho manual 196
trimestre 52
trinca de arroz 130
trincha 83
trinco 200
Trindade e Tobago 314
trinta 308
tripé 166, 270, 281
tripulação 241
triste 25
triturador de detritos 61
trocar um pneu (v) 203
trólei 196, 208, 213
tromba 291
trombone 257
trompa 257
trompa do Falópio 17
trompete 257
tronco 296
trópico de Capricórnio 283
trópico de Caranguejo 283
trópicos 283
troposfera 286
trote 243
trovão 286
trufa 113, 125
truta 120
truta de arco-íris 120
tuba 257
tubo 202, 239, 311
tubo de descarga 61

tubo de ensaio 166
tubo de escape 203, 204
tubo do aspirador 77
tulipa 111
Tunísia 317
turbocompressor 203
Turcomenistão 318
turismo 260
turista 260
turmalina 288
turquesa 289
Turquia 318
tutu 191

U
Ucrânia 316
Uganda 317
última demão 83
último andar 141
ultraleve 211
ultrapassar (v) 195
ultra-som 52
um 308
umbigo 12
úmero 17
úmido 286
under par 233
unha 15
unha do pé 15
unidade de cuidados
  intensivos 48
uniforme 94, 189
uniforme escolar 162
universidade 299
universo 280
Urano 280
uréter 21
uretra 20
urinário 19
urologia 49
urso 291
urso de pelúcia 75
urso polar 291
urtiga 297
Uruguai 315
urze 297
usar fio dental (v) 50
Usbequistão 318
utensílio para fazer purê
  68
utensílios de cozinha
  68, 105
útero 20
uva 127
uva-espim 127

V
vaca 118, 185
vacaria 183
vagem 122
vagina 20

vale 284
valeta 299
Valete 273
valor 96
valor das ações 97
valor nominal 97
válvula 207
válvula de corte 61
válvula de pressão 61
vantagem 230
Vanuatu 319
varanda 59
vareta de vidro 167
vareta do nível de óleo
  202
varicela 44
varrer (v) 77, 90
vaso 89, 110
vassoura 77
vassoura de relva 88
veado 118, 291
vedação 85, 182
vedante 83
veia 19
veículo de serviço 212
vela 63, 203, 240, 241
vela grande 240
vela principal 240
velas de aniversário 141
veleiro 215
velocímetro 201
vencedor (v) 273
Venezuela 315
ventilador 210
vento 241, 286
ventoinha 60, 202
ventosa 53
ventoso 286
Vénus 280
Verão 31, 307
verde 129, 274
veredicto 181
vermelho 274
verniz 41, 79, 83
vértebras cervicais 17
vértebras lombares 17
vértebras torácicas 17
vertical 271
vértice 164
vesícula seminal 21
vespa 295
vestíbulo 255
vestido 31, 34
vestido de gala 34
veterinária 189
vez 273
vezes 165
via de acesso 194
viaduto 194
via-férrea 209
viagem de negócios 175

viajante 208
vibrafone 257
videira 183
videofone 99
videogravador 269
vidoeiro 296
vidrar (v) 139
vieira 121
vigésimo 309
vigésimo primeiro 309
vigésimo segundo 309
vigésimo terceiro 309
vigia 214
vinagre 135, 142
vinagre balsâmico 135
vinagre de malte 135
vinagre de sidra 135
vinagre de vinho 135
vinagreta 158
vinha 183
vinho 145, 151
vinho do Porto 145
vinte 308
vinte e dois 308
vinte e um 308
vinte mil 309
viola 256
violeta 274
violino 256
violoncelo 256
virar (v) 241
virar de quilha (v) 241
virilha 12
vírus 44
visão 51
viseira 205
visita guiada 260
visor 271
vitaminas 108
vitela 118
vitelo 185
viveiro 183
vivenda 58
vizinho 24
voar 211
vocalista 258
vodca 145
vodca com laranja 151
volante 201
volante à direita 201
volante à esquerda 201
vólei 231
voleibol 227
volta 238
voltagem 60, 165, 179,
  269, 311
vomitar (v) 44

voo doméstico 212
voo internacional 212
voo planado 248
vulcão 283

W
waffles 157
western 255
whisky 145
whisky com água 151
wicket 225
wicket-keeper 225
windsurfer 241
wok 69

X
xadrez 272
xarope 109
xarope de ácer 134
xarope para a tosse 108
xerez 145
xisto 288

Z
Zâmbia 317
zangado 25
zarpar (v) 217
zebra 291
zero 230, 308
Zimbabué 317
zinco 289
zona 315
zona de abastecimento
  199
zona de ataque 224
zona de defesa 224
zona de fumantes 152
zona de gol 221
zona de não-fumantes
  152
zona final 220
zona funda 239
zona industrias 299
zona neutra 224
zona pedonal 299
zona pouco profunda
  239
zonas 283
zoologia 169

português • deutsch

índice alemão • deutsches Register

A
à la carte 152
Aal m 294
abbiegen 195
Abdeckband f 83
Abdecktuch f 83
Abend m 305
Abenddämmerung f 305
Abendessen n 64
Abendkleid n 34
Abendmenü n 152
Abenteuerfilm m 255
Abfahrtslauf m 247
Abfalleimer m 61
Abfallentsorgung f 61
Abfallsortiereinheit f 61
Abfertigungsschalter m 213
Abflug 213
Abflughalle f 213
Abfluss m 61, 72
Abflussrohr n 61
Abführmittel n 109
abheben 99
Abhebungsformular n 96
Abkühlgitter n 69
Ablage f 172
Ablasshahn m 61
Ableger m 91
Abmessung f 165
Absatz m 37
abschalten 269
Abschlag m 232
abschleppen 195
Abschleppwagen m 203
Abschürfung f 46
Abschuss m 281
Abschussrampe f 281
Abseilen n 248
abseits 247
Abseits n 223
Absender m 98
Absperrhahn m 61
Abspielen n 269
Abteil n 209
Abteilung f 49
Abtropfbrett n 67
Abzeichen n 189
abziehen 82
Abzug m 271
Accessoires n 36
Achat m 289
Achillessehne f 16
Achse f 205
Achselhöhle f 13
acht 308
Achteck n 164
achter 309
Achterbahn f 262
Achterdeck n 214

Achtung 323
achtzehn 308
achtzehnter 309
achtzig 308
Ackerbaubetrieb m 183
Ackerland n 182
Acrylfarbe f 274
Adamsapfel m 19
addieren 165
Adler m 292
Adresse f 98
Adzukibohnen f 131
Aerobic n 251
Affe m 291
Afghanistan n 318
Afrika n 317
AfterSun-Lotion f 108
Ägypten n 317
Ahorn m 296
Ahornsirup m 134
Aikido n 236
Airbag m 201
akademisch 169
Akazie f 110
Akku m 78
Akkuschrauber m 78
Aktenordner m 173
Aktenschrank m 172
Aktentasche f 37
Aktien f 97
Aktienpreis m 97
Aktionen f 227, 229, 233
Aktivität f 162, 245, 262, 263
Akupressur f 55
Akupunktur f 55
Alarmanlage f 58
Alaska n 314
Albanien n 316
Algerien n 317
alkoholfrei 144, 154
alkoholisch 145
Allee f 299
Allergie f 44
Alligator m 293
Alpenpflanze f 87
alt 321
Alternativtherapien f 54
Aluminium n 289
Amazonien n 312
ambulant 48
Ameise f 295
Amethyst m 288
Amniozentese f 52
Ampere n 60
Amphibien n 294
an 320
an Bord gehen 217
Ananas f 128
Ananassaft m 149

Anästhesist m 48
Anbau m 58
anbeißen 245
anbraten 67
anbringen 82
Anden 312
Andenken n 260
Anfang m 321
Angebot n 106
Angebot n 174
Angeklagte m 180, 181
Angelgerät n 245
Angelhaken m 244
Angelrute f 244
Angelschein m 245
Angelsport m 244
angemacht 159
Angestellte m 174
Angler m 244
Angola n 317
angreifen 220, 221, 223
Angriff m 220, 237
Angriffszone f 224
Anhang m 177
Anhänger m 30, 200
Anker m 214, 217, 240
Ankerwinde f 214
Anklage f 94, 180
Ankunft f 213
anlegen 217
Anleihe f 97
Anlieger frei 323
Anorak m 31, 33
Anprobe f 104
Anrede f 23
Anrufbeantworter m 99
Anspielkreis m 224
Anspitzer m 163
anstreichen 83
Antifalten 41
Antigua und Barbuda 314
antihaftbeschichtet 69
Antiquitätenladen m 114
Antiseptikum n 47
Antwort f 163
antworten 163
Anwaltsbüro n 180
Anwendung f 176
Anzeige f 94
Anzeigetafel f 104, 225
Aperitif n 153
Apfel m 126
Apfelsaft m 149
Apfelstecher m 68
Apfelwein m 145
Apfelweinessig m 135
Apotheke f 108
Apotheker m 108
Apothekerin f 189

applaudieren 255
Aprikose f 126
April m 306
Aquamarin m 288
Aquarellfarbe f 274
Äquator m 283
Äquatorial-Guinea n 317
Arabisches Meer n 313
Arbeit f 171
Arbeitgeberin f 24
Arbeitnehmer m 24
Arbeitsessen n 175
Arbeitsfläche f 66
Arbeitszimmer n 63
Architekt m 190
architektonische Garten m 84
Architektur f 300
Architrav m 301
Argentinien n 315
Arithmetik f 165
Arm m 13
Armaturen f 201
Armaturenbrett n 201
Armband n 36
Armbanduhr f 36
Arme Ritter m 157
Armee f 210
Armenien n 318
Ärmel m 34
ärmellos 34
Armstütze f 200
Aromatherapie f 55
aromatisch 130
aromatisiert 134
Art-déco n 301
Arterie f 19
Artischocke f 124
Arzneiausgabe f 108
Arzt m 45, 189
Asche f 283
Aschenbecher m 150
Aserbaidschan n 318
Asien n 318
Asphalt m 187
Ass n 230, 273
Assistentin f 24
assistiert 53
Ast m 296
Asteroid m 280
Asthma n 44
Astigmatismus m 51
Astronaut m 281
Astronomie f 281
Atemloch m 290
ätherisches Öl n 55
Äthiopien n 317
Atlantischer Ozean m 312
Atmosphäre f 282, 286
Atmung f 47

Atmungssystem n 19
Atrium n 104
Aubergine f 125
auf 320
Auf Wiedersehen 322
aufgebracht 25
aufgehen 139
aufgenommen 48
aufgezeichnet 178
Aufhängung f 203, 205
Auflaufform f 69
Auflaufförmchen n 69
auflockern 91
Auflösungszeichen n 256
Aufnahme f 269
Aufsatz m 163
Aufschlag m 231
aufschlagen 231, 266
Aufschlaglinie f 230
Aufschnitt m 118, 143
aufstehen 71
Aufstrich m 134
auftauen 67
auftrennen 277
aufwachen 71
aufwärmen 154, 251
Auge n 14, 51
Augenbraue f 14, 51
Augenbrauenstift m 40
Augenheilkunde f 49
Augenoptiker m 51
August m 306
aus 225, 226, 228, 320
ausblasen 141
ausbrechen 283
Ausfahrt f 194
Ausfallschritt m 251
Ausgang m 210, 322
Auskunft f 99, 168
Auslandsflug m 212
Auslass m 61
auslaufen 217
Ausleger m 95
Auslegerkorb m 95
Ausleihe f 168, 168
ausleihen 168
Auslöser m 270
Auspuff m 203
Auspuffrohr n 204
Auspufftopf m 203, 204
ausputzen 91
ausrollen 67
Ausrüstung f 165, 233, 238
Aussage f 180
Ausschnitt m 34
Außenbordmotor m 215
Außenfeld n 229
Außer Betrieb 322
äußere Erscheinung f 29

342   português • deutsch

ÍNDICE ALEMÃO • DEUTSCHES REGISTER

Äußere n 198
außerhalb 320
ausspülen 38
Ausstellung f 261
Ausstellungsstück n 261
ausstrecken 251
Auster f 121
Australien n 319
Ausverkauf m 322
auswärts essen 147
Auswechslung f 223
auswerfen 245
Auszeit f 220
Auto n 198, 200, 202
Autobahn f 194, 323
Automatik f 200
Automatiktür f 196
Autostereoanlage f 201
Autotür f 198
Autounfall m 203
Autoverleih m 213
Autowaschanlage f 199
Avocado f 128
Ayurveda n 55

B

B n 256
Baby n 23, 30
Babyflasche f 75
Babyhandschuhe m 30
Babyphon n 75
Babyprodukte n 107
Babyschuhe m 30
Babytasche f 75
Babytrageschlinge f 75
Babywanne f 74
Bach m 285
backen 67, 69, 138, 138
Backenzahn m 50
Bäcker m 139
Bäckerei f 114, 138
Backgammon m 272
Backofen m 66
Backpflaume f 129
Backpinsel m 69
Backpulver n 139
Backware f 107
Badeanzug m 238, 265
Badehose f 238
Badekappe f 238
Bademantel m 32, 73
Badematte f 72
Bademeister m 239, 265
baden 72
Badetuch n 73
Badewanne f 72
Badezimmer n 72
Badminton n 231
Bagger m 187
baggern 227
Baguette n 138
Bahamas 314
Bahn f 234, 238
Bahnhof m 208

Bahnhofshalle f 209
Bahnnetz n 209
Bahnsteig m 208
Bahrain n 318
Baiser n 140
Bajonettfassung f 60
Balearen 316
Balken m 186
Balkon m 59, 254
Ball m 75
Ballaststoffe m 127
Ballen m 15, 184
Ballett n 255
Balletröckchen n 191
Balljunge m 231
Ballwechsel m 230
Bambus m 86, 122
Banane f 128
Band n 17, 27, 39, 111, 141
Bandage f 47
Bangladesch n 318
Bank f 96, 250, 262
Bankdirektor m 96
Bankgebühr f 96
Bar f 150, 152
Bär m 291
Barbados n 314
Barhocker m 150
Barkeeper m 150, 191
barock 301
Barren m 235
Basalt m 288
Baseball m 228
Basilikum n 133
Basisstation f 99
Basketball m 226
Basketballspieler m 226
Bassgitarre f 258
Bassgitarrist m 258
Bassklarinette f 257
Bassschlüssel m 256
Batterie f 167, 202, 260
Bau m 186
Bauarbeiter m 186
Bauch m 12
Bauchmuskel m 16
Bauchspeicheldrüse f 18
bauen 186
Bauer m 272
Bauerngarten m 84
Bauernhaus m 182
Bauernhof m 182, 184
Bauholz n 187
Baum m 86, 240, 296
Baumwolle f 184, 277
Baustelle f 186, 323
Baustil m 301

Beat m 259
Beben n 283
Becher m 65
Becherglas n 167
Becken n 17, 61, 257
bedecken 90

Bedienung f 152
Bedienung inbegriffen 152
Beere f 296
Beerenobst n 127
Befestigung f 89
Befruchtung f 20
begeistert 25
Begräbnis n 26
Behälter m 311
Behandlungslampe f 50
Behandlungsschürze f 50
Behindertenparkplatz m 195
bei 320
Beil n 95
Beilage f 153
Beilagenteller m 65
Bein n 12, 64, 119
Beinstütz m 251
Beize f 79
Bekannte m 24
belegt 155
Beleuchtung f 178
Belgien n 316
Belichtung f 271
Belichtungsmesser m 270
Belize n 314
Benin n 317
Benzin n 199
Benzinpreis m 199
Benzintank m 203
Berater m 55
Berg m 284
Bericht m 174
Beruf m 188, 190
Berufung f 181
Beruhigungsmittel n 109
berühmt 261
Besatzungsluke f 281
Beschleuniger m 281
beschneiden 91
Besen m 77
besetzt 99, 321
Besetzung f 254
Besichtigungstour f 260
besorgt 25
besser 321
Besteck n 64, 65
bestellen 153
Bestleistung f 234
Bestuhlung f 254
Besuchszeiten f 48
Betonblock m 187
Betonmischmaschine f 186
Betrag m 96
Betrieb m 183
Betsübung f 251
Blase f 20, 46
Blatt n 122, 296
Blätter n 110
Blätterteig m 140
blau 274
blauer Fleck m 46
Blauschimmelkäse m 136
Blazer m 33

Beutel m 291, 311
Bewährung f 181
bewässern 183
Beweismittel n 181
bewölkt 286
bewusstlos 47
bezahlen 153
Beziehung f 24
Bezirk m 315
Bhutan n 318
Biathlon n 247
Bibliothek f 168, 299
Bibliothekar m 190
Bibliothekarin f 168
Bidet n 72
Biene f 295
Bier n 145, 151
bifokal 51
Bikini m 264
Bilderrahmen m 62
Bildhauer m 191
Bildhauerei f 275
Bildschirm m 97, 172, 176, 269
Bildschirmhintergrund m 177
Bildsucher m 271
Bildtelefon n 99
billig 321
Bimsstein m 73, 288
Binse f 86
Bio-Abfall m 61
biodynamisch 91
Biologie f 162
biologisch 122
biologisch kontrolliert 118
Birke f 296
Birma n 318
Birne f 126
bis 320
Biskuitform f 69
Biskuittörtchen n 140
Biss m 46
Bitte 322
Bitte anklopfen 322
Bitte sehr 322
bitter 124
Bizeps m 16

Blinker m 198, 204
Blitz m 270, 287
Block m 237
blocken 227
blond 39
Blues m 259
blühend 297
Blume f 110
Blumenampel f 84
Blumenarrangement n 111
Blumenbeet n 85, 90
Blumengeschäft n 110
Blumengirlande f 111
Blumenkohl m 124
Blumenstrauß m 111
Blumentopf m 89
Blumenvase f 111
Bluse f 34
Blutdruck m 44
Blutdruckmesser m 45
Blüte f 297
Blütenblatt n 297
Blutung f 46
Blutuntersuchung f 48
Blutwurst f 157
Bobsport m 247
Bockshornklee m 132
Boden m 85
Bodenakrobatik f 235
Bodendecker m 87
Bodenturnen m 235
Bogen m 85, 164, 249, 301
Bogenschießen n 249
Bohnen f 131, 144
bohren 79
Bohrer m 50, 78, 80
Bohrfutter n 78
Bohrmaschine f 78
Bohrwinde f 78
Boiler m 61
Boje f 217
Bolivien n 315
Bomber m 211
Bonbon n 113
Bongos f 257
Bordkarte f 213
Bordstein m 298
Börse f 97
Börsenmakler m 97
Bosnien und Herzegowina n 316
Botsuana n 317
Boutique f 115
Bowling n 249
Bowlingkugel f 249
Boxen m 236
Boxershorts f 33
Boxgymnastik f 251
Boxhandschuh m 237
Boxring m 237
Brand m 95
Brandteig m 140

português • deutsch   **343**

ÍNDICE ALEMÃO • DEUTSCHES REGISTER

Brandung f 241
Brandungsangeln n 245
Brandwunde f 46
Brasilien n 315
braten 67
Braten m 158
bratfertig 119
Bratpfanne f 69
Bratsche f 256
Brauenbürstchen n 40
braun 274
Brause f 89
breit 321
Breite f 165
Breitengrad m 283
Bremsbacke f 207
Bremse f 200, 204
bremsen 207
Bremsflüssigkeitsbehälter m 202
Bremsgriff m 207
Bremspedal n 205
Brenner m 67
Brettspiel n 272
Bridge n 273
Brie f 142
Brief m 98
Brieffreund m 24
Briefkasten m 58, 99
Briefmarke f 98, 112
Briefmarkensammeln n 273
Brieftasche f 37
Briefträger m 98, 190
Briefumschlag m 173
Brille f 51
Brillengestell n 51
Brioche f 157
Brokkoli m 123
Brombeere f 127
Bronze f 235
Brosche f 36
Broschüre f 96
Brot n 138, 157
Brotfrucht f 124
Brotmesser n 68
Brotschneider f 139
browsen 177
Browser m 177
Bruch m 165
Brücke f 300
Bruder m 22
Brühe f 158
Brunei n 319
brünett 39
Brunnenkresse f 123
Brust f 12, 12, 119
Brustbein n 17
Brustflosse f 294
Brustkorb m 17
Brustmuskel m 16
Brustschwimmen n 239
Brustübung f 251

Brustwarze f 12
Brustwirbel m 17
Brutkasten m 53
Bube m 273
Buch n 168
Buche f 296
buchen 212
Bücherregal n 63, 168
Buchhalter m 97
Buchhaltung f 175
Buchladen m 115
buchstabieren 162
Buffet n 152
Bug m 210, 214, 240
Bügelbrett n 76
Bügeleisen n 76
bügeln 76
Bugfahrwerk n 210
Buggy m 232
Bühne f 254
Bühnenbild n 254
Bukett n 35
Bulgarien n 316
Bull's Eye n 273
Bullauge n 214
Bund m 258
Bungalow m 58
Bungeejumping n 248
Bunker m 232
Bunsenbrenner m 166
Buntstift m 163
Burg f 300
Bürgersteig m 298
Burggraben m 300
Burkina Faso n 317
Büro n 24, 172, 172, 174
Büroausstattung f 172
Bürobedarf m 173
Bürogebäude n 298
Büroklammer f 173
bürsten 38, 50
Burundi n 317
Bus m 196
Busbahnhof m 197
Busfahrer m 190
Bushaltestelle f 197, 299
Businessclass f 211
Büstenhalter m 35
Bustier n 35
Bustypen m 196
Butter f 137, 156
Buttermilch f 137
Butternusskürbis m 125
Byte n 176

C

Cabrio n 199
Caddie m 233
Café n 148, 262
Cafetière f 65
Camcorder m 260, 269
Camembert m 142
Campari m 145

Camping n 266
Campingplatz m 266
Campingplatzverwaltung f 266
Campus m 168
Capoeira f 237
Cappuccino m 148
Cashewnuss f 129, 151
Catcher m 229
CD f 269
CD-Spieler m 268
Cello n 256
Champagner m 145
Chassis n 203
Check-up m 50
Cheddar m 142
Cheerleader m 220
Chef m 24
Chemie f 162
Chickenburger m 155
Chicorée m 122
Chile n 315
Chili m 132
China n 318
chippen 233
Chip f 113
Chiropraktik f 54
Chirurg m 48
Chirurgie f 49
Chor m 301
Chorizo f 143
Chrysantheme f 110
Chutney m 135
Cockpit n 210
Cocktail m 151
Cocktailrührer m 150
Cocktailshaker m 150
Cola f 144, 151
Collage f 275
Comicheft n 112
Computer m 172, 176
Container m 216
Containerhafen m 216
Containerschiff n 215
Costa Rica n 314
Couchtisch m 62
Countrymusik f 259
Cousin m 22
Creme f 109
Crêpes f 155
Crew f 241
Croissant m 156
Crosstrainer m 250
CT-Bild n 48
Curling n 247
Curry m 158
Currypulver n 132

D

Dach n 58, 203
Dachboden m 58
Dachgarten m 84
Dachgepäckträger m 198
Dachgesims n 58

Dachrinne f 58
Dachsparren m 186
Dachziegel m 58, 187
Dame f 272, 273
Damenbinde f 108
Damenkleidung f 34
Damenoberbekleidung f 105
Damensattel m 242
Damenschneiderin f 191
Damenwäsche f 105
Damespiel n 272
Dammschnitt m 52
dämpfen 67
Dampflokomotive f 208
Dänemark n 316
Danke 322
Darlehen n 96
Darts n 273
Dartscheibe f 273
das Dschibuti 317
Datei f 177
Dattel f 129
Datum n 306
Dauerwelle f 39
Daumen m 15
Deck n 214
Deckanstrich m 83
Decke f 62, 71, 74
Deckel m 61, 66, 69
decken 64, 227
Dekoration f 141
Delfin m 290
Deltamuskel m 16
Demokratische Republik Kongo f 317
Deo n 73, 108
Dermatologie f 49
Designerin f 191
Desinfektionsmittel n 51
Desinfektionstuch n 47
Desktop m 177
Dessertwagen m 152
Dezember m 306
Diagonale f 164
Diamant m 288
Diaphragma n 21
dichte Nebel m 287
Dichtung f 61
dick 321
Dickdarm m 18
Dicke Bohne f 122
Diele f 59
Dienstag m 306
Dienstleistung f 93, 101
Diesel m 199
Diesellokomotive f 208
digital 269
Digitalkamera f 270
Dill m 133
Dioptrie f 51
Diplom n 169
Dirigent m 256
Discman m 268

Diskette f 176
Diskuswerfen n 234
diskutieren 163
Dissertation f 169
Distel f 297
Disziplin f 247
dividieren 165
Diwali n 27
DJ m 179
Dock n 214, 216
Dokumentarfilm m 178
Dominica n 314
Dominikanische Republik f 314
Domino n 273
Donner m 286
Donnerstag m 306
Doppel n 230
Doppelbett n 71
Doppeldecker m 196, 211
Doppelhaus n 58
doppelt 151
Doppelzimmer n 100
Dorf n 299
Dörrobst n 129, 156
dort 320
Dose f 145, 311
Dosengetränk n 154
Dosenöffner m 68
Dosierung f 109
Dozent m 169
Drachen m 248
Drachenfliegen n 248
Drahtseil n 79
drechseln 79
Drehstuhl m 172
Drehzahlmesser m 201
drei 308
Dreieck n 164
Dreifuß m 166
Dreipunktlinie f 226
dreißig 308
dreitürig 200
dreizehn 308
dreizehnter 309
Dress m 222
Dressurreiten n 243
dribbeln 222, 227
dritter 309
driven 233
Dromedar n 291
drucken 172
drücken 322
Drucken n 275
Drucker m 172, 176
Druckfarbe f 275
Druckknopf m 30
Druckluftflasche f 239
Druckluftgerät n 199
Drüse f 19
Duffelcoat m 31
düngen 90, 91
Dünger m 91
Dunk m 227

ÍNDICE ALEMÃO • DEUTSCHES REGISTER

dunkel 41, 321
Dunkelkammer f 271
dünn 321
Dünndarm m 18
Dunstabzug m 66
durch 320
Durchfall m 44, 109
Durchmesser m 164
Durchschwung m 233
Dusche f 72, 266
duschen 72
Duschgel n 73
Duschkopf m 72
Duschtür f 72
Duschvorhang m 72
Düse f 89
Duty-free-Shop m 213
DVD f 268
DVD-Spieler m 268
Dynamo m 207

E

Eau de Toilette n 41
Ebene f 285
EC-Karte f 96
Eckball m 223
Eckfahne f 223
Eckzahn m 50
Eclair n 140
Economyclass f 211
Ecuador n 315
Edamer m 142
Edelstein m 36
Ehefrau f 22
Ehemann m 22
Ei n 20, 137, 157
Eiche f 296
Eichelkürbis m 125
Eichhörnchen n 290
Eidechse f 293
Eierbecher m 65, 137
Eierschale f 137
Eierstock m 20
Eigelb n 137, 157
Eileiter m 20
Eimer m 77, 82, 265
ein wenig 320
Einbahnstraße f 194, 298, 323
Einbauschrank m 71
Einbruchdiebstahl m 94
einchecken 212
einfach 151
einfädeln 277
einfrieren 67
Eingang m 59, 322
Eingangssperre f 209
eingelegt 159
eingemacht 159
einholen 245
einjährig 86
Einkauf m 103
Einkaufskorb m 106
Einkaufstasche f 106

Einkaufswagen m 106
Einkaufszentrum n 104
Einlagen f 53
einleiten 53
einlochen 233
einloggen 177
einlösen 97
Einmachglas n 135
eins 308
Einsatzpapier n 83
einschalten 269
Einschienenbahn f 208
einschlafen 71
Einschreiben n 98
Einstand m 230
einstellen 179, 271
Einstellknopf m 167
Einstellung f 203
Eintopf m 158
eintopfen 91
Eintritt frei 322
Eintrittsgeld n 260
Einweg- 109
Einwegkamera f 270
Einwegrasierer m 73
einweichen 130
Einwickelpapier n 111
Einwurf m 223, 226
einzahlen 96
Einzahlungsformular n 96
Einzel n 230
Einzelbett n 71
Einzelhaus n 58
Einzelzimmer n 100
Einzugsauftrag m 96
Eis n 120, 137, 149, 151, 287
Eisbär m 291
Eisen n 109, 233, 289
Eisenwarenhandlung f 114
Eisfach n 67
Eisfläche f 224
Eishockey n 224
Eishockeyspieler m 224
Eiskaffee m 148
Eisklettern n 247
Eiskübel m 150
Eiskunstlauf n 247
Eislaufen n 247
Eisprung m 20, 52
Eisschnelllauf n 247
Eistee m 149
Eiswürfel m 151
Eiszange f 150
Eiszapfen m 287
Eiweiß n 137
Ekzem n 44
El Salvador n 314
Elefant m 291
Elektriker m 188
Elektrizität f 60
Elektroartikel m 105, 107
Elektrolokomotive f 208

Elektronenblitz m 270
Elektrorasierer m 73
elf 308
Elfenbeinküste f 317
Elfmeter m 223
elfter 309
Ellbogen m 13
Elle f 17
Ellipse f 164
Eltern 23
E-Mail f 177
E-Mail-Adresse f 177
E-Mail-Konto n 177
Embryo m 52
Empfang m 100
empfangen 20
Empfängnis f 52
Empfängnisverhütung f 21
Empfangsdame f 100, 190
Empfangshalle f 100
Empfehlungszettel m 173
empfindlich 41
Emulsionsfarbe f 83
Ende n 321
Endivie f 123
Endlinie f 226
endokrines System n 19
Endokrinologie f 49
Endzone f 220
Englischhorn n 257
Enkel m 22
Enkelin f 22
Enkelkind n 23
Entbindung f 52, 53
Entbindungsstation f 48, 49
Ente f 119, 185
Entenei n 137
Entenküken n 185
Entfernung f 310
entgrätet 121
Enthaarung f 41
enthäutet 121
Entisolierzange f 81
entlang 320
entlassen 48
Entschuldigung f 322
entschuppt 121
Entspannung f 55
Entwässerung f 91
entwickeln 271
Entzündungshemmer m 109
Epilepsie f 44
Erbsen f 131
Erdbeben n 283
Erdbeere f 127
Erdbeermilchshake m 149
Erde f 85, 280, 282
Erdgeschoss n 104
Erdkruste f 282
Erdkunde f 162

Erdnuss f 129, 151
Erdnussbutter f 135
Erdnussöl n 135
Erdung f 60
Erdzone f 283
Ergebnis n 49
erhalten 177
Eritrea n 317
Erkältung f 44
Ermittlung f 94
Erntedankfest n 27
ernten 91, 183
Ersatzrad n 203
Ersatzspieler m 223
erschrocken 25
Erste Hilfe f 47
erste/r 309
Erste-Hilfe-Kasten m 47
erster 309
ersticken 47
ertrinken 239
eruptiv 288
Erwachsene m 23
Erweiterung f 52
Esel m 185
Espresso m 148
essen 64, 75
Essen n 149
Essig m 135, 142
Esskastanie f 129
Essteller m 65
Esszimmer n 64
Estland n 316
Estragon m 133
Etage f 104
etwas 320
Eukalyptus m 296
Eule f 292
Europa n 316
Examensarbeit f 169
Exosphäre f 286
Extraktion f 50
Eyeliner m 40

F

Fabrik f 299
Fach n 100
Facharzt m 49
Fachbereich m 169
Fächerordner m 173
Fachhochschule f 169
Fadenführung f 276
Fagott n 257
Fahne f 221
Fähre f 215, 216
fahren 195
Fahrer m 196
Fahrerkabine f 95
Fahrersitz m 196
Fahrkarte f 209
Fahrkartenschalter m 209, 216
Fahrplan m 197, 209, 261
Fahrpreis m 197, 209

Fahrrad n 206
Fahrradhelm m 206
Fahrradkette f 206
Fahrradlampe f 207
Fahrradschloss n 207
Fahrradständer m 207
Fahrradweg m 206
Fahrschein m 197
Fahrstuhl m 59, 100, 104
Fährterminal m 216
Fairway n 232
Falke m 292
Falkland-Inseln f 315
Fallen n 237
Fallschirm n 248
Fallschirmspringen n 248
Faltbett n 266
Falte f 15
falten 98
Familie f 22
fangen 220, 225, 227, 229, 245
Fan m 258
Farbe f 83, 273, 274
Farbton m 41
Farbtopf m 83
Farn m 86
Fasan m 119, 293
Fassungsvermögen n 311
faul 127
Faust f 15, 237
Fax n 98, 172
Faxgerät n 172
Februar m 306
Fechten n 249
Feder f 163, 293
Federball m 231
Federmäppchen n 163
Federwaage f 166
fegen 77
Fehler m 230
Fehlgeburt f 52
Feier f 140
Feige f 129
Feijoa f 128
Feile f 81
feine Nebel m 287
Feinkost f 107, 142
Feld m 182, 228, 234, 272
Feldauslinie f 221
Feldfrucht f 183, 184
Feldhockey n 224
Felge f 206
Felgenbremse f 206
Fels m 284
Fenchel m 122, 133
Fenchelsamen m 133
Feng Shui n 55
Fenster n 58, 177, 186, 197, 210
Fensterladen m 58
Ferkel n 185
Fernbedienung f 269

ÍNDICE ALEMÃO • DEUTSCHES REGISTER

Fernglas n 281
fernsehen 269
Fernseher m 269
Fernsehserie f 178
Fernsehstudio n 178
Ferse f 13, 15
Fertiggericht n 107
Fesseln n 237
fest 124
Fest n 27
festlich 141
festmachen 217
Festnahme f 94
Festplattenlaufwerk n 176
Fett n 119
fettarm 137
fettfrei 137
fettig 39, 41
feucht 286
Feuchtigkeitscreme f 41
Feuchttuch n 74
Feuer machen 266
Feueranzünder m 266
feuerfest 69
Feuerlöscher m 95
Feuermelder m 95
Feuerstein m 288
Feuertreppe f 95
Feuerwache f 95
Feuerwehr f 95
Feuerwehrleute 95
Feuerwehrmann m 189
Feuerzeug n 112
Fidschi n 319
Fieber n 44
Figur f 260
Filet n 119, 121
filetiert 121
Film m 260, 271
Filmspule f 271
Filoteig n 140
Filter m 270
Filterkaffee m 148
Filterpapier n 167
Finanzberaterin f 97
Finger m 15
Fingerabdruck m 94
Fingerhut m 276, 297
Fingernagel m 15
Finnland n 316
Finsternis f 280
Firma f 175
Fisch m 107, 120
Fische f 294
Fischer m 189
Fischerboot n 217
Fischereihafen m 217
Fischfangarten f 245
Fischgeschäft n 114, 120
Fischhändlerin f 188
Fischkorb m 245
Fischzucht f 183
Fish and Chips n 155
Fitness f 250

Fitnesscenter n 250
Fitnessgerät n 250
Fitnessraum m 101
Fitnesstrainerin f 250
flach 239
Fläche f 165, 310
Flachholzbohrer m 80
Flachrennen n 243
Flachs m 184
Flachzange f 80
Fladenbrot n 139
Flagge f 232
Flamingo m 292
Flasche f 61, 134, 135, 311
Flaschenöffner m 68, 150
Flaschenwasser n 144
Flauschdecke f 74
Fledermaus f 290
Fleisch n 107, 118, 119, 124, 142
Fleischerhaken m 118
Fleischklopfer m 68
Fleischklöße m 158
Fleischsorten f 119
Fleischspieß m 155
Flicken m 207
Fliege f 36, 244, 295
Fliegenangeln n 246
Fließhecklimousine f 199
Flipchart n 174
Florentiner m 141
Florett n 249
Floristin f 188
Flosse f 290
Flugbegleiterin f 190, 210
Flügel m 60, 119, 293
Fluggastbrücke f 212
Flughafen m 212
Fluginformationsanzeige f 213
Flugnummer f 212
Flugticket n 213
Flugverbindung f 212
Flugzeug n 210
Flugzeugträger m 215
Fluss m 284
Flüssigkeitsmaß n 311
Flüssigreiniger m 77
Flussmündung f 285
Fock f 240
Fohlen n 185
Föhn m 38
föhnen 38
Folk m 259
Follikel m 20
Football m 220
Footballspieler m 220
Forelle f 120
Formbügel m 35
Formen f 164
Formschnitt m 87
Forschung f 169
Fortpflanzung f 20

Fortpflanzungsorgane n 20
Fortpflanzungssystem n 19
Foto n 271
Fotoalbum n 271
Fotoapparattypen m 270
Fotofinish n 234
Fotogeschäft n 115
Fotograf m 191
Fotografie f 270
fotografieren 271
Fotorahmen m 271
Fötus m 52
Foul n 223, 226
Foullinie f 229
Foyer n 255
Fracht f 216
Frachtraum m 215
Frachtschiff n 215
Frage f 163
fragen 163
Fraktur f 46
Frankreich n 316
französischer Senf m 135
Französisch-Guayana n 315
Frau f 12, 13, 23
Fräulein n 23
Freesie f 110
frei 266, 321
freigesprochen 181
Freilandhaltung f 118
Freistoß m 222
Freitag m 306
Freiwurflinie f 226
Freizeit f 253
Freizeitkleidung f 33
Fremdenführerin f 260
Frequenz f 179
Freund m 24
Freundin f 24
Fries m 301
frisch 121, 127, 130
Frischkäse m 136
Friseur m 188
Friseurin f 38
Frisiersalon m 115
Frisiertisch m 71
Frisierumhang m 38
Frisuren f 39
frittiert 159
Frosch m 294
Frost m 287
Frostschutzmittel n 199
fruchtbar 20
Früchtejogurt m 157
Fruchtfleisch n 127, 129
Fruchtgummi m 113
Fruchtmark n 127
Fruchtwasser n 52
früh 305, 320
Frühkohl m 123

Frühling m 307
Frühlingszwiebel f 125
Frühstück n 64, 101, 156, 157
Frühstücksbuffet n 156
Frühstücksspeck m 157
Frühstückstablett n 101
Frühstückstisch m 156
Fuchs m 290
Fuchsschwanz m 81
Fugenkitt m 83
Fühler m 295
Führerstand m 208
Führung f 260
füllen 76
Füller m 163
Füllung f 140, 155
Fumble m 220
fünf 308
Fünfeck n 164
fünfter 309
fünfzehn 308
fünfzehnter 309
fünfzig 308
Funkantenne f 214
für 320
Furche f 183
Fürstentum n 315
Fuß m 12, 15, 310
Fußabtreter m 59
Fußball m 222
Fußballdress m 31
Fußballfeld n 222
Fußballschuh m 223
Fußballspieler m 222
Fußboden m 62, 71
Fußende n 71
Fußgängerüberweg m 195
Fußgängerzone f 299
Fußrücken m 15
Fußschlaufe f 241
Fußsohle f 15
Fußweg m 262
Futter n 32
Futteral n 51
füttern 183

G
Gabel f 65, 153, 207
Gabelstapler m 186, 216
Gabun n 317
Gagat m 288
gähnen 25
Galapagos-Inseln f 315
Galaxie f 280
Gallone f 311
Galopp m 243
galvanisiert 79
Gambia n 317
Gang m 106, 168, 210, 254
Gänge m 153, 206
Gans f 119, 293

Gänseblümchen n 297
Gänseei n 137
ganz 129, 132
Garage f 58
Gardine f 63
Garn n 276
Garnele f 120, 121
Garten m 84
Gartenanlage f 262
Gartenarbeit f 90
Gartencenter n 115
Gartengeräte f 88
Gartenhandschuhe f 89
Gartenkorb m 88
Gartenkürbis m 124
Gartenornament n 84
Gartenpflanze f 86
Gartensauerampfer m 123
Gartenschere f 89
Gartenschlauch m 89
Gartenstöcke m 89
Gartentypen m 84
Gärtner m 188
Gasbrenner m 61, 267
Gashebel m 204
Gaspedal n 200
Gasse f 298
Gast m 64, 100
Gästebuch n 100
Gastgeber m 64
Gastgeberin f 64
Gatenummer f 213
Gaumen m 19
Gaze f 47
Gebäck n 140, 149
gebacken 159
Gebärmutter f 20, 52
Gebärmutterhals m 20, 52
Gebäude n 261, 299, 300
Gebäudereiniger m 188
geben 273
Gebiet n 299
Gebirgskette f 282
geboren werden 26
gebraten 155, 159
Gebrauchsanweisung f 109
Gebrauchtwarenhändler m 115
Geburt f 52, 53
Geburtsgewicht n 53
Geburtshelfer m 52
Geburtstag m 27
Geburtstagsfeier f 27
Geburtstagskerze f 141
Geburtstagskuchen m 141
Geburtsurkunde f 26
Geburtszange f 53
gedämpft 159
Gedeck n 65, 152
Gedränge n 221
Gefahr f 195

ÍNDICE ALEMÃO • DEUTSCHES REGISTER

Gefängnis n 181
Gefängniswärter m 181
Gefängniszelle f 181
gefärbt 39
Geflügel n 107, 119
Gefrierfach n 67
Gefrier-Kühlschrank m 67
gefroren 137
Gefühl n 25
gefüllt 159
gegen 320
gegenüber 320
Gegner m 236
gegrillt 159
Gehalt n 175
gehen lassen 139
Gehirn n 19
Gehirnerschütterung f 46
Gehrungslade f 81
Geige f 256
Geißblatt n 297
gekocht 137
gekrümmt 165
Gel n 109
geladen 60
Geländemotorrad n 205
Geländer n 59
Geländewagen m 199
gelangweilt 25
gelb 274
gelbe Karte 223
Gelbwurz f 132
Geld n 97
Geldautomat m 97
Geldwirtschaft f 97
Geleebonbon m 113
Gelenk n 17
gemahlen 132, 144
Gemälde n 62, 261, 274
Gemüse n 107, 124
Gemüsefach n 67
Gemüsegarten m 85, 182
Gemüsehändler m 188
Gemüseladen m 114
genau 320
Generation f 23
Generator m 60
geöffnet 260
Geometrie f 165
Georgien n 318
Gepäck n 100, 198, 213
Gepäckablage f 209
Gepäckabteilung f 104
Gepäckanhänger m 212
Gepäckausgabe f 213
Gepäckband n 212
Gepäckfach n 196, 210
Copäolrömgonniaschine f 212
Gepäckträger m 204, 207
gepökelt 118, 143
gerade 165
geradeaus 260

geraspelt 132
geräuchert 118, 121, 143, 159
Gerbera f 110
Gerichtsdiener m 180
Gerichtssaal m 180
Gerichtsstenograf m 181
Gerichtstermin m 180
Gerichtsverfahren n 180
gerieben 136
geröstet 129
Gerste f 130, 184
Gerüst n 186
gesalzen 121, 129, 137
Gesäßbacke f 13
Gesäßmuskel m 16
gesäubert 121
Geschäft n 114, 175
Geschäftsabkommen n 175
Geschäftsbogen m 173
Geschäftsfrau f 175
Geschäftsführer m 175
Geschäftsmann m 175
Geschäftspartnerin f 24
Geschäftsreise f 175
geschält 129
Geschenk n 27
Geschenkartikelladen m 114
Geschichte f 162
Geschirr n 64, 65
Geschlechtskrankheit f 20
Geschlechtsteil n 12
Geschlechtsverkehr m 20
geschlossen 260, 321
Geschwindigkeitsbegrenzung f 195
Geschworenenbank f 180
Geschworener m 180
Gesicht n 14
Gesichtsbehandlung f 41
Gesichtscreme f 73
Gesichtsmaske f 41
Gesichtspuder m 40
Gesichtsschutzmaske f 225
Gesichtswasser n 41
Gesims n 300
gestalten 91
Gestänge n 267
Gestein n 288
Gestell n 166, 174
gestern 306, 320
Gesundheit f 43
Gesundheitsfürsorge f 168
geteilt durch 165
Getränk n 144
Getränke n 107, 144, 156
Getreide n 130
Getreideart f 130
Getreideflocken f 107, 130, 156

Getriebe n 202, 204
getrocknet 129, 131, 143, 159
Gewächshaus n 85
Geweih n 291
Gewicht n 166, 244, 310
Gewichte n 250
Gewichtstange f 251
Gewinnanteile m 97
gewinnen 273
Gewinner m 273
Gewitter n 287
Gewölbe n 15, 300
Gewürze n 132
Gewürzessig m 135
Gewürznelke f 133
Geysir m 285
Ghana n 317
Giebel m 300
Giebeldreieck n 301
gießen 67, 89, 90
Gießkanne f 89
Gin m 145
Gin Tonic m 151
Giraffe f 291
Girokonto n 96
Gitarre f 258
Gitarrist m 258
Gitterstäbe n 74
Gladiole f 110
glänzend 83
Glas n 51, 69, 134, 134, 152, 311
Gläser n 150
Glasflasche f 166
glasieren 139
Glaskeramikkochfeld n 66
Glasstäbchen n 167
Glaswaren f 65
glatt 39
glätten 39
Glattrochen m 294
gleich 165
Gleichstrom m 60
Gleichung f 165
Gleis n 209
Gleisnummer f 208
Gleitschirmfliegen n 248
Gletscher m 284
Glied n 36
Glimmer m 289
Glimmerschiefer m 288
glücklich 25
Glühbirne m 60
Glühlampe f 60
Gneis m 288
Gold n 235, 289
Goldbrasse f 120
Goldfisch m 294
Golf n 232
Golfball m 233
Golfplatz m 232
Golfschläger f 233

Golfschuh m 233
Golfspieler m 232
Golftasche f 233
Golfturnier m 233
Gong m 257
Gorilla m 291
gotisch 301
Gottesanbeterin f 295
GPS-System n 201
graben 90
graduieren 26
Graduierte f 169
Graduierungsfeier f 169
Gramm n 310
Granat m 288
Granatapfel m 128
Granit m 288
Grapefruit f 126
Graphit m 289
Gras n 87, 262
Grasfangsack m 88
Grasland n 285
Gräte f 121
grau 39, 274
Graubrot n 139, 149
grauer Star m 51
Gravieren n 275
Greifzange f 167
Grenada n 314
Griechenland n 316
Grieß m 130
Griff m 36, 88, 230, 237
Griffe f 37
Grill m 267
Grille f 295
grillen 67
Grillpfanne f 69
Grippe f 44
grober Senf m 135
Grönland n 314
groß 321
Großbritannien n 316
Großeltern 23
Großmutter f 22
Großraumlimousine f 199
Großsegel n 240
Großvater m 22
Grübchen n 15
grün 129, 232, 274
Grundfarbe f 83
Grundfläche f 164
Grundierung f 40, 83
Grundlinie f 230
Grundriss n 261
grüne Bohnen f 122
grüne Erbsen f 122
Grünkohl m 123
Grüntee m 149
Gruppentherapie f 55
Guatemala n 314
Guave f 128
Guinea n 317
Guinea-Bissau n 317
Gummiband m 173

Gummihöschen n 30
Gummiknüppel m 94
Gummistiefel m 31
Gummistiefel m 89
Gurke f 125
Gürtel m 32, 36, 236, 237
Gürtelschnalle f 36
gut 321
Gute Nacht 322
Guten Abend 322
Guten Morgen 322
Guten Tag 322
Güterzug m 208
Guyana n 315
Gymnastik f 235
Gymnastikband n 235
Gymnastikhose f 251
Gynäkologe m 52
Gynäkologie f 49

H

Haar n 14, 38
Haarband n 39
Haarbürste f 38
Haarfarbe f 39
Haarfärbemittel n 40
Haargel n 38
Haarklammer f 38
Haarknoten m 39
Haarreif m 38
Haarspliss m 39
Haarspray n 38
Haarspülung f 38
Hacke f 88
Hackfleisch n 119
Hackmesser n 68
Hafen m 214, 216, 217
Hafenmeister m 217
Hafer m 130
Haferbrei m 157
Haftbefehl m 180
Haftentlassung f 181
Hagel m 286
Hahn m 61, 185
Hähnchen n 119, 155
Hähnchenstückchen m 155
Hahnenfuß m 297
Haifisch m 294
Haiti n 314
Häkelhaken m 277
Häkeln n 277
Haken m 187, 276
halbfest 136
Halbfettmilch f 136
Halbinsel f 282
Halbkugel f 283
Halbpension f 101
Halbzeit f 223
Halfter n 243
Halloween n 27
Hals m 12, 258
Halskette f 36
Halskrawatte f 46

ÍNDICE ALEMÃO • DEUTSCHES REGISTER

Halspastille f 109
Halstuch n 36
Halswirbel m 17
Haltegriff m 196
Halteknopf m 197
halten 223
Halten verboten 195
Haltung f 232
Hämatit m 289
Hamburger m 154, 155
Hammer m 80
hämmern 79
Hamster m 290
Hand f 13, 15
Handbohrer m 81
Handbremse f 203
Handfeger m 77
Handfläche f 15
Handgabel f 89
Handgelenk n 13, 15
Handgepäck n 211, 213
Handicap n 233
Handknöchel m 15
Handlauf m 59
Handrad n 276
Handsäge f 89
Handschaltung f 200
Handschellen f 94
Handschuh m 224, 228, 233, 236, 246
Handschuhe m 36
Handtasche f 37
Handtuch n 73, 73
Handtuchhalter m 72
Handy n 99
Hang m 284
Hängematte f 266
Hängeordner m 173
Hantel f 251
Hardware f 176
Harfe f 256
Harke f 88
harken 90
Harnleiter m 21
Harnröhre f 20
Harnsystem n 19
hart 129, 321
Hartfaserplatte f 79
Hartholz n 79
Hartkäse m 136
Haselnuss f 129
Haselnussöl n 134
hässlich 321
Hauptfahrwerk n 210
Hauptgericht n 153
Hauptmahlzeit f 158
Hauptstadt f 315
Haus n 57, 58
Hausanschlüsse m 60
Hausapotheke f 72
Hausaufgabe f 163
Hausbriefkasten m 99
Haushaltsraum m 76
Haushaltswaage f 69

Haushaltswaren f 107
Haushaltswäsche f 105
Hausschuhe m 31
Haustür f 58
Haustürlampe f 58
Haut f 14, 119, 126
Hautausschlag m 44
Hautpflege f 108
Hawaii n 314
Heavymetal n 259
Hebamme f 53
Hebel m 61, 150
Heck n 210, 240
Hecke f 85, 90, 182
Heckenschere f 89
Hecktür f 198
Hefe f 138
Hefebrötchen n 139
Hefeknoten m 139
Heft n 163
heften 277
Hefter m 173
hegen 91
Heidekraut n 297
Heidelbeere f 127
Heilbuttfilet n 120
Heilkraut n 55
Heimwerkstatt f 78
heiraten 26
heiß 286, 321
Heißluftballon m 211
Heißwasserhahn m 72
Heizdecke f 71
Heizelement n 61
Heizkörper m 60
Heizlüfter m 60
Heizofen m 60
Heizungsregler m 201
hell 41, 321
Helm m 220, 228
Hemd n 32, 251
Hemdchen n 30
Henkel m 106
Herbizid n 183
Herbst m 31, 307
Herde f 183
Hering m 266
Herr m 23
Herrenbekleidung f 32, 105
Herrenfriseur m 39
Herrenhalbschuh m 37
herunterladen 177
Herz n 18, 119, 122, 273
Herz- und Gefäßsystem n 19
Herzinfarkt m 44
Herzmuschel f 121
Heu n 184
Heuschnupfen m 44
Heuschrecke f 295
heute 306
Hieb m 237
hier 320
hier essen 154

Hi-Fi-Anlage f 268
Hilfskoch m 152
Himalaya n 313
Himbeere f 127
Himbeerkonfitüre f 134
hinauf 320
Hindernis n 243
hinter 320
Hinterrad n 197
hinunter 320
Hirsch m 291
Hirse f 130
historisch 261
HNO-Abteilung f 49
Hobel m 81
hobeln 79
hoch 271, 321
hochbinden 91, 91
Hochfrisur f 39
Hochgeschwindigkeitszug m 208
hochglanz 271
Hochschule f 168
Hochseefischerei f 245
Hochsprung m 235
Höchstlademarke f 214
Hochzeit f 26, 35
Hochzeitsfeier f 26
Hochzeitskleid n 35
Hochzeitsreise f 26
Hochzeitstag m 26
Hochzeitstorte f 141
hochziehen 251
Höcker m 291
Hockey n 224
Hockeyball m 224
Hockeyschläger m 224
Hoden m 21
Hodensack m 21
Hof m 58, 84, 182
Höhe f 165, 211
Höhenleitwerk n 210
Höhle f 284
Hole-in-One n 233
Holz n 79, 233, 275
Holzarbeit f 275
Holzblasinstrumente f 257
Holzbohrer m 80
Holzkohle f 266
Holzleim m 78
Holzlöffel m 68
Holzspäne m 78
homogenisiert 137
Homöopathie f 55
Honduras n 314
Honig m 134
Hormon n 20
Horn n 257, 291
Hornhaut f 51
Horrorfilm m 255
Hörsaal m 169
Hose f 32, 34
Hot Dog m 155

Hotel n 100, 264
Hubschrauber m 211
Huf m 242, 291
Hufeisen n 242
Hüfte f 12
Hügel m 284
Huhn n 119, 185
Hühnerei n 137
Hühnerfarm m 183
Hühnerstall m 185
Hülse f 130
Hülsenfrüchte f 130
Hummer m 121, 295
Hund m 290
hundert 308
Hundeschlittenfahren n 247
hungrig 64
Hupe f 201, 204
Hürdenlauf m 235
Hurrikan m 287
Husten m 44
Hustenmedikament n 108
Hut m 36
Hüttenkäse m 136
Hydrant m 95
Hypnotherapie f 55
hypoallergen 41
Hypotenuse f 164
Hypothek f 96

Igel m 290
Imbissstand m 154
Imbissstube f 154
immer 320
immergrün 86
Immobilienmakler m 115
Immobilienmaklerin f 189
Impfung f 45
impotent 20
in 320
Indien n 318
indigoblau 274
Indischer Ozean m 313
Indonesien n 319
Industriegebiet n 299
Infektion f 44
Information f 261, 303
Infusomat m 53
Ingwer m 125, 133
Inhalationsapparat m 44
Inhalierstift m 109
Inlandsflug m 212
Inlinerfahren n 263
Innenausstattung f 200
Innenfeld n 228
Innenstadt f 299
Innereien f 118
innerhalb 320
Inning n 228
ins Bett gehen 71
Insektenschutzmittel n 108

Insektenspray n 267
Insel f 282
Inspektor m 94
installieren 177
Instrument n 258
Insulin n 109
Intensivstation f 48
Intercity m 209
interessant 321
Internet n 177
Interview n 179
Ionosphäre f 286
Irak m 318
Iran m 318
Iris f 51, 110
Irland n 316
Isolierband f 81
Isolierung f 61
Israel n 318
Italien n 316

J
Ja 322
Jacht f 215
Jachthafen m 217
Jacke f 32, 34
Jade m 288
Jagdflugzeug n 211
Jagdrennen n 243
Jahr n 306, 307
Jahreszeit f 307
Jahrhundert n 307
jährlich 307
Jahrmarkt m 262
Jahrtausend n 307
Jahrzehnt n 307
Jakobsmuschel f 121
Jalousie f 63
Jamaika n 314
Jamswurzel f 125
Januar m 306
Japan n 318
jäten 91
Jazz n 259
Jeans f 31
jede 320
Jemen m 318
jenseits 320
Jetskifahren n 241
jetzt 304, 320
joggen 251
Jogging n 251, 263
Jogurt n 137
Johannisbeere f 127, 127
Joker m 273
Jordanien n 318
Journalist m 191
Judo n 236
Jugendliche f 23
Jugendstil n 301
Juli m 306
jung 321
Junge m 23
Junge n 290

português • deutsch

ÍNDICE ALEMÃO • DEUTSCHES REGISTER

Juni m 306
Jupiter m 280
Juwelier m 188
Juwelierarbeit f 275
Juweliergeschäft n 114

K
Kabel n 79, 207
Kabelfernsehen n 269
Kabeljau m 120
Kabinda n 317
Kabine f 210, 214
Kabinenlift m 246
kacheln 82
Käfer m 295
Kaffee m 144, 148, 153, 156, 184
Kaffeelöffel m 153
Kaffeemaschine f 148, 150
Kaffeemilchshake m 149
Kaffeetasse f 65
kahl 39
Kai m 216
Kaiserschnitt m 52
Kajak n 241
Kakadu m 293
Kakaopulver m 148
Kaki f 128
Kaktus m 87
Kaktusfeige f 128
Kalb m 185
Kalbfleisch n 118
Kalender m 306
Kaliningrad n 316
Kalk m 85
Kalkstein m 288
kalt 286, 321
kaltgepresst 135
Kaltwasserhahn m 72
Kalzit m 289
Kalzium n 109
Kambodscha n 318
Kamera f 178, 260
Kamera für APS-Film f 270
Kamerakran m 178
Kameramann m 178
Kameratasche f 271
Kamerun n 317
Kamillentee m 149
Kamin m 63
Kamingitter n 63
Kaminsims n 63
Kamm m 38
kämmen 38
Kammer f 283
Kampf m 237
Kampfsport m 236
Kampfsportarten f 237
Kanada n 314
Kanal m 178, 269, 299
Kanalschacht m 299
Kanarienvogel m 292

Kandare f 242
kandiert 129
Känguru m 291
Kaninchen n 118, 290
Kante f 246
Kanter m 243
Kanu n 214
Kanusport m 241
Kapern f 143
Kapitalanlage f 97
Kapitän m 214
Kapsel f 109
Kapstachelbeere f 128
Kapuze f 31
Kapuzenmuskel m 16
Karamell m 113
Karamellpudding m 141
Karate m 236
Kardamom m 132
Kardanwelle f 202
Kardiologie f 49
Karibisches Meer m 312
Karies m 50
Karneval m 27
Karo m 273
Karosserie f 202
Karotte f 124
Karte f 27, 223
Kartenreiter m 173
Kartenschlitz m 97
Kartenspiel m 273
Kartentelefon n 99
Kartoffel f 124, 124
Kartoffelchips m 151
Kartoffelstampfer m 68
Kasachstan n 318
Käse m 136, 156
Kasino n 261
Kaspisches Meer n 313
Kasse f 106, 106, 150, 255
Kasserolle f 69
Kassette f 269
Kassettenrekorder m 269
Kassierer m 96, 106
Katalog m 168
Katamaran m 215
Katar n 318
Kathedrale f 300
Katheter m 53
Kätzchen m 290
Katze f 290
Katzenauge m 204
Kaufhaus n 105
Kaugummi m 113
Kaulquappe f 294
Kaution f 181
Kegel m 164, 249
Kehldeckel m 19
Kehle f 19
Kehlkopf m 19
Kehrblech n 77
Keilriemen m 203
Keine Zufahrt 323

Keks m 113
Kekse f 141
Kelch m 297
Kelle f 187
Kellergeschoss n 58
Kellner m 148, 152
Kellnerin f 191
Kendo m 236
Kenia n 317
Kennmarke f 94
kentern 241
Kern m 122, 127, 128, 129, 130, 282
Kerngehäuse n 127
kernlos 127
Kerze f 63
Kescher m 244
Kessel m 61
Kesselpauke f 257
Ketschup m 135
Kette f 36
Kettenzahnrad m 207
Keule f 119, 228
Keyboard n 258
Kichererbsen f 131
Kickboxen m 236
kicken 221, 223
Kiefer m 296
Kieferknochen m 17
Kiel m 214
Kieme f 294
Kies m 88
Kilogramm m 310
Kilometer m 310
Kilometerzähler m 201
Kind m 23, 31
Kinder 23
Kinderabteilung f 104
Kinderbett f 74
Kinderheilkunde f 49
Kinderkleidung f 30
Kinderportion f 153
Kindersicherung f 75
Kindersitz m 198, 207
Kinderstation f 48
Kinderstuhl m 75
Kinderwagen m 75
Kinderzimmer n 74
Kinn n 14
Kino m 255, 299
Kinosaal m 255
Kipper m 187
Kirche f 299, 300
Kirgisistan n 318
Kirsche f 126
Kirschtomate f 124
Kissenbezug m 71
Kiwi f 128
Klammer f 166, 173
Klampe f 240
Klappe f 179
Klapptisch m 210
Klarinette f 257
Klasse f 163

Klassenzimmer m 162
klassische Musik f 255, 259
klassizistisch 301
Klatschmohn m 297
Klaue f 291
Klavier n 256
Klebepistole f 78
Klebstoff m 275
Klee m 297
Kleid n 31, 34
Kleiderbügel m 70
Kleiderschrank m 70
Kleidung f 205
Kleie f 130
klein 321
Kleinbus m 197
Kleinkind n 30
Kleinwagen m 199
Kleisterbürste f 82
Klementine f 126
Klemmbrett m 173
Klempner m 188
Klettergerüst n 263
Klettern n 248
Kletterpflanze f 87
Klient m 180
Klimaanlage f 200
Klinge f 89
Klingel f 197
Klinik f 48
Klippe f 285
Klitoris f 20
Klöppel m 277
Klubhaus n 232
Klubsandwich m 155
Knabbereien f 151
Knäckebrot m 139, 156
knackig 127
Knebelknopf m 31
kneten 138
Knie n 12
Kniebeuge f 251
knielang 34
Kniescheibe f 17
Knieschützer m 205, 227
Kniesehnenstrang m 16
Knoblauch m 125, 132
Knoblauchpresse f 68
Knöchel m 13, 15
knöchellang 34
Knochen m 17, 119
Knochenasche f 88
Knockout m 237
Knopf m 32
Knopfloch n 32
Knorpel m 17
Knospe f 111, 297
Kolaboli m 291
Koch m 190
köcheln lassen 67
kochen 67, 130
Kochen n 67
Köcher m 249

Kochfeld n 67
Kochmütze f 190
Kochtopf m 69
Köder m 244
Köderhaken m 244
ködern 245
Kofferkuli m 100, 208, 213
Kofferraum m 198
Kohl m 123
Kohle f 288
Kohlensäure f 144
Kohlestift m 275
Kohlrabi m 123
Kohlrübe f 125
Koikarpfen m 294
Kokon m 295
Kokosnuss f 129
Kolben m 166
Kolibri m 292
Kollege m 24
Kolonie f 315
Kolumbien n 315
Kombination f 247
Kombinationszange f 80
Kombiwagen m 199
Kombüse f 214
Komet m 280
Kommandobrücke f 214
Kommandoturm m 215
Kommode f 70
Kommunikation f 98
Komödie f 255
Komoren 317
Kompass m 240, 312
Komposterde f 88
Komposthaufen m 85
Kondensmilch f 136
Konditor m 113
Konditorcreme f 140
Konditorei f 114
Kondom n 21
Konfirmation f 26
Konfitüre f 156
Konglomerat n 288
Kongo n 317
König m 272, 273
Konserve f 107
Konsultation f 45
Kontaktlinsen f 51
Kontaktlinsenbehälter m 51
Kontinent m 282, 315
Kontonummer f 96
Kontoüberziehung f 96
Kontrabass m 256
Kontrafagott m 257
Kontrollturm m 212
Konzert n 255, 258
Kopf m 12, 19, 112, 230
Kopfdünger m 90
köpfen 222
Kopfende n 70
Kopfhaut f 39

ÍNDICE ALEMÃO • DEUTSCHES REGISTER

Kopfhörer m 268
Kopfkissen n 70
Kopfschmerz m 44
Kopfschutz m 74, 236
Kopfstütze f 200
Kopfverletzung f 46
kopieren 172
Kopilot m 211
Koppel f 243
Korallenriff m 285
Korb m 207, 226
Korbbrett n 226
Körbchen n 74
Korbring m 226
Koriander m 133
Korinthe f 129
Korken m 134
Korkenzieher m 150
Körner n 131
Körnerbrot n 139
Körper m 12, 164
Körperlotion f 73
Körperpuder m 73
Körpersysteme n 19
Körperverletzung f 94
Korrekturstift m 40
Korsett n 35
Korsika n 316
Kosovo m 316
Kotelett n 119
Krabbe f 121
Kraftstoffanzeige f 201
Kraftstofftank m 204
Krafttraining n 251
Kragen m 32
Krähe f 292
Krake f 121, 295
Kralle f 293
Krampf m 239
Krämpfe m 44
Kran m 187, 216
Kranich m 292
krank 321
Krankenhaus n 48
Krankenschwester f 45, 48, 52, 189
Krankenwagen m 94
Krankheit f 44
Kranz m 111
Krater m 283
kratzen 77
Kraulen n 239
Kraut n 86
Kräuter n 132, 133, 134
Kräutergarten m 84
Kräuterheilkunde f 55
Kräuterheilmittel n 108
Kräutermischung f 132
Kräutertee m 149
Krawatte f 32
Krawattennadel f 36
Krebs m 121, 295
Kreditkarte f 96
Kreide f 162, 288

Kreis m 164
Kreissäge f 78
Kreisverkehr m 195
Kreuz n 256, 273
Kreuzblume f 300
kreuzen 241
Kreuzkümmel m 132
Kreuzschlitzschraubenzieher m 80
Kreuzung f 298
Kricket n 225
Kricketball m 225
Kricketspieler m 225
Krickettor n 225
Kriechpflanze f 87
Kriegsschiff n 215
Kriminalbeamte m 94
Kristalltherapie f 55
Kroatien n 316
Krokodil n 293
Krokodilklemme f 167
Krone f 50
Kröte f 294
Krug m 65, 151
Kruste f 139
Kuba n 314
Küche f 66, 152
Kuchenblech n 69
Küchenhof m 152
Kuchenform f 69
Küchengerät n 68
Küchengeräte f 66, 105
Küchenmaschine f 66
Küchenmesser n 68
Küchenregal n 66
Küchenschrank m 66
Kuchenteil m 139
Kugel f 149, 164
Kugelstoßen n 234
Kuh f 185
Kühler m 202
Kühlmittelbehälter m 202
Kühlschrank m 67
Kuhmilch f 136
Küken n 185
Kulisse f 254
Kultivator m 182
Kümmel m 131
Kumquat f 126
Kunde m 96, 104, 106, 152, 175
Kundendienst m 104
Kundendienstabteilung f 175
Kundin f 38
Kung-Fu n 236
Kunst f 162
Kunstfertigkeit f 275
Kunstgalerie f 261
Kunstgeschichte f 169
Kunsthandlung f 115
Kunsthandwerk n 274, 276
Kunsthochschule f 169

Künstlerin f 274
Kupfer n 289
Kuppel f 300
Kupplung f 200, 204
Kürbis m 125
Kürbiskern m 131
Kurierdienst m 99
kurz 32, 321
kurzgebraten 159
Kurzhaarschnitt m 39
Kurzsichtigkeit f 51
Kurzwaren f 105
Kurzwelle f 179
Kuscheltier n 75
Kuskus m 130
Küste f 285
Küstenwache f 217
Kuwait n 318

L

Labor n 166
Laborwaage f 166
Lächeln n 25
lachen 25
Lachs m 120
Lack m 79, 83
Lacrosse n 249
Lacrosseschläger m 249
l aden m 298
Lagerfeuer n 266
Laib m 139
Lake f 143
Laken n 74
Lakritze f 113
Laktose f 137
Lamm n 118, 185
Lampe f 62, 105
Land n 282, 315
Landebahn f 212
landen 211
Landkarte f 195
Landschaft f 284
Landungsbrücke f 214
Landungssteg m 217
Landwirt m 182, 189
lang 32
Länge f 165, 310
Längengrad m 283
Langkorn n 130
Langlauf m 247
langsam 321
Langsam fahren 323
Längsschnitt m 282
langweilig 321
Langwelle f 179
Laos n 318
Laptop m 175, 176
Lärche f 296
Lastwagen m 194
Lastwagenfahrer m 190
Laterne f 217
Latte f 235
Lätzchen n 30
Latzhose f 30

Laubbaum m 86
Laubrechen m 88
Laubsäge f 81
Lauch m 125
Lauf m 228
Laufband n 106, 250
Läufer m 272
Laufstall m 75
laut 321
Lautsprecher m 176, 209, 258
Lautsprecherbox f 268
Lautstärke f 179, 269
Lava f 283
Lawine f 247
Leadsänger m 258
Lebensgefahr f 322
Lebensmittel n 106
Lebensmittelabteilung f 105
Lebensmittelgeschäft n 114
Leber f 18, 118
Lederanzug m 205
Lederschuh m 37
Lederschuhe m 32
leer 321
Leerlauf m 203
Leerung f 98
legen 38
leger 34
Leggings f 31
Leguan m 293
Lehm m 85
Lehne f 64
Lehrer m 54
Lehrerin f 162, 190
leicht 321
Leichtathletik f 234
Leichtflugzeug n 211
Leinen n 277
Leinwand f 255, 274
leise 321
Leiste f 12
Leiter f 95, 186
Leitkegel m 187
Leitplanke f 195
Leitung f 60
Leitungswasser n 144
Lendenbereich m 13
Lendensteak m 119
Lendenwirbel f 17
Lenkrad n 201
Lenkstange f 207
lernen 163
Lernen n 161
Leselampe f 210
lesen 162
Leserausweis m 168
Lesesaal m 168
Lesotho n 317
Lettland n 316
letzte/r 320
Leuchtrakete f 240

Leuchtstreifen m 205
Leuchtturm m 217
Leukoplast n 47
Levkoje f 110
Lexikon n 163
Libanon m 318
Libelle f 295
Liberia f 317
Libyen n 317
Licht n 94
Lichtmaschine f 203
Lichtschalter m 201
Lid n 51
Lidschatten m 40
Liebesfilm m 255
Liechtenstein n 316
Lied n 259
Lieferung f 154
Liege f 48
Liegestuhl m 265
Liegestütz m 251
Liga f 223
Likör m 145
lila 274
Lilie f 110
Limonade f 144
Limone f 126
Limousine f 199
Linde f 296
Lineal n 163, 165
Linie f 165
Liniennummer f 196
Linienrichter m 220, 223, 230
Liniensystem n 256
links 260
Linkssteuerung f 201
Linse f 51, 270
Linsen f 131
Lipgloss n 40
Lippe f 14
Lippenkonturenstift m 40
Lippenpinsel m 40
Lippenstift m 40
Litauen n 316
Liter m 311
Literatur f 162
Literaturliste f 168
Literaturwissenschaft f 169
Litschi f 128
live 178
Lob m 231
Loch n 232
Locher m 173
Lockenstab m 38
Lockenwickler m 38
lockig 39
Löffel m 65
Löffelbiskuit m 141
Loganbeere f 127
Loge f 254
Logo n 31
Lohnliste f 175

ÍNDICE ALEMÃO • DEUTSCHES REGISTER

Lokomotive f 208
Lorbeerblatt n 133
Löschfahrzeug n 95
loslassen 245
löslich 109
Lösungsmittel n 83
löten 79
Lötkolben m 81
Lottoschein m 112
Lötzinn m 79, 81
Löwe m 291
Löwenzahn m 123, 297
Luffaschwamm m 73
Luftdüse f 210
Luftfilter m 202, 204
Luftkissenboot n 215
Luftmanschette f 45
Luftmatratze f 267
Luftpost f 98
Luftpumpe f 207
Luftröhre f 18
Lunge f 18
Lungenautomat m 239
Lupine f 297
Lutscher m 113
Luxemburg n 316
Luzerne f 184
lymphatisches System n 19

M

Macadamianuss f 129
Madagaskar n 317
Mädchen n 23
Magen m 18
Magenschmerzen m 44
mager 119
Magermilch f 136
Magister m 169
Magma n 283
Magnesium n 109
Magnet m 167
Mähdrescher m 182
mähen 90
Mahlzeit f 64
Mähne f 242, 291
Mai m 306
Mais m 122, 130, 184
Maisbrot n 139
Maiskeimöl m 135
Majonäse f 135
Majoran m 133
Make-up n 40
Makramee m 277
Makrele f 120
mal 165
Malachit m 289
Malawi n 317
Malaysia n 310
Malediven 318
Malerei f 274
Malerin f 191
Mali n 317
Malspieler m 228

Malta n 316
Malzessig m 135
Malzgetränk n 144
Manager m 174
Manchego m 142
Mandarine f 126
Mandel f 129, 151
Mandelöl n 134
Mango f 128
Mangold m 123
Mangostane f 128
Maniküre f 41
Maniok m 124
Mann m 12, 13, 23
männlich 21
Mannschaft f 220
Manschette f 32
Manschettenknopf m 36
Mantel m 32, 282
Maracas f 257
Marathon m 234
Margarine f 137
Margerite f 110
Marienkäfer m 295
mariniert 143, 159
Marketingabteilung f 175
Markise f 148
Markt m 115
Marmor m 288
Marokko n 317
Mars m 280
Marshmallow n 113
Martini m 151
März m 306
Marzipan n 141
Maschine f 187
Maschinenbau m 169
Maschinengewehr n 189
Maschinenraum m 214
Masern 44
Maske f 236, 249
Maß n 150, 151, 165
Massage f 54
Maße n 310
Mast m 240
Mastdarm m 21
Match n 230
Material n 187
Materialien n 79
Mathematik f 162, 164
Matratze f 70, 74
matt 83, 271
Matte f 54, 235
Mauer f 58, 186, 222
Mauerturm m 300
Mauerwerkbohrer m 80
Maurer m 188
Mauretanien n 317
Maurìtius n 317
Maus f 176, 290
Mautstelle f 194
Mazedonien n 316
MDF-Platte f 79
Mechanik f 202

Mechaniker m 188, 203
Medaille f 235
Medien n 178
Medikament n 109
Meditation f 54
Medizin f 169
Meer n 264, 282
Meerbarbe f 120
Meeresfrüchte f 121
Mehl n 138, 139
mehrjährig 86
Mehrkornbrot n 139
Meile f 310
Meisterschaft f 230
melken 183
Melodie f 259
Melone f 127
Mensa f 168
Mensch m 11
Menstruation f 20
Menüleiste f 177
Merkur m 280
Merlan m 120
Mesosphäre f 286
Messbecher m 69, 150, 311
messen 310
Messer n 65, 66, 80
Messerschärfer m 68, 118
Messleiste f 45
Messlöffel m 109
Metall n 79
Metallbohrer m 80
Metalle m 289
Metallsäge f 81
metamorph 288
Meteor m 280
Meter m 310
Metermaß n 80
Metzger m 118
Metzgerei f 114
Mexiko n 314
Mieder n 35
Miesmuschel f 121
Miete f 58
mieten 58
Mieter m 58
Migräne f 44
Mikrofon n 179, 258
Mikrofongalgen m 179
Mikroskop n 167
Mikrowelle f 66
Milch f 136, 149, 156
Milchkaffee m 148
Milchprodukt n 107
Milchprodukte f 136
Milchproduktion f 183
Milchpulver n 137
Milchpumpe f 53
Milchreis m 130, 140
Milchschokolade f 113
Milchshake m 137, 149
Milchtüte f 136
Milliarde f 309

Milligramm n 310
Milliliter m 311
Millimeter m 310
Million f 309
Milz f 18
Mineralien n 289
Mineralwasser n 144
Minibar f 101
Minidiskrekorder m 268
minus 165
Minuspol m 167
Minute f 304
Minutenzeiger m 304
Minze f 133
mischen 273
Mischpult n 179
Mistgabel f 88
mit 320
mitnehmen 154
Mittag m 305
Mittagessen n 64
Mittagsmenü n 152
Mittelamerika n 314
Mittelfeld n 228
Mittelfinger m 15
Mittelfußknochen m 17
Mittelhandknochen m 17
mittelhart 136
Mittelkreis m 222, 224, 226
Mittellinie f 226
Mittelmeer n 313
Mittelpunkt m 164
Mittelstreifen m 194
Mittelstürmer m 222
Mittelwelle f 179
Mitternacht f 305
Mittwoch m 306
Mixer m 66
Mixerschüssel f 66
Möbel f 105
Möbelgeschäft n 115
Mobile n 74
Mode f 277
Modedesigner m 277
Modell n 169, 190
Modellbau m 275
Modellierholz m 275
Modem n 176
Moderator m 178
Moldawien n 316
Monaco n 316
Monat m 306
monatlich 307
Monatshygiene f 108
Mond m 280
Mondbohnen f 131
Mondfähre f 281
Mondsichel f 280
Mondstein m 288
Mongolei f 318
Monopoly n 272
Monsun m 287
Montag m 306

Montenegro n 316
Monument n 261
Mopp m 77
morgen 306, 320
Morgen m 305
Morgendämmerung f 305
Morgenrock m 31
Mörser m 68, 167
Mörtel m 187
Mosambik n 317
Moschee f 300
Moskitonetz n 267
Motocross n 249
Motor m 88, 202, 204
Motorbootsport m 241
Motorhaube f 198
Motorrad n 204
Motorradhelm m 204
Motorradrennen n 249
Motorradständer m 205
Mountainbike n 206
Mousse f 141
Möwe f 292
Mozzarella m 142
MP3-Spieler m 268
Muffin m 140
Muffinform f 69
mulchen 91
Mülleimer m 67, 266
Müllschlucker m 61
multiplizieren 165
Multivitaminmittel n 109
Mumps m 44
Mund m 14
Mundschutz m 189, 237
Mundstück n 112
Mundwasser n 72
Mungbohnen f 131
Münze f 97
Münzfernsprecher m 99
Münzrückgabe f 99
Muschel f 265, 295
Museum n 261
Musical n 255
Musik f 162, 255
Musiker m 191
Musikgeschäft n 115
Musikhochschule f 169
Musikinstrumente n 256
Musikstile m 259
Muskatblüte f 132
Muskatnuss f 132
Muskel m 16
Mutter f 22, 80
Muttermal n 14
Mütze f 36
Myanmar n 318

N

Naanbrot n 139
Nabe f 206
Nabel m 12
Nabelschnur f 52
nach 320

ÍNDICE ALEMÃO • DEUTSCHES REGISTER

Nachbar m 24
Nachmittag m 305
Nachrichten f 100, 178
Nachrichtensprecher m 191
Nachrichtensprecherin f 179
nachschneiden 39
Nacht f 305
Nachtfalter m 295
Nachthemd n 31, 35
Nachtisch m 153
Nachttisch m 70
Nachttischlampe f 70
Nachtwäsche f 31
Nacken m 13
Nacktschnecke f 295
Nadel f 109, 276
Nadelbaum m 86
Nadelkissen n 276
Nagel m 80
Nagelfeile f 41
Nagelhaut f 15
Nagelknipser m 41
Nagelkopf m 80
Nagellack m 41
Nagellackentferner m 41
Nagelschere f 41
nahe 320
nähen 277
Nähfuß m 276
Nähkorb m 276
Nähmaschine f 276
Nahrungsergänzungsmittel n 55
Nahrungsmittel n 117, 134
Naht f 34, 52
Namensbändchen n 53
Namibia n 317
Nascherei f 113
Nase f 14
Nasenbluten n 44
Nasenklemme f 238
Nasenloch n 14
Nasenriemen m 242
Nashorn n 291
nass 286, 321
Nation f 315
Nationalpark m 261
Naturfaser f 31
Naturheilkunde f 55
Naturreis m 130
Naturwissenschaft f 162, 166
navigieren 240
Nebelfleck m 280
neben 320
Nebengebäude n 182
Nebenhöhle f 19
Nebenwirkungen f 109
Neffe m 23
Negativ n 271
Negligé n 35

nein 322
Nektarine f 126
Nelke f 110
Nenner m 165
Nennwert m 97
Nepal n 318
Neptun m 280
Nerv m 19, 50
Nervensystem n 19
nervös 25
Nessel f 297
Netz n 217, 226, 227, 231, 245
Netzhaut f 51
Netzwerk n 176
neu 124, 321
Neubelag m 187
Neugeborene n 53
Neujahr n 27
Neumond m 280
neun 308
neunter 309
neunzehn 308
neunzehnter 309
neunzig 308
Neurologie f 49
Neuseeland n 319
neutral 60, 224
Nicaragua n 314
nicht 322
Nichte f 23
Nichtraucherbereich m 152
Nickel n 289
nie 320
Niederlande 316
niedrig 321
Niere f 18, 119
Niesen n 44
Niger n 317
Nigeria n 317
Nilpferd n 291
Nockenriemen m 203
Nordamerika n 314
Norden m 312
Nordkorea n 318
nördlich 283
Nordpol m 283
Nordpolarmeer n 312
Nordsee f 312
normal 39
Norwegen n 316
Notation f 256
Notaufnahme f 48
Notausgang m 210, 322
Notbremse f 209
Notdienst m 94
Note f 163, 255, 256
Notfall m 46
Notiz f 163, 175, 191
Notizblock m 173
Notizbuch n 172
Notrufsäule f 195
November m 306

Nudelholz n 69
Nudeln f 158
Nugat m 113
null 230, 308
Nummernschild n 198
Nüsse f 129, 151
Nylon n 277

O
oben 98
Oberarmknochen m 17
Oberdeck n 260
Oberfräse f 78
Oberschenkel m 12
Oberschenkelknochen m 17
Oberschenkelmuskel m 16
Objektivlinse f 167
Objektträger m 167
Oboe f 257
Obsidian m 288
Obst n 107, 126, 128, 157
Obstanbau m 183
Obstkorb m 126
Obstkuchenform f 69
Obstsaft m 156
Obsttortelett n 140
Obus m 196
offen 321
Öffnungszeiten f 322
oft 320
ohne 320
Ohnmacht f 25, 44
Ohr n 14
Öhr n 244
Ohrring m 36
okay 322
Okra f 122
Oktober m 306
Okular n 167, 269
Öl n 134, 142, 143, 199
Oldtimer m 199
Ölfarbe f 274
Olive f 143, 151
Olivenöl n 134
Ölmessstab m 202
Ölsumpf m 204
Öltanker m 215
Oman n 318
Omelett n 158
Onkel m 22
Onkologie f 49
online 177
Onyx m 289
Opal m 288
Oper f 255
Operation f 48
Operationssaal m 48
Optiker m 189
orange 274
Orange f 126
Orangenlimonade f 144

Orangenmarmelade f 134, 156
Orangensaft m 149, 151
Orchester n 254, 256
Orchestergraben m 254
Orchidee f 111
Ordner m 172, 177
Oregano m 133
Organ n 18
Origami m 275
ornamental 87
Orthopädie f 49
Öse f 37, 276
Osten m 312
Osteopathie f 54
Osterglocke f 111
Ostern n 27
Österreich n 316
Ostsee f 313
Otter m 290
Ouvertüre f 256
Overall m 83
Overheadprojektor m 163
Ozean m 282
Ozeandampfer m 214
Ozeanien n 319
Ozonschicht f 286

P
Paar n 24
Päckchen n 112, 311
Paddel n 241
Page m 100
Pagenkopf m 39
Pak-Choi m 123
Pakistan n 318
Palette f 186, 274
Palme f 86, 296
Palmherz m 122
Palmtop m 175
Panama n 314
Pandabär m 291
Paniermehl n 139
Panne f 203
Panzer m 293
Papagei m 293
Papaya f 128
Papierbehälter m 172
Papierführung f 172
Papierklammer f 173
Papierkorb m 172, 177
Papierserviette f 154
Papiertaschentuch n 108
Papiertaschentuchschachtel f 70
Pappe f 275
Pappel f 296
Pappmaschee n 275
Paprika f 124
Paprika m 132
Papua-Neuguinea n 319
Par n 233
Paraguay n 315

parallel 165
Parallelogramm n 164
Paranuss f 129
Parfum n 41
Parfümerie f 105
Park m 261, 262
parken 195
Parkett n 254
Parkplatz m 298
Parkuhr f 195
Parkverbot n 323
Parmesan m 142
Partner m 23
Partnerin f 23
Pass m 213, 223, 226
Passagier m 216
Passagierhafen m 216
Passah n 27
passen 220, 221
Passionsfrucht f 128
Passkontrolle f 212, 213
Pastellstift m 274
Pastete f 142, 143, 156, 158
pasteurisiert 137
Pastinake f 125
Patchwork n 277
Pathologie f 49
Patient m 48
Patientenkurve f 48
Patientenstuhl m 50
Patientenzimmer n 48
Patientin f 45
Patiogarten m 84
Pause f 254, 269
Pausenzeichen n 256
Pay-Kanal m 269
Pazifischer Ozean m 312
Pecannuss f 129
Pedal n 206
Pediküre f 41
Peeling n 41
Pelikan m 292
Pendler m 208
Penis m 21
Peperoni f 124, 143
Peperoniwurst f 142
Pergola f 84
Periduralanästhesie f 52
Periodikum n 168
Perlenkette f 36
Personal n 175
Personalabteilung f 175
Personenwaage f 45
Peru n 315
Perücke f 39
Pessar n 21
Pestizid n 89, 183
Petersilie f 133
Petrischale f 166
Pfannengericht n 158
Pfannenwender m 68
Pfannkuchen m 157
Pfau m 293

ÍNDICE ALEMÃO • DEUTSCHES REGISTER

Pfeffer m 64, 152
Pfefferkorn n 132
Pfefferminz f 113
Pfefferminztee m 149
Pfeife f 112
Pfeil m 249
Perch m 185
Pferd m 185, 235, 242
Pferderennen n 243
Pferdeschwanz m 39
Pferdestall m 243
Pfingstrose f 111
Pfirsich m 126, 128
pflanzen 183
Pflanzen f 296
Pflanzenarten f 86
Pflanzenöl n 135
Pflanzenschildchen n 89
Pflanzschaufel f 89
Pflaster n 47
Pflaume f 126
pflücken 91
pflügen 183
pfropfen 91
Pfund n 310
Phantombild n 181
Philippinen 319
Philosophie f 169
Physik f 162, 169
Physiotherapie f 49
Picknick n 263
Picknickbank f 266
Picknickkorb m 263
Pier m 217
Pik n 273
Pikkoloflöte f 257
Pilates n 251
Pilates-Übung f 251
Pille f 21
Pilot m 190, 211
Pilz m 125
Piment m 132
Pinguin m 292
Piniennuss f 129
PIN-Kode m 96
Pinne f 240
Pinnwand f 173
Pinsel m 274
Pint n 311
Pintobohnen f 131
Pinzette f 40, 47, 167
Pipette f 167
Pistazie f 129
Piste f 247
Pistole f 189
Pitabrot n 139
Pitcher m 229
Pizza f 154, 155
Pizzabelag m 155
Pizzeria f 154
Plädoyer n 180
Plakat n 255
Plakatfarbe f 274
Planet m 280, 282

Planschbecken n 263
Plastiktüte f 122
plastische Chirurgie f 49
Plateau n 284
Plateauschuh m 37
Platin n 289
Platte f 85, 283
Plattenspieler m 268
Platz m 299
Platzanweiser m 255
Platzverweis m 223
Plazenta f 52
plus 165
Pluspol m 167
Pluto n 280
pochieren 67
pochiert 159
Podium n 256
Poker n 273
Pol m 60, 282
Polarkreis m 283
Polarlicht n 286
Polen n 316
polieren 77
Politologie f 169
Politur f 77
Polizei f 94
Polizeiauto n 94
Polizeiwache f 94
Polizist m 94, 189
Poller m 214, 298
Polo n 243
Polster n 224
Polyester m 277
Pommes frites 154
Poolbillard n 249
Popcorn n 255
Popmusik f 259
Pore f 15
Port m 176
Portefeuille n 97
Portion f 64
Portionierer m 68
Portmonee n 37
Portokosten 98
Portugal n 316
Portwein m 145
Porzellan n 105
Posaune f 257
Pose f 244
Post f 98
Postanweisung f 98
Postbeamte m 98
Posteingang m 177
postgraduiert 169
Postkarte f 112
Postleitzahl f 98
Postsack m 98
Poststempel m 98
Posttasche f 190
Potpourri n 111
Praline f 113
Präsentation f 174
Preis m 152

Preiselbeere f 127
Preisliste f 154
Premiere f 254
Presse f 178
Pressluftbohrer m 187
Privatbadezimmer n 100
Privatjet m 211
Privatzimmer n 48
Problem n 271
Profilsäge f 78
Programm n 176, 254, 269
Programmgestaltung f 178
Projektor m 174
Promenade f 265
Promotion f 169
Propeller m 211
Prosciutto m 143
Prospekt m 254
Prostata f 21
Protokoll n 174
Protokollführer m 180
Provinz f 315
Provision f 97
Prozentsatz m 165
Prozessor m 176
Prüfung f 163
Psychiatrie f 49
Psychotherapie f 55
Publikum n 254
Puck m 224
Puder m 109
Puderdose f 40
Puderpinsel m 40
Puderquaste f 40
Puderrouge n 40
Puerto Rico n 314
Pullover m 33
Puls m 47
Pult n 162
Pumps m 37
Punk m 259
Punkt m 273
pünktlich 305
Pupille f 51
Puppe f 75
Puppenhaus n 75
püriert 159
Pute f 119
Putter m 233
putzen 77
Puzzle n 273
Pyramide f 164

Q

Quadrat n 164
Quadratfuß m 310
Quadratmeter m 310
Qualle f 295
Quart n 311
Quarz m 289
Quecksilber n 289
quer 271

Querflöte f 257
Querlatte f 222
Querruder n 210
Quiche f 142
Quitte f 128
Quittung f 152

R

Rachen m 19
Racquetball n 231
Rad n 198, 207
Radar m 214, 281
radfahren 207
Radfahren n 263
Radicchio m 123
Radiergummi m 163
Radieschen n 124
Radio einstellen n 269
Radio n 179, 268
Radiologie f 49
Radiowecker m 70
Radius m 164
Radkappe f 202
Radmutter f 203
Radschlüssel m 203
Rafting n 241
Rahmen m 206
Rahmkäse m 136
Rakete f 211
Rallyefahren m 249
RAM n 176
Ramadan m 27
Rang m 254
Rap m 259
Raps m 184
Rapsöl m 135
Rasen m 85, 90
Rasenmäher m 88, 90
Rasensprenger m 89
Rasentrimmer m 88
Rasieren n 73
Rasierklinge f 73
Rasierschaum m 73
Rasierwasser n 73
Rassel f 74
Rathaus n 299
Ratte f 290
Rattenschwänze m 39
Rauch m 95
Rauchen n 112
Rauchen verboten 322
Raucherbereich m 152
Räucherfisch m 143
Räucherhering m 157
Rauchmelder m 95
Raumanzug m 281
Raumfähre f 281
Raumforschung f 281
Raumstation f 281
Raupe f 295
Raureif m 287

Reagenzglas m 166
Rebound m 226
Rechnung f 152

Recht n 180
rechte Feld n 229
Rechteck n 164
rechts 260
rechts fahren 323
Rechtsabteilung f 175
Rechtsanwalt m 180, 190
Rechtsberatung f 180
Rechtssteuerung f 201
Rechtswissenschaft f 169
Reck m 235
Recyclingbehälter m 61
Redakteurin f 191
Redewendung f 322
reduziert 322
Reflexzonenmassage f 54
Reformhaus n 115
Regal n 268
Regen m 287
Regenbogen m 287
Regenbogenforelle f 120
Regenhaut f 245, 267
Regenmantel m 31, 32
Regenschirm m 36
Regenwald m 285
Reggae n 259
Region f 315
Regisseur m 254
Reibahle f 80
Reibe f 68
reiben 67
reif 129
Reifen m 198, 205, 206
Reifendruck m 203
Reifenpanne f 203, 207
Reifenprofil n 207
Reifenschlüssel m 207
Reihe f 210, 254
Reihenhaus n 58
Reiki n 55
Reiniger m 41
Reinigung f 115
Reinigungsartikel f 77
Reinigungsmittel n 51, 77
Reinigungstuch n 108
Reis m 130, 158, 184
Reisebüro n 114
Reisebürokauffrau f 190
Reisebus m 196
Reiseführer m 260
Reisekrankheitstabletten f 109
Reisescheck m 97
Reisetasche f 37
Reiseziel n 213
Reismelde f 130
Reißverschluss m 277
Reißzwecke f 173
Reiten n 263
Reiter m 242
Reitgerte f 242
Reithelm m 242
Reithose f 242
Reitsport m 242

português • deutsch

353

ÍNDICE ALEMÃO • DEUTSCHES REGISTER

Reitstiefel m 242
Reitweg m 263
Rekord m 234
Relieftapete f 83
Renaissance f 301
Rennbahn f 234
Rennboot n 214
Rennbügel m 207
rennen 229
Rennen n 234
Rennfahrer m 249
Rennmaschine f 205
Rennpferd n 243
Rennrad n 206
Rennrodeln n 247
Rennsport m 249
renovieren 82
Reparaturkasten m 207
Reporterin f 179
Reptilien n 293
Restaurant n 101, 152
Rettich m 125
Rettungsboot n 214, 240
Rettungsring m 240
Rettungssanitäter m 94
Rettungsturm m 265
Return n 231
Revers n 32
Rezept n 45
R-Gespräch n 99
Rhabarber m 127
Rhombus m 164
Richter m 180
richtig 321
Richtungsangabe f 260
Riemen m 207
Riesenslalom m 247
Rinde f 136, 142, 296
Rindfleisch n 118
Ring m 36, 235
Ringbefestigungen f 89
Ringen n 236
Ringfinger m 15
Ringordner m 173
Rinnstein m 299
Rippchen m 155
Rippe f 17
Rippenstück n 119
Robbe f 290
Robe f 169
Rochen m 120, 294
Rochenflügel m 120
Rock m 30, 34
Rockbund m 35
Rockkonzert n 258
Rocky Mountains 312
Rodeo n 243
Roggenbrot n 138
Roggenmehl n 138
roh 124, 129
Rohr n 202
Rohrabschneider m 81
Rohrzange f 81
Rokoko n 301

Rolle f 244, 245, 311
Rollenheft n 254
Roller m 83, 205
Rollo n 63
Rollschuh m 249
Rollschuhfahren n 249
Rollstuhl m 48
Rollstuhlzugang m 197
Rolltreppe f 104
Röntgenaufnahme f 48, 50
Röntgenbild n 50
Röntgenschirm m 45
rosa 274
Röschen n 122
rosé 145
Rose f 110
Rosenkohl m 123
Rosine f 129
Rosinenbrot n 139
Rosmarin m 133
Rost m 67
rostfreier Stahl m 79
rot 39, 271, 274
rotbraun 39
Rote Bete f 125
rote Karte f 223
Rotes Meer n 313
Rotorblatt n 211
Rotzunge f 120
Rough n 232
Route f 260
Ruanda n 317
Rübe f 124
Rubin m 288
Rücken m 13
Rückenbürste f 73
Rückenflosse f 294
rückenfrei 35
Rückenlehne f 210
Rückenmuskel m 16
Rückenschwimmen n 239
Rückgabedatum n 168
Rückhand f 231
Rücklauf m 269
Rücklicht n 204, 207
Rucksack m 31, 37, 267
Rücksitz m 200
Rückspiegel m 198
Rückstrahler m 207
rückwärts 195
Rucola n 123
Ruder n 241
Ruderboot n 214
Ruderer m 241
Rudermaschine f 250
rudern 241
Rufknopf m 48
Rugby n 221
Rugbyball m 221
Rugbyspieler m 221
Rugbytrikot n 221
Ruhestand m 26
Rührei n 157

rühren 67
Rührschüssel f 69
Ruine f 261
Rum m 145, 151
Rumänien n 316
Rumpf m 210, 214, 240
Rumpfheben n 251
Rumpsteak n 119
runde Ausschnitt m 33
Runde f 237
Rundfunkstation f 179
Rundkorn n 130
Rüssel m 291
Russische Föderation f 318
Rutsche f 263
rutschen 229

S

Säbel m 236
Sackgasse f 323
säen 90, 183
Safaripark m 262
Safran m 132
Saft m 109, 127, 149, 159
saftig 127
Sägeblatt n 78
sägen 79
Sahara f 313
Sahne f 137, 140, 157
Sahnetorte f 141
Saint Kitts und Nevis n 314
Saint Lucia n 314
Saint Vincent und die Grenadinen n 314
saisonal 129
Saite f 230, 258
Saiteninstrumente n 256
Salamander m 294
Salami f 142
Salat m 123, 149, 158
Salatsoße f 158
Salbe f 47, 109
Salbei m 133
Salomonen 319
Salto m 235
Salz n 64, 152
salzig 155
Sambia n 317
Samen m 122, 130
Samen m 88
Samenausführungsgang m 21
Samenbläschen n 21
Samenleiter m 21
Sämling m 91
Samstag m 306
San Marino n 316
Sand m 85, 264
Sandale f 31, 37
Sandburg f 265
Sandkasten m 263

Sandsack m 237
Sandstein m 288
Sandwich n 149, 155
Sandwichtheke f 143
Sängerin f 191
Sanitärtechnik f 61
São Tomé und Príncipe n 317
Saphir m 288
Sardine f 120
Sardinien n 316
Satellit m 281
Satellitenschüssel f 269
Satsuma f 126
satt 64
Sattel m 206, 242
Sattelgurt m 242
Sattelstütze f 206
Saturn m 280
Satz m 230
sauber 76, 321
Saubohnen f 131
Saudi-Arabien n 318
sauer 127, 137
Sauerteigbrot n 139
Sauger m 75
Säugetiere n 290
Saugglocke f 53, 81
Säuglingspflege f 74
Saugschlauch m 77
Säule f 301
Saum m 34
Sauna f 250
Saxofon n 257
Scanner m 106, 176
Schabe f 295
Schablone f 83
Schach m 272
Schachbrett n 272
Schädel m 17
Schaf n 185
Schaffarm f 183
Schaffner m 209
Schafmilch f 137
Schal m 31
Schale f 126, 127, 128, 129
schälen 67
Schäler m 68
Schalotte f 125
schalten 207
Schalter m 60, 96, 98, 100
Schalthebel m 201, 207
Schamlippen f 20
scharf 124
Schaschlik n 158
Schattenpflanze f 87
Schauer m 286
Schaufel f 187, 265
Schaukel f 263
Schaum m 148
Schaumbad n 73
Schaumlöffel m 68

Schauspieler m 179, 191, 254
Schauspielerin f 254
Scheck m 96
Scheckheft n 96
Scheibe f 119, 121, 139
Scheibenbrot n 138
Scheibenputzmittelbehälter m 202
Scheibenschießen n 249
Scheibenwaschanlage f 199
Scheibenwischer m 198
Scheide f 20
Scheidenmuschel f 121
Scheidung f 26
Schein m 97
Scheinwerfer m 198, 205, 259
Schellfisch m 120
Schenkel m 119
Schere f 38, 47, 88, 188, 276
Scheune f 182
Schiebedach n 202
Schiedsrichter m 222, 225, 226, 227, 229, 230
Schiefer m 288
Schienbein n 12, 17
Schienbeinschutz m 225
Schiene f 47, 208, 209
schießen 223
Schiff n 214, 215
Schiffsschraube f 214
Schild n 104, 172
Schilddrüse f 18
Schildkröte f 293
Schinken m 119, 143, 156
Schirm m 233
Schlafabteil n 209
Schlafanzug m 30, 33
Schläfe f 14
schlafen 74
Schlaflosigkeit f 71
Schlafmatte f 267
Schlafsack m 267
Schlaftablette f 109
Schlafzimmer n 70
Schlag (elektrisch) m 46
Schlag m 228, 233
Schlaganfall m 44
Schläge f 231
schlagen 67, 224, 225, 229
Schläger m 224
Schlägerspiele n 231
Schlagfehler m 228
Schlagholz n 225
Schlaginstrumente n 257
Schlagmal n 228
Schlagmann m 225, 228
Schlagsahne f 137

354   português • deutsch

ÍNDICE ALEMÃO • DEUTSCHES REGISTER

Schlagzeug n 258
Schlagzeuger m 258
Schlange f 293
Schlauch m 95, 207
Schlauchboot n 215
Schlauchwagen m 89
schlecht 321
schlechter 321
Schlegel m 275
Schleier m 35
Schleierkraut n 110
Schleifmaschine f 78
Schleppdampfer m 215
Schleppe f 35
schleudern 76
Schleudertrauma n 46
Schließfächer n 239
Schlinge f 46
Schlittenfahren n 247
Schlittschuh m 224
Schlittschuh m 224, 247
Schloss n 59
Schlot m 283
Schlucht f 284
Schluff m 85
Schlüssel m 59, 80, 207
Schlüsselbein n 17
Schlüsselblume f 297
schmal 321
Schmerzmittel n 109
Schmerztabletten f 47
Schmetterball m 231
Schmetterling m 239, 295
schmirgeln 82
Schmirgelpapier n 81, 83
Schmortopf m 69
Schmuck m 36
Schmuckkasten m 36
Schmuckstein m 288
schmutzig 76, 321
Schnabel m 293
Schnabelbecher m 75
schnarchen 71
Schnauze f 293
Schnecke f 295
Schnee m 287
Schneeanzug m 30
Schneebesen m 68
Schneemobil n 247
Schneeregen m 286
Schneidebrett n 68
schneiden 38, 67, 79, 277
Schneider m 191
Schneiderei f 115
Schneiderkreide f 276
Schneiderpuppe f 276
Schneidezahn m 50
schnell 321
Schnellimbiss m 154
Schnellstraße f 195
Schnitt m 46
Schnittlauch m 133
Schnittmuster n 276
Schnitz m 126

schnitzen 79
Schnorchel m 239
Schnur f 244
schnurlose Telefon n 99
Schnurrhaare m 290
Schnürschuh m 37
Schnürsenkel m 37
Schock m 47
schockiert 25
Schokolade f 113, 144, 156
Schokoladenaufstrich m 135
Schokoladenmilchshake m 149
Schokoladenstückchen n 141
Schokoladentorte f 140
schön 321
Schönheit f 40
Schönheitsbehandlungen f 41
Schönheitspflege f 105
Schöpflöffel m 68
Schornstein m 58, 214
Schot f 241
Schote f 122
Schraube f 80
Schraubenschlüssel m 80
Schraubenzieher m 80
Schraubenziehereinsätze m 80
Schraubstock m 78
schreiben 162
Schreibtisch m 172
Schreibtischschränkchen n 172
Schreibwaren f 105
schreien 25
Schreiner m 188
Schriftart f 177
Schritt m 240
schrubben 77
Schubkarre f 88
Schublade f 66, 70, 172
schüchtern 25
Schuhabteilung f 104
Schuhe f 34, 37
Schuhgeschäft n 114
Schulbuch n 163
Schulbus m 196
schuldig 181
Schule f 162, 299
Schüler m 162
Schuljunge m 162
Schulleiter m 163
Schulmädchen n 162
Schultasche f 162
Schulter f 13
Schulterblatt n 17
Schulterpolster n 35
Schulterriemen m 37
Schuluniform f 162
Schuppe f 294

Schuppe f 121
Schuppen f 39, 293
Schuppen m 85
Schürze f 30, 69
Schuss m 151
Schüssel f 65
Schutz m 88
Schutzanstrich m 83
Schutzblech m 205
Schutzbrille f 81, 167
Schutzhelm m 95, 186
Schutzkappe f 270
Schutzmaske f 228
Schutzpolster n 220
schwach 321
Schwager m 23
Schwägerin f 23
Schwalbe f 292
Schwamm m 73, 74, 83
Schwan m 293
schwanger 52
Schwangerschaft f 52
Schwangerschaftstest m 52
Schwanz m 121, 290, 292, 294
Schwarte f 119
schwarz 39, 272, 274, 321
Schwarzbier n 145
Schwarzes Loch n 280
Schwarzes Meer n 313
Schwarztee m 149
Schwebebalken m 235
Schweden n 316
Schwefel m 289
Schweif m 242, 280
Schwein n 185
Schweinefarm f 183
Schweinefleisch n 118
Schweinestall m 185
Schweiz f 316
schwer 321
Schwerkraft f 280
Schwert n 241
Schwertfisch m 120, 294
Schwester f 22
Schwiegermutter f 23
Schwiegersohn m 22
Schwiegertochter f 22
Schwiegervater m 23
schwierig 321
Schwimmbad n 101
Schwimmbecken n 238, 250
Schwimmbrett n 238
Schwimmbrille f 238
schwimmen 238
Schwimmer m 61, 238
Schwimmflosse f 239
Schwimmflügel m 238
Schwimmreifen m 265
Schwimmsport m 238

Schwimmstile f 239
Schwimmweste f 240
schwingen 232
Science-Fiction-Film m 255
Scotch m 151
Scrabble n 272
Scrollbalken m 177
sechs 308
Sechseck n 164
sechster 309
sechzehn 308
sechzehnter 309
sechzig 308
sedimentär 288
See m 285
Seebarsch m 120
Seefischerei f 245
Seelöwe m 290
Seemann m 189
Seepferd n 294
Seestern m 295
Seeteufel m 120
Seezunge f 120
Segel n 241
Segelboot n 215
Segelfliegen n 248
Segelflugzeug n 211, 248
Segeljacht f 240
Segelsport m 240
Sehenswürdigkeiten f 261
Sehkraft f 51
Sehne f 17
Sehnerv m 51
Sehtest m 51
Seide f 277
Seife f 73
Seifenoper f 178
Seifenschale f 73
Seil n 248
Seilspringen n 251
Seite f 164
Seitendeck m 240
Seitenleitwerk n 210
Seitenlinie f 220, 221, 226, 230
Seitenruder n 210
Seitenschneider m 81
Seitenspiegel m 198
Seitenstraße f 299
Seitenstreifen m 194
Seitfußstoß m 237
Seitpferd n 235
Sekretariat n 168
Sekunde f 304
Sekundenzeiger m 304
Selbstbräunungscreme f 41
selbstsicher 25
Selbstverteidigung f 237
Sellerie m 124
selten 320
senden 177, 178
Sendung f 179

Senegal m 317
Senf m 135, 155
Senfkorn n 131
Senkblei n 82
senkrecht 165
Sepie f 121
September m 306
Serbien n 316
Server m 176
Serviceprovider m 177
servieren 64
Servierlöffel m 68
Serviette f 65, 152
Serviettenring m 65
Sesamkorn n 131
Sesamöl n 134
Sessel m 63
Sessellift m 246
Set n 64, 179
Setzkasten m 89
Setzkescher m 244
seufzen 25
Shampoo m 38
Sherry m 145
Shiatsu n 54
Shorts f 30, 33
Sibirien n 313
Sicherheit f 75, 240
Sicherheitsbohrer m 80
Sicherheitsgurt m 198, 211
Sicherheitsnadel f 47
Sicherheitssperre f 246
Sicherheitsventil n 61
Sicherheitsvorkehrung f 212
sichern 177
Sicherung f 60
Sicherungskasten m 60, 203
Sieh n 68, 89
sieben 91, 138, 308
siebter 309
siebzehn 308
siebzehnter 309
siebzig 308
Siegerpodium m 235
Sierra Leone n 317
Signal n 209
Silber n 235, 289
Silo n 183
Simbabwe n 317
Singapur n 319
Sirene f 94
Sitz m 204, 209, 210, 242
Sitzfläche f 64
Sitzplatz m 254
Sitzung f 174
Sitzungsraum m 174
Sizilien n 316
Skalpell n 81, 167
Skateboard n 249
Skateboardfahren n 249, 263

ÍNDICE ALEMÃO • DEUTSCHES REGISTER

Skelett n 17
Ski m 246
Skianzug m 246
Skibrille f 247
Skihang m 246
Skiläuferin f 246
Skipiste f 246
Skisport m 246
Skisprung m 247
Skistiefel m 246
Skistock m 246
Skizze f 275
Skizzenblock m 275
Skorpion m 295
Slalom m 247
Slice m 230
Slip m 33, 35
Slipeinlage f 108
Slipper m 37
Slowakei f 316
Slowenien n 316
Smaragd m 288
SMS f 99
Snackbar f 148
Snooker n 249
Snowboarding n 247
Socken f 33
Sodabrot n 139
Sodawasser n 144
Sofa n 62
Sofakissen n 62
Sofortbildkamera f 270
Software f 176
Sohle f 37
Sohn m 22
Sojabohnen f 131
Sojabohnensprosse f 122
Soldat m 189
Somalia n 317
Sommer m 31, 307
Sommersprosse f 15
Sonate f 256
Sonde f 50
Sonderangebot n 322
Sonne f 280
Sonnenaufgang m 305
sonnenbaden 264
Sonnenbank f 41
Sonnenblocker m 108, 265
Sonnenblume f 184, 297
Sonnenblumenkern m 131
Sonnenblumenöl n 134
Sonnenbrand m 46
Sonnenbräune f 41
Sonnenbrille f 51, 265
Sonnenhut m 30, 265
Sonnenmilch f 265
Sonnenschein m 286
Sonnenschirm m 148, 264
Sonnenschutzcreme f 108
Sonnensystem n 280

Sonnenuhr f 262
Sonnenuntergang m 305
sonnig 286
Sonntag m 306
Sorbet n 141
Soße f 135, 143, 155, 159
Soufflé n 158
Sufflléform f 69
Soundtrack m 255
Soziussitz m 204
Spachtel m 82
Spachtelmasse f 83
spachteln 82
Spalier n 84
Spanholz n 79
Spanien n 316
Spann m 15
Spannung f 60
Spareinlagen f 96
Spargel m 124
Sparkonto n 96
Sparring f 237
spät 305, 320
Spatel m 167
Spaten m 88
später 304, 320
Spatz m 292
spazierengehen 75
Specht m 292
Speck m 118
Speckscheibe f 119
Speerfischen n 245
Speerwerfen n 234
Speiche f 17, 207
Speicher m 176
Speisekarte f 148, 153, 154
Speiseröhre f 19
Speisewagen m 209
Spermium n 20
Sperrholz n 79
Spezialitäten f 152
Spiegel m 40, 63, 71, 167
Spiegelei n 157
Spiegelreflexkamera f 270
Spiel n 230, 273
Spielanzug m 30
Spielbahn f 225, 233
Spiele f 272
spielen 75, 229, 273
Spieler m 273
Spielerbank f 229
Spielergebnis n 273
Spielernummer f 226
Spielfeld n 220, 221, 226, 227, 228
Spielfeldgrenze f 225
Spielfilm m 269
Spielhaus n 75
Spielkonsole n 269
Spielmarke f 272
Spielplatz m 263
Spielshow f 178

Spielstand m 220
Spielwaren f 105
Spielzeug n 75
Spielzeugkorb m 75
Spieß m 68
Spikes m 233
Spin m 230
Spinat m 123
Spinne f 295
Spinnerkasten m 244
Spirale f 21
Spitze f 35, 36, 122, 164, 246
Spitzenklöppelei f 277
Spitzhacke f 187
Splitter m 46
Splitt n 46
Sport m 162, 219
Sportangeln f 245
Sportart f 248
Sportartikel m 105
Sport-BH m 35
Sportjackett m 33
Sportler m 191
Sportplatz m 168
Sportschuh m 31, 37
Sportschuhe m 251
Sportwagen m 75, 199
Sprachen f 162
Sprachmitteilung f 99
Spray n 109
Sprechanlage f 59
Sprecher m 174
Sprechzimmer n 45
Springbrunnen m 85
springen 227, 238
Springer m 238, 272
Springreiten n 243
Sprinter m 234
Spritzbeutel m 69
Spritze f 48, 109, 167
Spritzflasche f 89
Spritzschutz m 66
Sprühbehälter m 311
Sprühdose f 311
sprühen 91
Sprung m 235, 237, 239, 243
Sprungball m 226
Sprungbrett n 235, 238
Sprungfeder f 71
Spuckbecken n 50
Spülbecken n 66
Spule f 276
Spüle f 61
spülen 76, 77
Spuler m 276
Spülkasten m 61
Spülmaschine f 66
Spur f 194
Squash n 231
Sri Lanka n 318
Staat m 315
Staatsanwaltschaft f 180
Stab m 225, 235

Stabhochsprung m 234
Stachel m 295
Stachelbeere f 127
Stadion n 223
Stadium n 23
Stadt f 298
Stadtplan m 261
Stadtrundfahrtbus m 260
Staffelei f 274
Staffellauf m 235
Stahlwolle f 81
Stake f 245
Stall m 185
Stallbursche m 243
Stamm m 296
Stammabschnitt m 96
Ständer m 88, 268
Stange f 90, 133, 207, 250
Stängel m 111, 297
Stangenbohne f 122
Stangensellerie m 122
Stangenweißbrot n 139
stark 321
Startbahn f 212
Startblock m 234, 238
starten 211
Startlinie f 234
Startsprung m 239
Stativ n 166, 270, 281
Staub m 77
Staubgefäß n 297
Staubsauger m 77, 188
Staubtuch n 77
Staudamm m 300
Staudenrabatte f 85
Stechbeitel m 81, 275
stechen 90
Stechmücke f 295
Stechpalme f 296
Steckdose f 60
Stecker m 60
Stecknadel f 276
Steckschlüssel m 80
Steckschlüsseleinsatz m 80
Steg m 258
Steigbügel m 242
Stein m 272, 275
Steingarten m 84
Steinobst n 126
Steißbein n 17
Steißgeburt f 52
Stempel m 173
Stempelkissen n 173
Steppdecke f 71
Stepper m 250
sterben 26
stereo 269
steril 20, 47
Stern m 280
Sternanis m 133
Sternbild n 281
Sternfrucht f 128

Sternhyazinthe f 297
Stethoskop n 45
Steuer f 96
Steuerrakete f 281
Steuerung f 204, 269
Stich m 46, 277
Stichplatte f 276
Stichsäge f 78
Stichwahltaste f 276
Stickerei f 277
Stiefel m 220
Stiefmutter f 23
Stiefsohn m 23
Stieftochter f 23
Stiefvater m 23
Stiel m 187, 297
Stier m 185
Stifthalter m 172
Stillbüstenhalter m 53
stillen 53
Stimmbänder n 19
Stipendium n 169
Stirn f 14
Stirnmuskel m 16
Stirnriemen m 242
Stirnrunzeln n 25
Stock m 91
Stockwerk n 58
Stoff m 276, 277
Stoffwindel f 30
stolz 25
Stop m 269
stopfen 277
Stoppball m 230
Stoppuhr f 234
Stöpsel m 72, 166
Storch m 292
Stoß m 237, 239
Stößel m 68, 167
Stoßstange f 198
Stoßzahn m 291
Stoßzeit f 209
Strafmaß n 181
Strafraum m 223
Strafregister n 181
Straftäter m 181
Strähnchen n 39
Strampelanzug m 30
Strand m 264
Strandhäuschen n 264
Strandsandale f 37
Strandtasche f 264
Strandtuch n 265
Strang m 277
Straße f 194, 298
Straßenanzug m 32
Straßenarbeiten f 187
Straßenbahn f 196, 208
Straßenbaustelle f 195
Straßencafé n 148
Straßenecke f 298
Straßenlaterne f 298
Straßenmarkierungen f 194

ÍNDICE ALEMÃO • DEUTSCHES REGISTER

Straßenrad n 206
Straßenschild n 298
Stratosphäre f 286
Strauß m 111, 292
Strebepfeiler m 301
Strecken n 251
Streichbürste f 83
Streichhölzer n 112
Stress m 55
Stretchlimousine f 199
Strichkode n 106
Stricken n 277
Strickjacke f 32
Stricknadel f 277
Strohhalm m 144, 154
Strom m 60
Stromanschluss m 266
Stromausfall m 60
stromführend 209
Stromkabel n 176
Stromnetz n 60
Stromschnellen f 284
Stromzähler m 60
Struktur f 300
Strumpfband n 35
Strümpfe m 35
Strumpfhalter m 35
Strumpfhose f 34, 35
Strunk m 122
Stuck n 63
Stück n 140, 311
Student m 169
Studentenheim n 168
Studioeinrichtung f 178
Stufenbarren m 235
Stuhl m 64
Stunde f 163, 304
Stundenzeiger m 304
Sturm m 286
Sturz m 186
Stütze f 187
stutzen 90
stützen 91
Stützräder n 207
subtrahieren 165
suchen 177
Südafrika n 317
Südamerika n 315
Sudan m 317
Süden m 312
Südfrüchte f 129
Südkorea n 318
südlich 283
Südpolarmeer n 313
Sukkulente f 87
Sultanine f 129
Sumo n 237
Sumpf m 285
Cupormarkt m 106
Suppe f 153, 158
Suppenlöffel m 65
Suppenteller m 65
Surfbrett n 241
Surfer m 241

Suriname n 315
süß 124, 127, 137, 155
Süßkartoffel f 125
Süßwaren f 107, 113
Süßwarengeschäft n 113
Süßwasserangeln n 245
Swasiland n 317
Sweatshirt n 33
Symbol n 177
Symphonie f 256
Synagoge f 300
Synchronschwimmen n 239
synthetisch 31
Syrien n 318
System n 176

T

Tabak m 112, 184
Tablett n 152, 154
Tablette f 109
Tachometer m 201, 204
Taco m 155
Tadschikistan n 318
Taekwondo n 236
Tafel f 113, 162
Tag m 305, 306
Tagesdecke f 70
Tagesordnung f 174
taggen 229
Tai Chi n 237
Taille f 12
Taiwan n 319
Takelung f 215, 240
Taktstock m 256
Taktstrich m 256
Tal n 284
Tamburin n 257
Tampon m 108
Tandem n 206
Tangelo f 126
Tankstelle f 199
Tankstellenplatz m 199
Tansania n 317
Tante f 22
Tanzakademie n 169
Tänzerin f 191
Tanzmusik f 259
Tapete f 82
Tapetenkleister m 82
Tapezierbürste f 82
tapezieren 82
Tapeziermesser m 82
Tapezierschere f 82
Tapeziertisch m 82
Tapisserie f 277
Tarowurzel f 124
Tasche f 32, 37
Taschenlampe f 267
Taschenrechner m 165
Taschentuch m 36
Tastatur f 172, 176
Taste f 176

Tastenfeld n 97, 99
Tätigkeiten f 77, 183
Tätowierung f 41
Taube f 292
Tauchen n 239
Taucheranzug m 239
Tauchermaske f 239
Taufe f 26
tausend 309
Techniken f 79, 237
Teddy m 75
Tee m 144, 149, 149, 156, 184
Tee n 233
Teebeutel m 144
Teeblätter n 144
Teekanne f 65
Teelöffel m 65
Teetasse f 65
Teich m 85
Teig m 138, 140
Teigschaber m 68
Teilchen n 140
Teiler m 173
teilnehmen 174
Teint m 41
Telefon n 99, 172
Telefonzelle f 99
Telegramm n 98
Teleprompter m 179
Teleskop n 281
Teller m 65
Tempel m 300
Temperatur f 286
Temperaturanzeige f 201
Tennis n 230
Tennisball m 230
Tennisplatz m 230
Tennisschläger m 230
Tennisschuhe m 231
Tennisspieler m 231
Teppich m 63, 71
Tequila m 145
Termin m 45, 175
Terminal m 212
Terminkalender m 173, 175
Termite f 295
Terpentin n 83
Terrasse f 85
Terrassencafé n 148
Territorium n 315
Tesafilm m 173
Tesafilmhalter m 173
Testament n 26
teuer 321
Text m 259
Thailand n 318
Theater n 254, 299
Theaterkostüm n 255

Theaterstück n 254
Theke f 142, 150
Therapeutin f 55
Thermometer m 45, 167
Thermosflasche f 267
Thermosphäre f 286
Thermostat m 61
Thermowäsche f 267
Thriller m 255
Thymian m 133
Tiebreak m 230
tief 239
Tiefe f 165
tiefgefroren 121, 124
Tiefkühlkost f 107
Tiegel m 166
Tierärztin f 189
Tiere n 290, 292, 294
Tierfutter n 107
Tierhandlung f 115
Tiger m 291
Timor-Leste n 319
Tintenfisch m 121, 295
Tisch m 64, 148, 167
Tischdecke f 64
Tischtennis n 231
Tischtennisschläger m 231
Titel m 168
Toast m 157
Toaster m 66
Tochter f 22
Toffee n 113
Togo n 317
Toilette f 72, 104, 266
Toilettenartikel m 41, 107
Toilettenbürste f 72
Toilettenpapier m 72
Toilettensitz m 61, 72
Tomate f 125, 157
Tomatenketschup m 154
Tomatensaft m 144, 149
Ton m 275
Tonabnehmer m 258
Tonhöhe f 256
Tonicwater n 144
Tonleiter f 256
Tonmeister m 179
Tonne f 310
Tonstudio n 179
Topas m 288
Töpfchen n 74
Töpferei f 275
Töpferscheibe f 275
Topfhandschuh m 69
Topfpflanze f 87, 110
Topinambur m 125
Tor n 85, 182, 221, 222, 223, 224, 247
Torlinie f 220, 223, 224
Tornado m 287
Tornetz n 222
Torpfosten m 220, 222
Torraum n 221, 223

Torwart m 222, 224, 225
Touchdown m 220
Tourenfahrrad m 206
Tourer m 205
Tourist m 260
Touristenattraktion f 260
Touristenbus m 197
Touristeninformation f 261
Trab m 243
Trabrennen n 243
Tragbahre f 94
Tragebettchen n 75
Träger m 35, 186
trägerlos 34
Tragfläche f 210
Tragflügelboot n 215
trainieren 251
Trainingsanzug m 31, 32
Trainingshose f 33
Trainingsrad m 250
Traktor m 182
Tranchiergabel f 68
Träne f 51
Transformator m 60
Transmission f 202
Trapez f 164
Traubenkernöl n 134
Traubensaft m 144
traurig 25
Treppe f 59
Treppenabsatz m 59
Treppengeländer m 59
Treppengitter n 75
treten 207
Trethebel m 61
Triangel f 257
Trichter m 166
Triebwerk m 210
Trifle n 141
Trimester n 52
Trinidad und Tobago n 314
Trinkgeld n 152
Trittleiter f 82
Trizeps m 16
trocken 39, 41, 130, 145, 286, 321
Trockenblumen f 111
Trockendock n 217
trocknen 76
Trockner m 76
Trog m 183
Trolleybus m 196
Trommel f 257, 258
Trompete f 257
Tropen 283
Tropf m 53
Tropfen m 109
Tropfer m 109, 167
Troposphäre f 286
Trüffel f 125
Trüffel m 113
Truthahn m 185, 293
Tschad m 317

português • deutsch 357

ÍNDICE ALEMÃO • DEUTSCHES REGISTER

Tschechische Republik f 316
T-Shirt m 30, 33
Tuba f 257
Tube f 311
Tulpe f 111
Tunesien f 317
Tunfisch m 120
Tür f 196, 209
Turbolader m 203
Türgriff m 200
Türkei f 318
Türkette f 59
Türkis m 289
Türklingel f 59
Türklopfer m 59
Turkmenistan n 318
Turm m 272, 300
Turmalin m 288
Turmspitze f 300
Turmsprung m 239
Turnen n 235
Turnerin f 235
Turnierplatz m 243
Türriegel m 59
Türverriegelung f 200
Tüte f 311
Typ m 205

U
U-Bahn f 208
U-Bahnplan m 209
Übelkeit f 44
über 320
über Par 233
überbelichtet 271
Überdach n 266
Überführung f 194
übergeben (sich) 44
Übergepäck n 212
überholen 195
Überholspur f 194
Überlauf m 61
übermorgen 307
Übernachtung f 101
überrascht 25
Überschallflugzeug n 211
Überschwemmung f 287
Überweisung f 49, 96
U-Boot n 215
Übungen f 251
Übungsschwung m 233
Ufer n 284
Uganda n 317
Uhr f 62, 304
Uhrzeit f 304
Ukraine f 319
Ulme f 296
Ultraleichtflugzeug n 211
Ultraschall m 52
Ultraschallaufnahme f 52
Ultraviolettstrahlen m 286
um 320

Umfang m 164
Umhängetasche f 37
Umlaufbahn f 280
Umleitung f 195, 323
umpflanzen 91
Umschlag m 98
umsteigen 209
Umwelt f 279
Umzug m 27
Unentschieden n 223
Unfall m 46
Ungarn n 316
ungesalzen 137
Uniform f 94, 189
Universität f 299
Universum n 280
Unkraut n 86
Unkrautvernichter m 91
unpasteurisiert 137
unscharf 271
unschuldig 181
unter 233
unter Par 320
Unterarm m 12
unterbelichtet 271
unterbrochen 99
Unterführung f 194
Untergrund m 91
Unterhaltungselektronik f 268
Unterhemd n 33, 35
Unterkiefer m 14
Unterlegscheibe f 80
Unterrock m 35
Unterschrift f 96, 98
Untersetzer m 150
Untersuchung f 45, 49
Unterwäsche f 32, 35
Unze f 310
Uranus m 280
Urlaub m 212
Urlaubsprospekt m 212
Urologie f 49
Urteil n 181
Uruguay n 315
Usbekistan n 318

V
Vanille f 132
Vanillepudding m 140
Vanuatu n 319
Vase f 63
Vater m 22
Vatikanstadt f 316
V-Ausschnitt m 33
vegetarisch 155
Vene f 19
Venezuela n 315
Ventil n 207
Ventilator m 60, 202
Venus f 280
Venusmuschel f 121
Verankerung f 217
Veranstaltung f 243

verärgert 25
Verband m 47
verbinden 177
verbleit 199
Verbrechen n 94
Verdächtige m 94, 181
Verdauungssystem n 19
Verdeck n 75
Verdünner m 83
Vereinigte Arabische Emirate 318
Vereinigte Staaten 314
Verfallsdatum n 109
Verfügung f 180
Vergiftung f 46
Vergnügungspark m 262
vergrößern 172
Vergrößerung f 271
Verkäufer m 104
Verkäuferin f 188
Verkaufsabteilung f 175
Verkehr m 193, 194
Verkehrsampel f 194
Verkehrsflugzeug n 210, 212
Verkehrsinsel f 194
Verkehrspolizist m 195
Verkehrsschild n 195
Verkehrsstau m 195
verkleinern 172
Verkühlung f 44
verlängern 168
Verlängerung f 223
Verlängerungskabel n 78
verlegen 25
Verletzung f 46
verlieben 26
verlieren 273
Verlierer m 273
Verlobte 24
vermehren 91
Vermieter m 58
Vermittlung f 99
Verordnung f 109
verputzen 82
verrühren 67, 138
Verschluss m 36, 37
Versicherung f 203
Versiegelungsmittel n 83
Versorgungsfahrzeug n 212
Verspätung f 209
Verstärker m 268
Verstauchung f 46
Versuch m 166, 221
Verteidiger m 223
Verteidigung f 181, 220
Verteidigungszone f 224
Verwandte 23
verwirrt 25
Vibrafon n 257
Videokassette f 269
Videorekorder m 269
Videospiel n 269

Vieh n 182, 185
viel 320
Vielleicht 322
vier 308
Viertelstunde f 304
vierter 309
viertürig 200
vierzehn 308
vierzehnter 309
vierzig 308
Vietnam n 318
Violinschlüssel m 256
Virus m 44
Visier n 205
Visum n 213
Vitamintabletten f 108
Vitrine f 62
Vögel f 292
Vogelbeobachtung f 263
Vogelscheuche f 184
Volant m 71
voll 266, 321
Volley m 231
Volleyball m 227
Vollkorn n 130
Vollkornbrot n 139
Vollkornmehl n 138
Vollmilch f 136
Vollmond m 280
Vollpension f 101
Volumen n 165, 311
von 320
von Bord gehen 217
vor 320
vorbestellen 168
Vordach n 58
Vorderrad n 196
Vorderwiesel m 242
Vorfahrt gewähren 323
Vorfeld n 212
vorgeburtlich 52
vorgestern 307
Vorhand f 231
Vorhang m 63, 254
Vorhaut f 21
Vorladung f 180
Vorlauf m 269
Vorschlaghammer m 187
Vorsitz m 174
Vorspeise f 153
Vorstadt f 299
Vorteil m 230
vorzeitig 52
Vulkan m 283

W
Waage f 53, 98, 118, 310
Waagschale f 310
Wabenhonig m 134
Wachtel f 119
Wachtelei n 137
Wächter m 189
Wade f 13
Wadenbein n 17

Wadenmuskel m 16
Waffeln f 157
Wagen m 208
Wagenheber m 203
Wagentypen m 199
wählen 99
Währung f 97
Wal m 290
Wald m 285
Walnuss f 129
Walnussöl n 134
Walross n 290
Walze f 187
Wandern n 263
Wanderritt m 243
Wanderschuh m 37
Wanderschuhe m 267
Wandlampe f 62
Wange f 14
Wanne f 83
Warenlager n 216
Warenregal n 106
warm 286
Wärmflasche f 70
Warnlichter n 201
Wartehäuschen n 197
Wartezimmer m 45
Waschbär m 290
Waschbecken n 38, 72
Wäsche f 76
Wäschedienst m 101
Wäscheklammer f 76
Wäschekorb m 76
Wäscheleine f 76
waschen 38
Wäscheschleuder f 76
Waschmaschine f 76
Waschmittel n 77
Waschpulver n 77
Waschsalon m 115
Waschtrockner m 76
Wasser n 144, 151, 238
Wasser treten 239
Wasserball m 239, 265
Wasserbehandlung f 55
Wasserfall m 285
Wasserflasche f 206, 267
Wasserflugzeug n 211
Wassergarten m 84
Wasserglas n 65
Wasserhahn m 66
Wasserhindernis n 232
Wasserkastanie f 124
Wasserkocher m 66
Wassermelone f 127
Wasserpflanze f 86
Wasserraum m 61
Wasserschildkröte n 293
Wasserski m 241
Wasserski n 241
Wasserskifahrer m 241
Wassersport m 241
Wasserstrahl m 95
Wasserwaage f 80, 187

358   português • deutsch

ÍNDICE ALEMÃO • DEUTSCHES REGISTER

Watstiefel f 244
Wattebällchen n 41
Wattieren n 277
WC n 61
Weberei f 277
Website f 177
Webstuhl m 277
Wechselkurs m 97
wechseln 203, 269
Wechselstrom m 60
Wechselstube f 97
Wecker m 70, 71
Wedge n 233
Weg m 58, 85
Wegwerfwindel f 30
Wehe f 52
weiblich 20
weich 129, 321
Weichholz n 79
Weichkäse m 136
Weichspüler m 76
Weide f 182, 296
Weihnachten n 27
Wein m 145, 151
Weinberg m 183
Weinbrand m 145
weinen 25
Weinessig m 135
Weinglas n 65
Weinhandlung f 115
Weinkarte f 152
Weinstock m 183
Weintraube f 127
weiß 39, 145, 272, 274, 321
Weißbrot n 138, 139
weißer Reis m 130
Weißrussland n 316
weit 320
Weitsichtigkeit f 51
Weitsprung m 235
Weizen m 130, 184
Weizenmehl n 138
Weizenschrot n 130
Welle f 241, 264
Wellenlänge f 179
Wellenreiten f 241
Welpe m 290
Weltkarte f 312
Weltraum m 280
Wende f 238
Wendekreis m 283
Werbung f 269
werfen 221, 225, 227, 229, 229
Werfer m 225
Werferplatte f 228
Werft f 217
Werkbank f 78
Werkstatt f 199
Werktag m 306
Werkzeug n 187
Werkzeuggestell n 78
Werkzeuggürtel m 186

Werkzeugkasten m 80
Werkzeugleiste f 177
Wertpapier n 97
Wespe f 295
Weste f 33
Westen m 312
Western m 255
Westsahara f 317
Wette f 273
Wetter m 286
Wetzstahl m 81
Whisky m 145
Wickelmatte f 74
Wickelraum m 104
Widerhaken m 244
Wiederbelebung f 47
wiegen 310
Wiese f 285
Wild n 118
Wildbret n 119
Wildreis m 130
Wildwasser n 241
Wimper f 14, 51
Wimperntusche f 40
Wind m 241, 286
Windel f 75
windig 286
Windjacke f 33
Windpocken 44
Windschutz m 265
Windschutzscheibe f 198, 205
Windsurfer m 241
Windsurfing f 241
Winkel m 164
Winkelmesser m 165
Winter m 31, 307
Wintersport m 247
Wippe f 263
Wirbel m 258
Wirbellose 295
Wirbelsäule f 17
Wirtschaftsprüfer m 190
Wirtschaftswissenschaft f 169
wischen 77
Wissenschaftler m 190
Woche f 306, 307
Wochenende n 306
wöchentlich 307
Wodka m 145, 151
wohl 321
Wohnblock m 59, 298
Wohnmobil n 266
Wohnung f 59
Wohnwagen m 266
Wohnzimmer n 62
Wok m 69
Wolf m 290
Wolke f 287
Wolkenkratzer m 299, 300
Wolle f 277

Wörterbuch n 163
Wunde f 46
Wundsalbe f 74
Wurf m 237
Würfel m 164, 272
Wurflinie f 225
Wurm m 295
Wurst f 142, 155
Würstchen n 118, 157
Wurzel f 39, 124, 296
Würzmittel f 135
Wüste f 285

Y
Yard n 310
Yoga n 54

Z
Zahl f 308
zählen 165
Zähler m 165, 270
Zahlung f 96
Zahn m 50
Zahnarzt m 50
Zahnärztin f 189
Zahnbelag m 50
Zahnbürste f 72
Zahnfleisch n 50
Zahnfüllung f 50
Zahnpasta f 72
Zahnpflege f 72, 108
Zahnprothese f 50
Zahnrad n 206
Zahnschmelz m 50
Zahnschmerzen 50
Zahnseide f 50, 72
Zahnspange f 50
Zahnwurzel f 50
Zange f 167
Zäpfchen n 109
Zapfhahn m 150
Zapfsäule f 199
Zartbitterschokolade f 113
Zaumzeug n 242
Zaun m 182
Zaun m 85
Zebra n 291
Zeder f 296
Zeh m 15
Zehe f 125
Zehennagel m 15
zehn 308
zehnter 309
Zeichendreieck n 165
Zeichentrickfilm m 178, 255
zeichnen 162
Zeichnen n 275
Zeigefinger m 15
Zeit f 234, 261
Zeitanstellscheibe f 270
Zeitmesser m 166
Zeitschrift f 107, 112, 168
Zeitung f 112

Zeitungshändler m 112
Zelle f 94
Zelt n 266, 267
Zeltboden m 267
zelten 266
Zeltspannleine f 266
Zeltstange f 266
Zement m 186
Zentimeter m 310
Zentimetermaß m 276
Zentralafrikanische Republik f 317
Zentrale f 175
Zentraleinheit f 176
zerbrechlich 98
zerstoßen 132
Zeuge m 180
Zicklein n 185
Ziege f 185
Ziegelstein m 187
Ziegenkäse m 142
Ziegenmilch f 136
zielen 227
Ziellinie f 234
Zielscheibe f 249
Zierstrauch m 87
Zigarette f 112
Zigarre f 112
Zimmer n 58, 100
Zimmernummer f 100
Zimmerreinigung f 101
Zimmerschlüssel m 100
Zimmerservice n 101
Zimt m 133
Zink n 289
Zinn n 289
Zinssatz m 96
Zirkel m 165
Zirkeltraining n 251
Zitrone f 126, 149, 151
Zitronenaufstrich m 134
Zitronengras n 133
Zitrusfrüchte f 126
Zoll m 212, 310
Zollamt n 216
Zone f 315
Zoo m 262
Zoologie f 169
Zoom n 270
Zopf m 39
zu 320
Zubereitung f 159
Zubringer m 194, 197
Zucchini f 125
züchten 91
Zuckerguss m 141
Zuckerkrankheit f 44
Zuckerrohr m 184
Zufahrtsstraße f 194, 216
Zug m 208, 239, 273
Zugabe f 255
Zügel f 242
Zugfenster n 209
Zugtypen m 208

Zuleitung f 61
Zündkerze f 203
Zündung f 200
Zunge f 19, 37, 118
Zuschauer m 233
Zustellung f 98
zwanzig 308
zwanzigster 309
zwei 308
Zweibettzimmer n 100
Zweig m 296
Zweigstelle f 175
zweijährig 86
Zweispännerrennen n 243
zweiter 309
zweitürig 200
Zwerchfell n 19
Zwiebel f 86, 124
Zwillinge 23
Zwinge f 78
Zwirn m 89
zwischen 320
Zwischenrippenmuskel m 16
zwölf 308
Zwölffingerdarm m 18
zwölfter 309
Zylinder m 164
Zylinderkopf m 202
Zypern f 318

agradecimentos • Dank

DORLING KINDERSLEY dankt Tracey Miles und Christine Lacey für die Design-Assistenz, Georgina Garner für ihre redaktionelle und administrative Unterstützung, Sonia Gavira, Polly Boyd und Cathy Meeus für die redaktionelle Hilfe und Claire Bowers für die Erstellung des Bildnachweises.

Der Verlag dankt den folgenden Personen und Institutionen für die freundliche Genehmigung zum Abdruck ihrer Bilder:
Abkürzungen: t=oben, b=unten, r=rechts, l=links, c=Mitte

Abode: 62; **Action Plus:** 224bc; **alamy. com:** 154t; A.T. Willett 287bcl; Michael Foyle 184bl; Stock Connection 287bcr; **Allsport/ Getty Images:** 238cl; **Alvey and Towers:** 209 acr, 215bcl, 215bcr, 241cr; **Peter Anderson:** 188cbr, 271br. **Anthony Blake Photo Library:** Charlie Stebbings 114cl; John Sims 114tcl; **Andyalte:** 98tl; **apple mac computers:** 268tcr; **Arcaid:** John Edward Linden 301bl; Martine Hamilton Knight, Architects: Chapman Taylor Partners, 213cl; Richard Bryant 301br; **Argos:** 41tcl, 66cbl, 66cl, 66br, 66bcl, 69 cl, 70bcl, 71t, 77t, 269tc, 270tl; **Axiom:** Eitan Simanor 105bcr; Ian Cumming 104; Vicki Couchman 148tcr; **Beken Of Cowes Ltd:** 215cbc; **Bosch:** 76tc, 76tc, 76tcl; **Camera Press:** 27c, 38tr, 256t, 257cr; Barry J. Holmes 148tr; Jane Hanger 159cr; Mary Germanou 259bc; **Corbis:** 78b; Anna Clopet 247tr; Bettmann 181rl, 181tr; Bo Zauders 156t; Bob Rowan 152bl; Bob Winsett 247cbl; Brian Bailey 247br; Carl and Ann Purcell 162l; Chris Rainer 247ctl; ChromoSohm Inc. 179tr; Craig Aurness 215bl; David H.Wells 249cbr; Dennis Marsico 274bl; Dimitri Lundt 236bc; Duomo 211tl; Gail Mooney 277ctcr; George Lepp 248cr; Gunter Marx 248cr; Jack Fields 210b; Jack Hollingsworth 231bl; Jacqui Hurst 277cbr; James L. Amos 215br, 217tr, 220bcr; Jan Butchofsky 277cbc; Johnathan Blair 243cr; Jon Feingersh 153tr; Jose F. Poblete 191br; Jose Luis Pelaez.Inc 153tc, 175tl; Karl Weatherly 220bl, 247tcl; Kelly Mooney Photography 259tl; Kevin Fleming 249bc; Kevin R. Morris 105tr, 243tcl; Kim Sayer 249tcr; Lynn Goldsmith 258t; Macduff Everton 231bcl; Mark Gibson 249bl; Mark L. Stephenson 249tcl; Michael Pole 115tr; Michael S. Yamashita 247ctcl; Mike King 247cbl; Neil Rabinowitz 214br; Owen Franken 112t; Pablo Corral 115cr; Paul A. Sounders 169br, 249ctcl; Paul J. Sutton 224c, 224br; Peter Turnley 105tcr; Phil Schermeister 227b, 248tr; R. W Jones 309; R.W. Jones 175tr; Richard Hutchings 168b; Rick Doyle 241ctr; Robert Holmes 97br, 277ctc; Roger Ressmeyer 169tr; Russ Schleipman 229; Steve Raymer 168cr; The Purcell Team 211ctr; Tim Wright 178; Vince Streano 194t; Wally McNamee 220br, 220bcl, 224bl; Yann Arhus-Bertrand 249tl; **Demetrio Carrasco / Dorling Kindersley (c) Herge / Les Editions Casterman:** 112ccl; **Dixons:** 270cl, 270cr, 270bl, 270bcl, 270bcr, 270ccr; **Education Photos:** John Walmsley 26tl; **Empics Ltd:** Adam Day 236br; Andy Heading 243c; Steve White 249cbc; **Getty Images:** 48bcl, 100tl, 114bcr, 154bl, 287tr; **Dennis Gilbert:** 106tc. **Hulsta:** 70t; **Ideal Standard Ltd:** 72r; **The Image Bank/Getty Images:** 58; **Impact Photos:** Eliza Armstrong 115cr; John Arthur 190tl; Philip Achache 246t; **The Interior Archive:** Henry Wilson, Alfie's Market 114bl; Luke White, Architect: David Mikhail, 59tl; Simon Upton, Architect: Phillippe Starck, St Martins Lane Hotel 100bcr, 100br; **Jason Hawkes Aerial Photography:** 216t; **Dan Johnson:** 26cbl, 35r; **Kos Pictures Source:** 215cbl, 240tc, 240tr; David Williams 216b; **Lebrecht Collection:** Kate Mount 169bc; **MP Visual. com:** Mark Swallow 202t; **NASA:** 280cr, 280ccl, 281tl; **P&O Princess Cruises:** 214bl; **P A Photos:** 181br; **The Photographers' Library:** 186bl, 186bc, 186t; **Plain and Simple Kitchens:** 66t; **Powerstock Photolibrary:** 169tl, 256t, 287tc; **Rail Images:** 208c, 208 cbl, 209br; **Red Consultancy:** Odeon cinemas 257bc; **Redferns:** 259br; Nigel Crane 259c; **Rex Features:** 106br, 259tc, 259tr, 259bl, 280b; Charles Ommaney 114tcr; J.F.F Whitehead 243cl; Patrick Barth 101tl; Patrick Frilet 189cbl; Scott Wiseman 287bt; **Royalty Free Images:** Getty Images/Eyewire 154bl; **Science & Society Picture Library:** Science Museum 202b; **Skyscan:** 168t, 182c, 298; Quick UK Ltd 212; **Sony:** 268bc; **Robert Streeter:** 154br; **Neil Sutherland:** 82tr, 83tl, 90t, 118, 188ctr, 196tl, 196rc, 299cl, 299bl; **The Travel Library:** Stuart Black 264t; **Travelex:** 97cl; **Vauxhall:** Technik 198t, 199tl, 199tr, 199cl, 199cr, 199ctcl, 199ctcl, 199tcr, 200; **View Pictures:** Dennis Gilbert, Architects: ACDP Consulting, 106c; Dennis Gilbert, Chris Wilkinson Architects, 209tr; Peter Cook, Architects: Nicholas Crimshaw and partners, 208t; **Betty Walton:** 185br; **Colin Walton:** 2, 4, 7, 9, 10, 28, 42, 56, 92, 95c, 99tl, 99tcl, 102, 116, 120t, 138t, 146, 150t, 160, 170, 191cctl, 192, 218, 252, 260br, 260l, 261tr, 261c, 261cr, 261cbl, 271cbr, 271ctl, 278, 287br, 302, 401.

DK PICTURE LIBRARY:

Akhil Bahkshi; Patrick Baldwin; Geoff Brightling; British Museum; John Bulmer; Andrew Butler; Joe Cornish; Brian Cosgrove; Andy Crawford and Kit Hougton; Philip Dowell; Alistair Duncan; Gables; Bob Gathany; Norman Hollands; Kew Gardens; Peter James Kindersley; Vladimir Kozlik; Sam Lloyd; London Northern Bus Company Ltd; Tracy Morgan; David Murray and Jules Selmes; Musée Vivant du Cheval, France; Museum of Broadcast Communications; Museum of Natural History; NASA; National History Museum; Norfolk Rural Life Museum; Stephen Oliver; RNLI; Royal Ballet School; Guy Ryecart; Science Museum; Neil Setchfield; Ross Simms and the Winchcombe Folk Police Museum; Singapore Symphony Orchestra; Smart Museum of Art; Tony Souter; Erik Svensson and Jeppe Wikstrom; Sam Tree of Keygrove Marketing Ltd; Barrie Watts; Alan Williams; Jerry Young.

COVER VORN: Bracknell/Fotolia

COVER HINTEN: Tatiana Mendonça/ Fotolia t; Comugnero Silvana/Fotolia cl; Marius Graf/Fotolia bl.

Weitere Fotografien von Colin Walton.

Colin Walton dankt:
A&A News, Uckfield; Abbey Music, Tunbridge Wells; Arena Mens Clothing, Tunbridge Wells; Burrells of Tunbridge Wells; Gary at Di Marco's; Jeremy's Home Store, Tunbridge Wells; Noakes of Tunbridge Wells; Ottakar's, Tunbridge Wells; Selby's of Uckfield; Sevenoaks Sound and Vision; Westfield, Royal Victoria Place, Tunbridge Wells.

Alle anderen Abbildungen
© Dorling Kindersley.
Weitere Informationen unter:
www.dkimages.com

português • deutsch